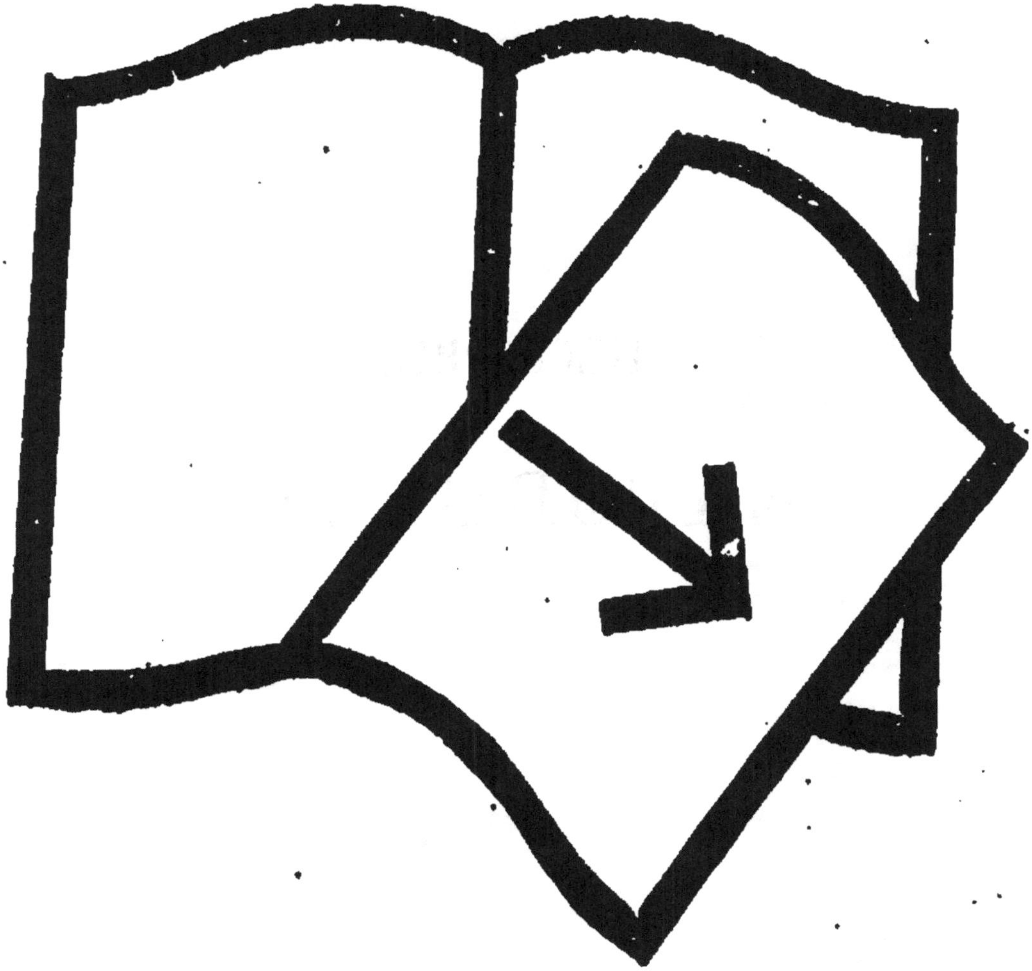

Couvertures supérieures

PHILOSOPHIE
NATURELLE

AUTRES OUVRAGES DE M. JULES SOURY

BRÉVIAIRE DE L'HISTOIRE DU MATÉRIALISME. 1 vol. (Charpentier).
JÉSUS ET LES ÉVANGILES. 2ᵉ édit. 1 vol. (Charpentier).
ETUDES HISTORIQUES SUR LES RELIGIONS, les arts, la civilisation de l'Asie occidentale et de la Grèce. 1 vol. (Reinwald).
ETUDES DE PSYCHOLOGIE HISTORIQUE :
   I. PORTRAITS DE FEMMES. 1 vol. (Sandoz et Fischbacher).
   II. PORTRAITS DU XVIIIᵉ SIÈCLE. 1 vol. (Charpentier).
ESSAIS DE CRITIQUE RELIGIEUSE. 1 vol. (E. Leroux).
DE HYLOZOÏSMO APUD RECENTIORES. 1 vol. (Charpentier).
DES ETUDES HÉBRAÏQUES ET EXÉGÉTIQUES chez les chrétiens d'Occident au moyen âge. Br.
LA BIBLE ET L'ARCHÉOLOGIE. Br.
LUTHER EXÉGÈTE de l'Ancien et du Nouveau Testament. Br.

TRADUCTIONS

ESSAIS DE PSYCHOLOGIE CELLULAIRE, par Ernest Haeckel. 1 vol. de la *Bibliothèque de philosophie contemporaine* (Germer Baillière et Cie).
LE RÈGNE DES PROTISTES. Aperçu sur la morphologie des êtres vivants les plus inférieurs, par Ernest Haeckel. 1 vol. (Reinwald).
LES PREUVES DU TRANSFORMISME, par Ernest Haeckel. Réponse à Virchow. 1 vol. de la *Bibliothèque de philosophie contemporaine* (Germer Baillière et Cie).
LES SCIENCES NATURELLES ET LA PHILOSOPHIE DE L'INCONSCIENT, par Oscar Schmidt. Traduit de l'allemand par Jules Soury et Edouard Meyer. 1 vol. de la *Bibliothèque de philosophie contemporaine* (Germer Baillière et Cie).
HISTOIRE LITTÉRAIRE DE L'ANCIEN TESTAMENT, par Th. Noeldeke. Traduit de l'allemand par Jules Soury et Hartwig Derenbourg. 1 vol. (Fischbacher).
HISTOIRE DE L'ÉVOLUTION DU SENS DES COULEURS, par Hugo Magnus. 1 vol. (Reinwald).

MORBID PSYCHOLOGY. — STUDIES ON JESUS AND THE GOSPELS. The Freethought Publishing Co. London, 1881.

PHILOSOPHIE
NATURELLE

PAR

JULES SOURY

DOCTEUR ÈS LETTRES
MAITRE DE CONFÉRENCES A L'ÉCOLE PRATIQUE DES HAUTES ÉTUDES

PARIS

G. CHARPENTIER, ÉDITEUR

13, RUE DE GRENELLE-SAINT-GERMAIN, 13

—

1882

Tous droits réservés

A LA

MÉMOIRE

DE MON PÈRE

Antoine-Marie-François SOURY

1812-1881

PRÉFACE

Un des plus éminents physiologistes de notre temps, Donders, professeur à l'Université d'Utrecht, disait naguère, dans le discours qu'il prononça au congrès international des sciences médicales d'Amsterdam : « L'humanité sent que ses plus graves intérêts sont en jeu. De nos idées sur notre origine et sur notre nature psychique dépend, dans chaque sphère de la vie humaine, la solution de questions importantes. Personne ne peut se soustraire au besoin d'y réfléchir. » Tandis que les meilleures têtes de notre époque, les savants les plus philosophes et les philosophes les plus savants, s'interrogent ainsi avec anxiété et scrutent, avec une sorte de tremblement, ces redoutables problèmes, que voyons-nous, trop souvent, autour de nous?

Les uns, abêtis par une paresse d'esprit incurable, n'ont même plus ce désir de connaître qui était, pour Aristote, la marque caractéristique de notre espèce; enfoncés dans une sorte d'existence végétative, ils jouissent de la vie comme le parasite logé dans les tissus d'un animal ; toutes les fonctions de relation avec le monde ambiant sont purement réflexes, vaguement inconscientes ; l'estomac absorbe toutes les forces vives de l'organisme.

Les autres, dominés par les dogmes de l'École et de l'Église, continuent les traditions philosophiques et religieuses que leur a léguées un enseignement consacré par les siècles ; ces momies, emprisonnées dans leurs bandelettes, s'émerveillent qu'on cherche encore des vérités dont les pères de leurs pères étaient déjà en possession depuis les jours lointains des révélations divines.

D'autres enfin, fiers d'une science qui leur a tant coûté, ne savent pas oublier et ne veulent plus apprendre. Ce sont là les pires ennemis de toute culture supérieure : le prêtre n'étouffe pas l'hérésie avec plus de férocité qu'ils n'écrasent dans le germe toute idée contraire à l'orthodoxie scientifique. Et cela, non pas toujours parce qu'ils la croient fausse, cette idée, mais parce qu'ils se soucient moins de la vérité des doctrines que de l'opinion du monde. Au fond, ils aiment peu la science ; ils ne la professent que des lèvres.

Qui n'a entendu parler de l'expérience par laquelle le docteur Mœbius a montré que la solidité des associations d'idées chez les poissons, par exemple, est en raison de la lenteur avec laquelle elles ont été acquises? Le savant professeur du Kiel sépara en deux compartiments, par une plaque de verre, un vivier dans lequel se trouvaient, d'un côté un brochet, de l'autre des goujons; durant trois mois, le brochet, désireux de saisir les goujons, revint obstinément se heurter contre la cloison transparente : il ne lui fallut pas moins de temps pour associer les idées de résistance invincible et d'efforts inutiles; enfin, il fut convaincu et ne tenta plus l'impossible. La plaque de verre fut alors enlevée, mais en vain : l'association des idées dont nous venons de parler était désormais trop solide; assagi et fort de sa vieille expérience, le brochet ne fit plus jamais mine d'attaquer les goujons.

Ce sont précisément les deux problèmes fondamentaux dont parlait Donders, celui de notre origine et celui de notre nature psychique, qui effrayent et déconcertent le plus de gens. Le désarroi des uns, la panique des autres, la confusion du plus grand nombre, présentent un spectacle rare dans l'histoire de l'esprit humain. Toutes les époques de transition, au point de vue intellectuel, moral ou social, en ont sans doute présenté d'analogue. Mais dans quel temps le progrès des sciences, l'étendue et la sûreté des méthodes ont-ils, comme aujourd'hui, forcé tout homme à prendre parti entre l'ancienne et la nouvelle conception du monde? Aussi, que d'inquiétudes et de soucis chez les savants qui, par devoir professionnel, ne peuvent se dispenser de risquer quelque définition de la vie et de ses plus hautes fonctions, je veux dire celles de la sensibilité et de l'intelligence !

Il s'agit, en effet, d'échapper à l'accusation si grave de matérialisme. D'autre part, aucun homme instruit n'oserait plus soutenir que la vie et l'âme sont des forces extraorganiques, distinctes et séparables du corps qu'elles animent. Dans la pratique, on considère la vie, avec ses différentes modalités, comme une propriété, comme un état spécial de la matière ; on sait par expérience qu'en agissant sur les différents tissus et liquides de l'organisme, de manière à modifier leur état moléculaire, on produira des changements d'état correspondants dans les divers systèmes, appareils et organes du corps vivant.

Mais, comme le concept de matière se résout expérimentalement dans le concept de force, et que celui-ci est réductible à l'idée de mouvement, le savant bien pensant saisit avec empressement cette occasion de jeter la matière par-dessus bord. — Que parle-t-on encore de matière ? s'écrie-t-il. Il n'y a dans la nature que des mouvements ; la vie n'est qu'une modalité du mouvement : la vie est un mouvement. — Sans doute ; mais un mouvement de quoi ? De quelque chose apparemment, qui est mû ou se meut, et qui, pour être inconnu en soi, n'éveille pas moins en nous des représentations idéales, des idées, symboles de réalités dont l'existence n'est certainement pas en nous, encore que ces réalités n'existent pour nous qu'en tant que nous les percevons. En d'autres termes, un mouvement n'est pas un être, une substance, quelque chose enfin : ce n'est qu'un rapport, une relation dans l'espace. Ce qui est, ce n'est pas le mouvement, mais ce qui est en mouvement ; or, ce *quid ignotum*, inconnu et inconnaissable en soi, je l'avoue, c'est ce qu'il faut bien appeler, d'un seul mot, la matière.

Des propriétés de la matière, — c'est-à-dire, en dernière analyse, des modes ou manières d'être de notre sensibilité sous l'action de certaines modifications, de nature inconnue, du milieu ambiant, — nous ne connaissons qu'un nombre relativement très faible. Ce nombre s'est pourtant accru, semble-t-il, même depuis les temps historiques. Nos sens, en se différenciant de plus en plus, en sont venus à distinguer des nuances de couleur et de son, à sentir des odeurs, à éprouver des effets de pression et de température sans doute inconnus à nos lointains ancêtres. Puis, les instruments, étendant au delà de tout ce qu'on pouvait imaginer le pouvoir des sens, ont triplé, pour nous, en quelque sorte, cet univers, en nous révélant les mondes télescopiques et microscopiques, les deux infinis qui jetaient dans l'effroi la grande âme de Pascal. Des forces nouvelles, enfin, l'électricité, le magnétisme, etc., ont pu être manifestées, calculées, dirigées.

Jusqu'où s'étendent ces « possibilités de sensation, » comme on a défini la matière, ces pouvoirs que possèdent les choses de provoquer en nous de nouveaux états de conscience ? Qu'il y ait une limite, je n'en doute pas, car je crois absolue et irréductible l'antithèse, — non pas du sujet et de l'objet, considérés comme deux êtres substantiellement distincts, — mais du monde et de la conscience, considérés comme les deux aspects inséparables en fait, quoique différemment connus, de la réalité, quelle qu'elle soit.

Jules Soury.

L'ÉVOLUTION ORGANIQUE DE LA NATURE

ET LE RÈGNE DES PROTISTES

Il est très vrai que la nature ignore nos classifications et ne sait rien de nos systèmes. En son cours éternel, le flot succède au flot sans discontinuité. Pour n'être point de pures vues de l'esprit, toutes les limites qu'on s'efforce de marquer entre les êtres ou entre les choses sont nécessairement arbitraires. Après avoir reconnu que les classes, les ordres, les familles, les genres et les espèces, loin de posséder une valeur absolue, ne servent qu'à indiquer dans quelle mesure les êtres s'écartent de tel ou tel type animal ou végétal, les types eux-mêmes ont apparu, ainsi que ces anciennes subdivisions, sous la forme d'un arbre généalogique dont le tronc plongerait, par ses racines, dans les vagues profondeurs du vaste empire des Protistes, des Protozoaires, pour s'élever, en passant par les Zoophytes et par les Vers, jusqu'aux Vertébrés, et en poussant, dans toutes les directions, les rameaux touffus des Cœlentérés, des Mollusques, des Échinodermes et des Arthropodes.

Les questions de classification, d'origine et de parenté, qui naissaient à l'endroit des diverses subdivisions d'un même type, se posent donc de nouveau devant les différents types du règne animal, qui doivent être considérés comme la postérité, à divers degrés, d'une ou de plusieurs formes ancestrales, issues elles-mêmes des combinaisons fort complexes de quelques corps élémentaires, ou prétendus tels dans l'état actuel de nos connaissances. De quelque côté qu'il se tourne, qu'il regarde dans le passé ou dans l'avenir, qu'il scrute l'univers sidéral ou qu'il interroge les vestiges et les documents mutilés de l'histoire de la vie sur cette planète, si l'homme veut partir de quelque point fixe et assuré, s'il cherche un fondement inébranlable, une pierre angulaire pour soutenir l'édifice de sa science, il n'en trouvera point.

L'absolu, c'est-à-dire ce qui est, demeurant inaccessible aux prises de notre intelligence, restons dans le relatif et contentons-nous de l'étude des phénomènes et de leurs conditions. Aussi bien, c'est à cette saine philosophie que sont venus d'eux-mêmes tous les bons esprits. « Analyser les conditions des phénomènes, dit M. Paul Bert, et mesurer l'importance de chacune d'elles, voilà la science ; chercher à en expliquer l'essence, et pour cela leur supposer un mobile immatériel, imaginer une force qui soit en dehors d'elles et cependant les domine, voilà la fantaisie[1]. » Cette philosophie est précisément celle qui, après tant d'autres essais du même genre, a amené M. Haeckel, non pas à tracer des limites absolues, et partant de pure fantaisie, entre les divers groupes d'êtres vivants, mais à proposer, dans une vue d'utilité pratique, une nouvelle grande division, de nature toute relative, en histoire naturelle.

Le règne neutre des Protistes, intermédiaire aux plantes et aux animaux, doit renfermer tous ces êtres ambigus et élémentaires qui, présentant tour à tour ou à la fois les caractères généraux des deux grands règnes organiques, ont déconcerté les efforts de tant de naturalistes. Si un rayon de lumière est tombé naguère sur l'obscur et vaste empire des Protozoaires, sur ce « chaos systématique, » c'est surtout à M. Haeckel qu'on le doit, grâce à sa découverte des Monères. Ces organismes, les plus simples peut-être qu'on puisse imaginer, puisqu'ils n'ont point d'organes, pourraient être, avec autant de droit, c'est-à-dire avec aussi peu de raison, considérés comme des rudiments d'organisation animale ou végétale. La haute valeur philosophique de cet état d'indifférence morphologique, chez des êtres qui vivent encore

---

1. *Recherches expérimentales pour servir à l'histoire de la vitalité propre des tissus animaux.* Thèse pour le doctorat ès sciences naturelles (Paris, 1860) et *Annales des sciences naturelles*, 5ᵉ série. Zoologie, t. V, p. 123 et suiv.

sur cette planète, ne pouvait échapper au naturaliste qui, après Lamarck et Darwin, aura le plus contribué à fonder, dans le domaine des sciences biologiques, la théorie de l'évolution. D'autres considérations, qu'on peut lire en son livre : *le Règne des Protistes*, l'inclinèrent à faire entrer ces êtres, avec les Rhizopodes, les Amibes, les Diatomées, les Flagellés, etc., dans un règne destiné à réunir, comme une zone frontière, les deux grands règnes des végétaux et des animaux, en même temps qu'à leur servir de fondement.

Mais, loin d'avoir voulu élever, je ne sais quelles murailles de la Chine entre les plantes, les animaux et les Protistes, M. Haeckel a maintes fois témoigné qu'il tenait plutôt pour très vraisemblable que les animaux, aussi bien que les végétaux, descendent de certains Protistes, et, en particulier, des plus simples de ceux-ci, des Monères, tandis que d'autres groupes de Protistes (Diatomées, Myxomycètes, Rhizopodes) se sont développés isolément[1]. Cette division systématique des trois règnes organiques n'a jamais eu à ses yeux qu'un but pratique : faciliter la diagnose différentielle des corps organisés. Quand cette classification serait une innovation, on devrait, ce semble, la regarder comme aussi opportune que légitime. Mais ce n'est pas le cas,

---

1. Haeckel, *Biologische Studien*, I⁰ Heft. *Studien über Moneren und andere Protisten* (Leipzig, 1870, p. 4, 54, 56, 59-60). Cf. *Generelle Morphologie* (1866). I, c. XVII, p. 191-237; II, *Systemat. Einleitung*, pp. 20-32.

et l'on va voir que le règne des Protistes n'est pas une nouveauté dans la science.

I

BORY DE SAINT-VINCENT ET LES PROTISTES

A coup sûr, sans l'immortelle découverte de Leeuwenhoeck, sans le microscope, cette grande division des êtres vivants serait inconnue. Or, si l'on songe que ces infiniment petits de la vie, presque toujours invisibles à l'œil nu, ont été et sont encore les artisans les plus actifs de la configuration de notre demeure; qu'ils ont un rôle considérable dans la formation des strates géologiques de la planète; que les puissantes assises de la craie, par exemple, sont presque exclusivement composées de carapaces de Rhizopodes et que le calcaire sécrété par les Nummulites a produit des systèmes de hautes montagnes; lorsqu'on pense à la redoutable activité de ces êtres dans les fermentations et dans les maladies des plantes et des animaux, à la lutte sourde et acharnée qu'ils livrent partout pour l'existence, dans l'eau, sur la terre, dans l'air, au reste des créatures, on éprouve un sentiment indéfinissable devant « cet invisible et nouvel univers dont Leeuwenhoeck fut le Colomb. »

Ces mots si justes sont d'un naturaliste français

qui, plus que tout autre, peut être considéré comme un précurseur de M. Haeckel touchant la constitution d'un règne organique intermédiaire entre les plantes et les animaux. J'ai nommé Bory de Saint-Vincent, l'un des disciples de notre grand Lamarck, le père du *Règne psychodiaire*. Mais, bien avant Bory, il n'est que juste de rappeler que ce règne, auquel on a souvent rapporté comme aujourd'hui les Champignons, avait déjà été proposé sous les noms de *Règne des Zoophytes*, *Règne amphorganique*, *Règne organique primitif*, etc. « La multiplicité de ces noms, a écrit Isidore Geoffroy Saint-Hilaire, atteste la faveur dont cette nouvelle division a joui, à diverses époques, auprès d'un assez grand nombre de naturalistes[1]. » Et il rappelle que Freigius, dès 1579, en ses *Quæstiones physicæ*, plaçait entre les deux grands règnes des végétaux et des animaux un groupe d'êtres intermédiaires, constituant, sinon tout à fait un règne, du moins, ainsi qu'on dirait aujourd'hui, un sous-règne, vue reproduite par plusieurs auteurs du siècle suivant. Leibnitz, dans un éclair de génie, conjecturait, dès 1707, qu'on découvrirait des êtres qui, « par rapport à plusieurs propriétés, par exemple, celles de se nourrir et de se multiplier, pourraient passer pour des végétaux, à aussi bon droit que pour des animaux, et qui renverseraient les règles com-

---

1. *Histoire naturelle générale des règnes organiques* (Paris, 1859). II, 34 et suiv.

munes bâties sur la supposition d'une séparation parfaite et absolue des différents ordres » d'êtres qui remplissent l'univers[1]. Au dix-huitième siècle, ce fut Buffon lui-même qui renouvela cette conception en considérant, non seulement comme possible, mais comme réelle, l'existence d'une « grande quantité d'êtres organisés qui passent par des nuances insensibles de l'animal au végétal » sans être « ni l'un, ni l'autre[2], » si bien qu'on peut assurer, ajoutait Buffon, que « la grande division des productions de la nature en animaux, végétaux, minéraux, ne contient pas tous les êtres matériels. »

Le groupe d'êtres indiqué par Freigius, et formellement admis par Buffon, entre les règnes animal et végétal, le règne des Zoophytes proposé par Treviranus et admis un instant par Frédéric Tiedemann[3], devint, avec Bory de Saint-Vincent, le Règne psychodiaire. Jusqu'à lui, la plupart des auteurs qui, sous des noms divers, avaient adopté ce règne ambigu, n'avaient fait que l'indiquer sans essayer d'en fixer les limites ni de déterminer les types organiques des êtres qu'il doit comprendre.

1. V. notre livre : *De hylozoismo apud recentiores* (Lutet, Paris, 1881), p. 29-38, et, dans notre *Bréviaire de l'histoire du matérialisme* (Paris, 1881), les chapitres consacrés à Leibnitz et à Robinet.
2. *Histoire naturelle*, II, 262-3.
3. *Zoologie* (Landshut, 1808), I, 22. Die am einfachsten organisirten Thiere die Polypen und die am einfachsten organisirten Pflanzen die Pilze, Tange u. s. w. kann man als ein *drittes Reich* unter dem Namen Zoophyten aufstellen.

Ces êtres mixtes, alternativement végétaux et animaux, Bory de Saint-Vincent les avait longuement étudiés, lorsqu'en 1825 il leur donna la place suivante dans sa classification des corps naturels organisés [1].

Corps naturels organisés.	Végétants.		Règne végétal.
	Végétants et vivants.	successivement	Règne psychodiaire.
		simultanément	Règne animal.

Sans être assurément un esprit très critique, très sûr, très judicieux, Bory de Saint-Vincent savait beaucoup, il avait vu et observé autant qu'aucun naturaliste de son temps, et l'étude des Infusoires, qu'il appelait Microscopiques, l'avait surtout fort occupé. C'était bien un disciple du « grand Lamarck, » comme il le nomme souvent, un naturaliste philosophe, un représentant de cette « école des idées, » fondée par Étienne-Geoffroy Saint-Hilaire, en opposition à « l'école de l'observation exclusive des faits, » à l'école de Cuvier. La science de la nature ne lui paraissait pas devoir tenir toute en ces trois opérations : observer, décrire et classer. Comme Lamarck et Étienne-Geoffroy Saint-Hilaire, mais sans cesser d'être un disciple en somme assez médiocre de ces très grands esprits, Bory est un homme du dix-huitième siècle plutôt

---

1. *Règne psychodiaire.* Article extrait du t. II (Zoophytes), Histoire naturelle, de l'*Encyclopédie méthodique* et faisant suite à l'*Essai sur les Microscopiques*, par M. Bory de Saint-Vincent.

que du nôtre. Il comprenait la science à la façon de Diderot, de Maupertuis, de Gœthe ; depuis, on a beaucoup médit de cette façon d'entendre la haute culture scientifique, mais le temps a remis peu à peu chacun à sa place, et, en dépit de leur méthode souvent défectueuse, Lamarck, Gœthe et Geoffroy Saint-Hilaire se dressent comme des prophètes de la pensée au seuil du vingtième siècle.

Bory de Saint-Vincent, que ses recherches microscopiques conduisirent à proposer le règne psychodiaire, passait, aux yeux d'un maître tel que Dujardin, pour un observateur sérieux. Depuis Otto Frédéric Müller qui, le premier, essaya de classer méthodiquement les Infusoires, confondus par Linné sous la dénomination de Chaos, personne n'avait plus observé ces êtres que Bory. Lamarck, en son *Histoire des animaux sans vertèbres*, s'était borné à conserver, en grande partie, la classification de Müller ; si Bory n'a pas échappé au reproche de s'être trop souvent servi des figures de cet auteur, plusieurs des genres qu'il avait fondés ont été conservés par Dujardin, qui l'a reconnu[1]. C'était là, chez un juge si sévère, un éloge peu banal, et qui semble justifier la haute estime dans laquelle Étienne-Geoffroy Saint-Hilaire tenait Bory, qu'il appelle « le premier micrographe et l'un des plus profonds philosophes de l'époque[2]. »

1. *Histoire naturelle des Zoophytes. Infusoires*, par Félix Dujardin (Paris, 1841), p. 12 et 92.
2. *Revue encyclopédique*, XXXI (1826), p. 158 et suiv. Article

Des cinq états qu'il distinguait dans la matière, c'est de la « matière muqueuse » que Bory avait d'abord formé son genre Chaos. « Le genre Chaos, disait-il, n'appartient proprement ni à la plante ni à l'animal, il est un intermédiaire [1]... » Dès cette époque (1823), il notait que l' « analogie chimique » découverte entre la matière des plantes et des animaux était un motif de plus pour « proscrire l'établissement absolu des limites qu'on suppose exister entre les deux règnes organiques. » Enfin, en 1825, il exposait éloquemment les raisons pour lesquelles la constitution d'un nouveau règne organique lui semblait nécessaire : « A la vue d'un chameau et d'un palmier, d'un brochet et d'une renoncule, d'un oiseau et d'un champignon, chacun sans doute distinguera à l'instant l'animal du végétal, et beaucoup de gens ne croiront même pas qu'il soit possible qu'on manque de caractères absolus pour séparer de telles créatures d'une manière évidemment tranchée ; cependant, en descendant aux limites des deux règnes, le scrutateur de la nature éprouvera bientôt de grandes difficultés pour établir la séparation : il trouvera ces êtres ambigus, animaux parce qu'ils éprouvent évidemment quelques sensations incitatrices de mouve-

de Geoffroy Saint-Hilaire sur l'Essai de Bory de Saint-Vincent, *De la Matière*.

1. *De la Matière sous les rapports de l'histoire naturelle*, par M. Bory de Saint-Vincent. Lu à la Société d'histoire naturelle en novembre et à l'Académie des sciences en décembre 1823, p. 6.

ments spontanés; plantes puisqu'ils se reproduisent par boutures, sans jouir de cette faculté de locomotion que Linné donnait pour complément des caractères de son troisième règne ; créatures mixtes enfin, transportées par les uns du domaine de la botanique dans celui de la zoologie ; par les autres, de la zoologie dans la botanique, et qui, depuis Linné et Pallas, ont été généralement désignées sous le nom ingénieusement équivoque de Zoophytes, c'est-à-dire animaux-plantes. Ces Zoophytes ont jeté la confusion sur les confins des deux empires et mis à la torture l'esprit des naturalistes, qui attachent beaucoup d'importance à distinguer le végétal de l'animal; *distinction aussi vaine, aussi peu nécessaire à connaître, que celle qu'on supposerait exister entre deux bandes des couleurs de l'arc-en-ciel.* »

Bory de Saint-Vincent ajoutait les paroles suivantes, tout animées de l'esprit de Lamarck, et qui, pour être exprimées en fort bon style, n'en paraîtront sans doute pas moins justes : « Les êtres organisés ne constituent qu'une seule et grande cohorte composée d'un nombre immense d'individus, dont les uns, sortis évidemment des autres et procréés à leur ressemblance, peuvent être rapprochés dans ces groupes que nous appelons espèces ; ces groupes spécifiques se rapprochent, se lient et se confondent à leur tour, en vertu de certaines affinités plus ou moins prononcées, de manière à former, par leur juxtaposition, un immense et mystérieux réseau, de la nature entière, réseau où les espèces peuvent être considérées comme les mailles, tandis que le règne inorganique fournit la matière du tissu... Il serait ridicule, à notre sens, de pousser trop loin les recherches par lesquelles on prétendrait prouver que les côtés communs des mailles d'un pareil tissu appartiennent plutôt exclusivement aux unes qu'aux autres. Autant vaudrait argumenter pour résoudre à laquelle des deux alvéoles contigus d'un gâteau de cire appartient la cloison qui les sépare l'un de l'autre. Les êtres sont, dans l'ensemble de la création, comme ces cloisons communes à deux cellules ; il n'en est peut-être pas un qu'on y rencontrât isolé et qui ne pût être pris indifféremment pour point de départ d'une classification systématique... Toutes ces divisions de règnes, d'ordres, de classes, de familles et de genres, introduites dans l'étude de la nature, sont conséquemment plus ou moins arbitraires ; si l'on en considère les objets pris comme types, leurs différences frappent les premiers regards ; mais comme, par des nuances qui se fondent vers leurs bords, les plus distinctes finissent par rentrer les unes dans les autres, on a imaginé, pour aider la mémoire, de tracer entre elles des limites que la nature n'y avait pas posées [1]. »

Le nouveau règne proposé par Bory, le règne psychodiaire, dont l'étymologie (ψυχή et δύο) indi-

---

1. *Règne psychodiaire*, p. 107-9.

quait, selon lui, le principal caractère, était donc formé de ces êtres ambigus que le sens du tact, prodigieusement développé à la surface entière comme dans l'intimité de leurs tissus, élevait bien au-dessus des végétaux, en les laissant pourtant fort au-dessous des animaux. Ces êtres, les « Psychodiés, » sont essentiellement tomipares : chaque fragment animé, détaché ou séparé de la masse, peut devenir un être complet; se contractant au moindre danger, ils « paraissent trouver des jouissances dans tel ou tel reflet du jour ou de l'ombre, » et semblent capables de chercher un site d'élection. Bory insiste sur la sensibilité et l'instinct, cette « âme organique » des Psychodiés. Certes, ils ne sont sans doute point sensibles à la manière des plus obtus Mollusques ; mais ils le sont à leur façon, et il y aurait quelque imprudence à soutenir qu'il n'existe qu'une manière de sentir. « Les douleurs et les jouissances d'un limaçon doivent être des sensations fort différentes sans doute des douleurs et des jouissances d'une petite maîtresse romantique, mais n'en sont pas moins tout aussi réelles. Il peut exister des degrés analogues de différence et la même réalité entre les sensations du limaçon et du polype. » « Aujourd'hui encore, ajoute fort judicieusement Bory, il est des physiologistes qui ne veulent point admettre qu'il puisse y avoir de perceptions sans nerfs; d'idées, soit ; mais de perceptions [1] ? »

1. *Règne psychodiaire*, p. 117.

Bory affirmait n'avoir rien vu d'analogue à des nerfs chez aucun des êtres de son nouveau règne, quoiqu'ils fussent sensibles et doués au plus haut degré de la faculté de locomotion. Or, c'était là une observation parfaitement juste, une intuition physiologique d'une rare pénétration, surtout quand on se rappelle qu'une dizaine d'années plus tard le célèbre naturaliste Ehrenberg devait soutenir, en son magnifique ouvrage sur les *Infusoires*, que ces êtres possèdent une organisation aussi complète[1] que celle des animaux supérieurs, et qu'on y pouvait distinguer des nerfs et des muscles, des organes mâles et femelles, des intestins et des vaisseaux sanguins. Bory de Saint-Vincent était donc, à certains égards, fort en avance sur la science la plus élevée de son temps lorsqu'il notait précisément, comme les caractères propres des Psychodiés, l'absence d'un système nerveux et de ganglions quelconques, la totale privation d'yeux, de membres, d'appareil respiratoire, de cœur et de bouche proprement dite. Enfin, ces êtres « exclusivement aquatiques, » « diffluents, » sans membrane d'enveloppe, « absorbant et se nourrissant par toute leur surface, » loin de présenter aucun vestige de sexe, se reproduisaient par « boutures et par bulbines ou propagules inertes, comme chez les plantes. »

---

1. *Die Infusionsthierchen als vollkommene Organismen.* Berlin, 1838.

C'est à Lamarck, à ce « grand homme, s'écriait Bory, qui entrevit partout la vérité quand il ne la saisit et ne la proclama pas, » que ce naturaliste attribuait le premier essai de constitution du nouveau règne. La plupart des êtres qui le composent, Lamarck les avait déjà réunis sous le nom d'*Animaux Apathiques,* désignation peu exacte, Bory l'avouait, pour des êtres si « irritables. » Mais là où le disciple se retrouvait pleinement d'accord avec le maître, c'était sur l'origine et la place systématique de ces êtres élémentaires, si précieux pour l'histoire théorique de l'évolution des êtres vivants sur la terre. Bory professait que l'eau avait été la source de toute vie et de toute organisation, parce qu'elle en contient les causes et les principes en dissolution : il démontrait donc la nécessité de la génération spontanée et la complication progressive des êtres vivants.

L'hypothèse de Lamarck, que toutes les plantes et tous les animaux n'ont pu être introduits à la fois et tels que nous les voyons dans le monde, était pour Bory (comme pour Geoffroy Saint-Hilaire) une grande vérité, reconnue des savants de bonne foi, et qu'il se vantait d'avoir appuyée de nombreuses preuves en ses divers ouvrages. Il lui paraissait donc légitime de conclure qu'à l'époque où les eaux couvraient la surface du globe et tenaient en dissolution probablement plus de matière organisable qu'elle n'en contiennent maintenant, — vers ces premiers âges où notre planète n'était qu'un océan, — ce fut « dans la masse liquide qui lui servait d'amnios » que durent apparaître les Psychodiés, premiers-nés du monde, ou, comme nous dirions aujourd'hui, Protistes. Une dernière remarque, non moins en harmonie avec la nature des Protistes en regard de celle des plantes et des animaux, et avec le rôle que ces êtres ont joué et jouent toujours en géologie, c'est que c'est par eux, dit Bory, que se sont « préparés simultanément la vie (c'est-à-dire les animaux), la végétation et jusqu'à une sorte de minéralisation. »

Isidore-Geoffroy Saint-Hilaire a reproché à Bory d'avoir étendu son règne psychodiaire bien au delà des limites que semblait devoir tracer cette caractéristique, les Psychodiés ayant fini par comprendre à peu près tout ce que Tiedemann avait réuni dans le règne des Zoophytes. Voici, en tout cas, quels étaient les embranchements ou grandes classes de ce règne, embranchements pour lesquels Bory avait adopté les désinences introduites dans la nomenclature par Blainville.

I. Les Ichnozoaires, uniquement muqueux, type du règne animal. Psychodiés non fixés à quelque support, animés et contractiles dans toutes leurs parties ; un sac alimentaire avec un seul orifice qu'environnent des prolongements tentaculaires, ébauche des organes de préhension et de locomotion, mais « qui ne constitue certainement pas plus une bouche véritable qu'un anus. »

Des deux ordres, peu nombreux en espèces, qu'on peut admettre dans cette classe, le premier comprend les Polypes nus, de Cuvier, qui renferment deux familles : 1° celle des Hydrines, pour les Polypes vivant isolés, où rentrent les genres Polype, Coryne, Difflugie et Cristatelle ; 2° celle des Philadelphes, pour les Polypes vivant réunis en masse plus ou moins confuses, etc.

II. Les Phytozoaires, type du règne végétal. Bory de Saint-Vincent y rangeait la plupart des êtres appelés précédemment Zoophytes ; il comptait trois ordres. Le premier comprenait des Hydres ou Polypes analogues aux Ichnozoaires, avec cette différence que ces Polypes menaient une existence végétative qui les tenait fixés sur des corps étrangers : Vorticellaires, Polypes à tuyau, Polypes à cellules et Cératophytes de Cuvier. Le deuxième genre renfermait les Arthrodiées et les Bacillariées. Le troisième, les Spongiaires, les Alcyonidées et les Corallinées.

III. Les Lithozoaires. Les Lithophytes des anciens auteurs et de Cuvier.

Aux extrémités de chacune des familles de Psychodiés composant ces trois grandes classes, commencent des familles de plantes et d'animaux qui en sortent et s'en séparent par d'insensibles nuances.

Tel est ce « règne organique intermédiaire, »

ce règne psychodiaire qui, pour n'avoir plus aujourd'hui qu'une importance historique, si l'on songe aux belles découvertes de M. Haeckel et à sa classification du règne neutre des Protistes, n'en conserve pas moins une valeur philosophique durable et de premier ordre. En 1835, un autre naturaliste philosophe, mais peu digne d'être rapproché du disciple enthousiaste de Lamarck, J.-J. Virey, parlait encore d'un « règne chaotique » pour ces races inférieures ou protogènes de plantes et d'animaux, « si ressemblants pour leur tissu pulpeux ou celluleux, leurs formes, soit rayonnantes, soit amorphes, et par leur commune habitation en des lieux humides ou aquatiques[1]. »

Citons encore, six ans avant la publication de la *Morphologie générale* (1866), de M. Haeckel, qui reste un des grands livres de ce siècle, un curieux mémoire dans lequel M. John Hogg a proposé et essayé de constituer, sous le nom de *Primigenal kingdom* ou *Regnum primigenum*, un quatrième règne naturel pour les êtres dont les caractères respectifs ne sauraient être exactement déterminés[2]. Ce règne comprend les « premiers êtres créés » ou *Protoctista*, les *Protophyta* et les *Protozoa*. L'auteur estime qu'il doit être placé soit le

---

[1]. *Philosophie de l'histoire naturelle* ou Phénomènes de l'organisation des animaux et des végétaux (Paris, 1835), p. 251.
[2]. *On the distinctions of a Plant and an Animal, and a Fourth Kingdom of Nature.* By John Hogg. Dans *The Edinburgh new philosophical Journal*, vol. XII, n. s. 1860.

dernier, partant le quatrième, soit entre les règnes animal et végétal. Sur la planche qui accompagne le mémoire de M. John Hogg, le règne primigénal, figuré en vert, se trouve à la base de deux pyramides jaune et bleue représentant les végétaux et les animaux. Après Gœthe, dont le génie a entrevu aussi ces origines des êtres organisés, M. Haeckel a employé une comparaison plus heureuse lorsqu'il a montré que, de la postérité des Monères, des cellules, différenciées au cours des âges en cellules végétales et cellules animales, se formèrent en s'écartant toujours davantage comme deux troncs puissants aux branches d'abord enchevêtrées, les deux grands règnes des plantes et des animaux : mais, de la commune racine de ces deux troncs, nombre d'humbles rejetons et de jeunes pousses sont aussi sortis.

II

ORIGINE ET NATURE DE LA VIE

Pour la philosophie naturelle, pour la théorie de l'évolution et la conception unitaire ou moniste du monde qui en découle, l'histoire des êtres vivants les plus inférieurs, des Protistes, a une importance capitale. *L'origine et la nature de la vie, l'unité de tous les phénomènes de cet ordre dans les trois règnes organiques, le développement et la succession des formes vivantes dans le temps et dans l'espace*, telles sont les éternelles questions que la raison des hommes de cet âge pose encore une fois à la science, plus maîtresse de la nature, à coup sûr, qu'elle ne l'a jamais été, et comme transfigurée à nos yeux par les longs espoirs que l'humanité pensante a mis en elle.

Il y a trente ans, le principe fondamental sur lequel reposait la physiologie pouvait encore se formuler ainsi : « Tous les êtres vivants résistent aux lois d'affinité des corps bruts, et les composés qu'ils forment sont dus à d'autres lois que celles par qui s'opèrent les mixtes de la chimie. » Quoi! s'écriait Étienne-Geoffroy Saint-Hilaire, il existerait d'autres lois que les lois générales! Mais ces êtres vivants, que l'on voudrait rejeter dans des chapitres d'exception, d'où tirent-ils leur matière? De produits empruntés au monde ambiant, c'est-à-dire de corps et de substances soumis à l'empire des lois générales! « Les corps bruts et les corps organisés sont des parties, il est vrai, fort différentes, ajoutait le collègue de Lamarck au Muséum d'histoire naturelle; mais, par leur origine et les hautes conditions de leur essence, elles manifestent un caractère commun. Éléments du même univers, elles sont susceptibles des mêmes vicissitudes, toutes capables des mêmes changements, transformations, compositions et décompositions. Sous la forme distinctive de corps bruts et de corps organisés, chaque sorte de ces corps naturels forme autant de *cas spéciaux*[1]... »

Ce n'était là, chez Geoffroy Saint-Hilaire, qu'une vue prophétique du génie, comme il s'en rencontre dans les têtes vraiment philosophiques, car il va de soi qu'à une époque où la chimie organique venait à peine d'être créée, il ne pouvait être question, en pareille matière, d'une vérification expérimentale. Quoique la chimie biologique ait depuis accompli des miracles, l'un des plus grands physiologistes français de ce siècle n'a-t-il pas hésité à ne voir dans le protoplasma qu'une substance purement chimique? Huxley, qui a si bien mérité de l'anatomie comparée, n'enseigne-t-il pas que « les sciences biologiques se distinguent nettement des sciences abiologiques — de celles qui traitent des phénomènes présentés par la matière non vivante — en tant que les propriétés de la matière vivante diffèrent absolument de toute autre chose, et que l'état actuel de la science ne nous montre aucun lien, aucune transition entre ce qui vit et ce qui ne vit pas[2]. » Aristote, il faut le reconnaître, avait une vue plus saine et à la fois plus philosophique de

---

1. *Sur la théorie physiologique du vitalisme*, dans la *Gazette médicale de Paris*, t. II, p. 9 (8 janvier 1831). On peut lire dans ce remarquable article de Geoffroy Saint-Hilaire cette belle définition de la nature et de ses lois : « La Nature ne peut faillir : *elle est ce qui est*, ses lois n'étant qu'une expression générale de tous les cas possibles dans les relations de ses parties. »
2. *A Manual of the Anatomy of invertebrated Animals*, by Th. H. Huxley (London, 1877), p. 1.

l'évolution naturelle : il pensait au moins que le « passage des êtres inanimés aux êtres vivants se fait dans la nature par une dégradation insensible[1]. »

S'il est un point de doctrine désormais hors de doute, c'est que les derniers éléments dans lesquels tout organisme vivant est réductible, ne diffèrent en rien des corps simples de même nom, répandus dans la nature entière : le carbone et l'hydrogène, qui ne manquent jamais, avec l'azote et l'oxygène, auxquels s'ajoutent parfois le soufre, le phosphore, le chlore, le calcium, le magnésium, le fer, et, chez quelques organismes, l'iode, le fluor, le lithium, le silicium, le cuivre, etc. Comme tous les autres corps naturels, les plantes et les animaux présentent les propriétés physiques désignées sous les noms de poids, de cohésion, de couleur, de chaleur, etc. Ces êtres sont donc composés d'atomes ou de particules élémentaires, soumis aux lois générales de l'attraction et de la répulsion, partant, simples jouets de l'éther cosmique, dont les puissants courants déterminent leurs divers états moléculaires, — épaves de l'univers, que les ondes éthérées roulent éternellement sur les plages des mondes infinis.

Les phénomènes derniers auxquels conduit l'analyse des fonctions physiologiques, telles que la nutrition, le développement et la reproduction, le

---

1. *Histoire des Animaux*, l. VIII, c. I.

mouvement volontaire et l'intelligence, ayant été trouvés, en beaucoup de cas déjà, du même ordre que les phénomènes qu'expliquent les lois de la physique et de la chimie générales, la physiologie moderne admet que les lois de la vie sont les mêmes que celles de la nature, et, partant, sont réductibles aux principes de la mécanique[1].

La conception mécanique du monde, qui est l'âme même de la philosophie moniste de l'évolution, ainsi qu'en témoigne l'œuvre entière de M. Haeckel, repose, dans les temps modernes, sur ces grandes découvertes, la découverte de la circulation du sang par Harvey, la preuve de l'indestructibilité de la matière par Lavoisier, la constatation des lois stœchiométriques pour les combinaisons organiques, et la fondation, édifiée sur ces lois, de la chimie organique, par Berzelius; enfin, la démonstration du principe de la persistance de la force comme d'une loi générale de la nature organique et inorganique, par Joule et J. R. Meyer. « Comment pourrions-nous comprendre, a dit éloquemment Claude Bernard, un antagonisme, une opposition entre les propriétés des corps vivants et celles des corps bruts, puisque les éléments constituants de ces deux ordres de corps sont les mêmes? Tous les corps vivants sont exclusivement formés d'éléments minéraux, empruntés au milieu

---

1. Wundt, *Lehrbuch der Physiologie des Menschen*, 3te Aufl. (Erlangen, 1873), p. 1-9.

cosmique. Descartes, Leibnitz, Lavoisier, nous ont appris que la matière et ses lois ne diffèrent pas dans les corps vivants et dans les corps bruts; ils nous ont montré qu'il n'y a au monde qu'une seule mécanique, une seule physique, une seule chimie, communes à tous les êtres de la nature¹. »

La nature et les propriétés si complexes de la matière vivante sont la suite, non des corps élémentaires qui la constituent, mais de l'arrangement moléculaire de ces corps dans ce qu'on nomme le plasson et le protoplasma, — des modes spéciaux d'agrégation des particules ultimes de la matière dans les combinaisons dites organiques. La complexité de composition chimique de ces combinaisons est, on le sait, supérieure à toutes celles que l'on connaît. Voilà pourquoi les propriétés du protoplasma sont plus variées que celles d'aucun autre corps naturel. Les matières albuminoïdes sont, pour la même raison, les substances les plus instables. *Mais la matière vivante n'est qu'un état particulier, un cas de la matière universelle, et la vie n'est que l'ensemble des propriétés manifestées par cette matière dans l'état de composition chimique et d'agrégation moléculaire le plus complexe et le plus délicat.*

A quel moment de la durée, dans quelles conditions cosmiques le petit nombre de substances élémentaires qui constituent les matières albumi-

---

1. *La Science expérimentale* (Paris, 1878), p. 178-182.

noïdes se sont-elles rencontrées et combinées de manière à former les corps que nous appelons vivants? Les détails de cette synthèse nous sont inconnus, mais elle semble avoir eu lieu à une époque relativement récente de l'histoire de cette planète, et peut-être s'effectue-t-elle encore lorsque les circonstances sont favorables. M. Haeckel est du nombre des naturalistes contemporains qui inclinent à admettre que, dans la nature, la production du protoplasma vivant n'est pas plus difficile, sous certaines conditions, que celle du carbonate de chaux ou de tout autre corps[1]. Elsberg, de New-York, dont un Mémoire sur les molécules organiques et d'autres *contributions* à la doctrine de l'évolution laissent paraître un esprit très philosophique, n'hésite pas non plus à admettre que, dans certains cas, la transformation des éléments inorganiques en matière vivante doit encore avoir lieu « dans le laboratoire de la nature, de nos jours comme aux âges les plus reculés[2]. »

Un esprit non moins judicieux, Guillaume Wundt, estime, au contraire, que les conditions actuelles de pression et de température diffèrent essentiellement, et, partant, ne sauraient être favorables à de nouvelles générations spontanées de Monères

---

1. *Manuel d'histoire naturelle médicale*, par J.-L. de Lanessan (Paris, 1879). Introduction, p. 59.
2. *Proceedings of the American Association* (Salem, 1875). *Regeneration, or the Preservation of organic molecules; a contribution to the Doctrine of Evolution.* By L. Elsberg, p. 94.

par voie naturelle. Mais la génération spontanée artificielle de formes organiques inférieures est-elle possible? C'est une autre question, à laquelle Wundt répond affirmativement. « Pourquoi, dit-il, ne parviendrait-on pas à produire dans les laboratoires du plasson ou du protoplasma vivant, comme on y a déjà produit du diamant[1]? » Les synthèses de substances organiques que la chimie a déjà réalisées sont un acheminement vers la solution d'un problème qui renouvelle l'antique problème de l'*Homunculus*.

C'est bien ainsi, en tout cas, qu'il convient de poser le problème de la « génération spontanée, » mot inexact et mal choisi, question capitale, la plus haute de la philosophie naturelle. Il n'a point paru en Europe, depuis Aristote, un bon esprit, il n'y a pas, à cette heure, un naturaliste réfléchi, qui n'admette la génération spontanée, au moins à l'origine, comme un postulat nécessaire pour expliquer scientifiquement la première apparition de la nature vivante, les premiers êtres vivants[2]. Aussi

---

1. *Lehrbuch*, p. 167. Cf. Gegenbaur, qui incline très visiblement à admettre une génération spontanée primitive : « Le fait que, d'après certaines suppositions, de pareils êtres (des corps amiboïdes) *ne puissent pas* naître par génération spontanée, *n'ayant encore été, en aucune manière, démontré*, nous serons beaucoup plus dans le vrai en considérant la question comme non encore résolue, d'autant plus que, encore une fois, pour la première origine des êtres, la porte ne peut pas rester fermée à l'admission d'une génération primitive. » *Manuel d'anatomie comparée*, p. 66 de la trad. fr.

2. Claus, *Traité de zoologie*, p. 2 de la belle traduction française de M. Moquin-Tandon.

est-il inutile de répéter que les célèbres expériences de M. Pasteur, en ruinant tous les essais tentés jusqu'ici pour démontrer la réalité des générations spontanées, n'ont point atteint et ne sauraient même atteindre le principe sur lequel repose cette hypothèse, la plus légitime assurément qu'il y ait dans la science. « On a seulement démontré, dit très bien Gegenbaur, que, dans certaines conditions, il *ne naît pas* d'êtres organisés. Cela n'exclut pas la possibilité que, sous d'autres conditions, qui n'ont pas encore été réalisées, ils ne puissent prendre naissance. La panspermie n'est aussi en aucune contradiction avec la génération spontanée, car les germes disséminés dans l'air d'Infusoires, œufs de Rotifères, etc., nous apprennent seulement que ces organismes, déjà relativement élevés par leur degré de différenciation, peuvent, par le transport de leurs germes, arriver dans des lieux où ils n'existaient pas auparavant. Il ne saurait d'ailleurs être question de génération équivoque pour des organismes déjà aussi différenciés, mais bien pour ces êtres plus indifférents qui, comme les corps amiboïdes, ne sont pas même encore arrivés au degré de la cellule [1]. »

Tous ceux qui n'admettent pas de force vitale ne croient pas non plus, j'imagine, à une substance vitale. C'est bien des corps inorganiques que les êtres vivants sont formés, et, comme ces êtres n'ont

---

1. *Manuel d'anatomie comparée*, p. 65.

pas toujours existé sur la terre, force est de les considérer comme une transformation, un état de la matière de cette planète. Aussi bien, philosophes et croyants ne peuvent différer d'opinion que sur le mode de cette évolution, non sur la matière dont ces êtres sont sortis. C'est ce qu'on reconnaît même dans les pays où, comme en Angleterre et en Amérique, la Bible est toujours, sinon une autorité scientifique, du moins une puissance politique avec laquelle les savants doivent compter [1].

Puisqu'on a déjà reconstitué par synthèse une multitude de composés organiques — urée, alcool, sucre, etc., — le moyen de douter que la science ne reconstitue aussi les principes albuminoïdes, — que leur synthèse ne soit tôt ou tard réalisée dans le laboratoire? Déjà M. Schützenberger a obtenu un certain nombre des principes immédiats qu'on rencontre chez les êtres vivants comme produits de dédoublement des matières albuminoïdes, et à l'aide desquels on pourra peut-être reconstituer artificiellement ces matières [2]. Toute la difficulté, en effet, consiste dans l'extrême complexité de ces substances. « Nous ne pouvons nous faire aucune idée exacte, dit M. Schützenberger, de la manière dont les 72 atomes de carbone, les 112 atomes

---

1. Elsberg, de New-York, l. l. Il cite *Genèse*, II, 7, où il est dit que Iahweh-Elohim forma l'homme de la poudre de la terre.
2. Claude Bernard, *Cours de physiologie générale du Muséum d'histoire naturelle. Leçons sur les phénomènes de la vie communs aux animaux et aux végétaux*, 1, 201.

d'hydrogène, etc., de l'albumine sont unis entre eux[1]. »

Mais quand on connaîtra exactement et la constitution physique et chimique des substances protéiques quaternaires et les conditions capables de faire apparaître cet état de la matière qu'on appelle la vie, il ne sera sans doute pas plus difficile d'en déterminer la formation que celle des autres corps naturels. Il faut donc admettre de toute nécessité, comme une « hypothèse pleinement justifiée, a écrit Claus, que les êtres les plus simples se sont formés, à une certaine époque, au sein de la matière inorganique[2]. » Car c'est bien des combinaisons des corps bruts, et non de la matière organisable, sur laquelle tant d'hétérogénistes ont opéré, qu'il faut partir pour expliquer la formation des corps vivants, fussent-ils cent fois plus élémentaires que le Bathybius et les Monères de M. Haeckel. « Le raisonnement nous démontre, a écrit M. A. Giard, que les premiers êtres vivants ont dû se former indépendamment de tout organisme préexistant, et que ces êtres ont dû être aussi peu organisés que possible. » Quant à la théorie la plus répandue (je ne dirai rien de celle du cyanogène) sur la production primordiale de la matière vivante, c'est, on le sait, la théorie du carbone.

Lorsque la terre commença à se refroidir, avant

---

1. Formule de l'albumine proposée par Lieberkuhn : $C^{72} H^{112} Az^{18} SO^{22}$. *Les Fermentations*, p. 218.
2. *Traité de zoologie*, p. 5.

l'apparition des végétaux verts, dans une atmosphère très riche en acide carbonique et en vapeur d'eau, le carbone de l'acide carbonique se serait combiné avec les éléments de l'eau (hydrogène et oxygène) pour former des substances ternaires, puis avec l'ammoniaque produite par le sol pour former des corps quaternaires : d'abord des carbures d'hydrogène, puis des combinaisons azotées plus ou moins analogues aux matières albuminoïdes. Telle aurait été l'évolution de la matière inorganique en matière vivante. Ainsi c'est de l'acide carbonique, de l'eau et de l'ammoniaque que doit s'être développée la substance fondamentale de la vie, le plasson, qui s'est différencié plus tard en protoplasma et en nucleus, c'est-à-dire en cellules animales et en cellules végétales.

Ces cellules se nourrissent, respirent, se développent, évoluent, se reproduisent, sentent et se meuvent, et non seulement les cellules des trois règnes organiques, mais les formes vivantes infiniment plus élémentaires dont ces organismes sont la postérité, les Cytodes et les Monères, chez lesquels la substance formatrice, le plasson, ne s'est pas encore différenciée en substance protoplasmique, en substance nucléaire et nucléolaire[1]. Or, ces propriétés de la matière vivante semblent, aux yeux du grand nombre, creuser un abîme entre les

---

1. Van Beneden, *Recherches sur l'évolution des Grégarines*, dans le *Bulletin de l'Académie royale de Belgique*, XXXI, 316.

corps organiques et inorganiques. Sans doute, il y a longtemps que les naturalistes philosophes n'accordent plus guère de valeur à cette ancienne division des corps naturels. « Cette distinction, disait Claude Bernard, outre qu'elle est arbitraire, est, le plus souvent, fort peu nette, ou même inapplicable[1]. » Néanmoins, les préjugés persistent, et il ne paraît pas que la conception unitaire ou moniste de l'univers soit à la veille de renouveler les idées traditionnelles à ce sujet. Examinons pourtant, en prenant pour guides, dans ces études de philosophie naturelle, les naturalistes et les physiologistes, si toutes les propriétés de la matière vivante sont vraiment nouvelles ou si elles ne se trouvent point déjà, à quelque degré que ce soit, dans la matière non vivante. Au cas où il en serait ainsi, il est clair que ces propriétés seraient exclusivement d'ordre physique et chimique, et que les doctrines vitalistes, ou ce qu'on nomme encore quelquefois de ce nom, en recevraient une grave atteinte.

Pour ce qui est de la *croissance* et de la *nutrition*, si les corps inorganiques s'accroissent le plus souvent par simple juxtaposition de molécules semblables, ils peuvent croître aussi, on le sait, et par intussusception de molécules semblables, et par intussusception de molécules dissemblables qui se mélangent ou se combinent chimiquement avec les molécules de ces corps. N'est-ce pas au moyen de

---

1. *Leçons sur les phénomènes de la vie*, etc., II, 392, 401.

ces deux derniers procédés que la matière vivante s'accroît et se nourrit? Loin d'être une propriété essentielle à la vie, la croissance et la décroissance, l'évolution et la dissolution, l'intégration et la désintégration sont des propriétés générales, universelles de la matière, et, depuis le système solaire jusqu'au moindre ciron, tous les êtres parcourent éternellement le même cycle. « Les astres n'ont pas toujours existé, dit M. Faye ; ils ont eu une période de formation, ils auront pareillement une période de déclin, suivie d'une extinction finale [1]. » Ils ont donc une évolution comme les corps vivants.

Un point même sur lequel Claude Bernard aimait à insister, c'est que les phénomènes de la vie ne sont au fond que des phénomènes de mort, toute manifestation vitale étant accompagnée d'usure et de destruction. La substance du muscle qui se contracte brûle, celle du cerveau qui pense se consume. « Jamais la même matière ne sert deux fois... L'usure moléculaire est toujours proportionnée à l'intensité des manifestations vitales. La désassimilation rejette dans la profondeur de l'organisme des substances d'autant plus oxydées par la combustion vitale que le fonctionnement des organes a été plus énergique [2]. » Bref, la vie, c'est la mort. Un agrégat quelconque n'atteint certaines limites que nous appelons sa forme que pour se résorber peu à peu

---

1. Cité par Cl. Bernard.
2. *La Science expérimentale*, 187-8.

après s'être ou non reproduit; les éléments qui s'étaient ajoutés à sa substance, redevenus libres, entrent dans de nouvelles combinaisons.

Quoique les êtres vivants les plus inférieurs, tels que nombre de Protistes, n'aient pas, à proprement parler, de *forme spécifique ou typique*, on observe chez les végétaux et chez les animaux une constance de forme, une symétrie anatomique, une aptitude à réparer les pertes de substance sans s'écarter de je ne sais quel modèle idéal. Est-il possible de retrouver ces propriétés de la matière vivante chez les corps inorganiques?

Certes, il y a longtemps qu'on sait qu'il existe une morphologie minérale comme il y a une morphologie végétale et animale. Les êtres vivants ne sont pas seuls à se présenter sous des formes spécifiques constantes : les cristaux s'associent et forment des figures diverses et très typiques. « L'analogie ne s'arrête pas à cette première ressemblance générale, » disait Claude Bernard, qui cite souvent des faits de rédintégration cristalline pour montrer dans le cristal quelque chose d'analogue à la tendance par laquelle l'animal se répare, se complète et reconstitue son type morphologique individuel. M. Pasteur a vu que, « lorsqu'un cristal a été brisé sur l'une quelconque de ses parties et qu'on le replace dans son eau-mère, on constate, en même temps que le cristal s'agrandit dans tous les sens par un dépôt de particules cristallines, qu'un travail très actif a lieu sur la partie brisée ou déformée, et, en quelques heures, il a satisfait, non seulement à la régularité du travail général sur toutes les parties du cristal, mais au rétablissement de la régularité dans la partie lésée[1]. » Claude Bernard ajoute que, dans le cristal comme chez l'animal, le travail de reformation des tissus est bien plus actif à la partie lésée que dans les conditions évolutives ordinaires. Quant aux formes minérales, elles ne sont pas plus que les formes vivantes une conséquence rigoureuse de la matière. Qu'on songe aux substances dimorphes, telles que le soufre, le phosphore, etc.

D'autre part, nombre d'animaux et de végétaux affectent des formes géométriques presque aussi régulières que celles des cristaux, constantes dans une même espèce ou dans un même genre. Chez les Polythalames, et bien plus encore chez les Radiolaires, toutes les formes élémentaires possibles, tous les types géométriques se rencontrent. Dans la grande division des Acanthomètres, le squelette est constamment formé de vingt aiguillons siliceux réunis en un centre où ils convergent et répartis en un ordre strictement mathématique. Comment le protoplasma amorphe des Radiolaires arrive-t-il à créer ces formes étranges, d'une élégance achevée et d'une variété prodigieuse ? s'est demandé M. Haeckel, qui avoue

---

1. *Leçons sur les phénomènes de la vie*, I, 35, 291. *La Science expérimentale*, 174.

qu'on n'en a encore aucune idée. « Dans un grand nombre de cellules végétales, par exemple dans celles de l'albumen du Ricin, des cotylédons du *Bertholletia excelsa*, de la Pomme de terre, etc., la substance protoplasmique se présente sous une forme cristalloïde très régulière, qui ne diffère des cristaux véritables que par la variabilité de ses angles [1]. » Enfin, il résulte des recherches de Naegeli sur la structure intime du protoplasma, que les particules solides de cette matière vivante ont des formes anguleuses : il est donc permis de supposer qu'elles sont régulièrement cristallines. Bref, et pour résumer dans les termes mêmes de M. Giard les caractères morphologiques de l'individu minéral et de l'individu organique, dès qu'on s'élève dans la série, le premier a une forme de plus en plus géométrique, le second une forme de plus en plus variable; la composition chimique de celui-là est de plus en plus stable et simple, celle de celui-ci est de plus en plus complexe et instable ; enfin, l'un dépend infiniment plus que l'autre du milieu ambiant.

Nous ne dirons que quelques mots de la *respiration*, de la *reproduction*, du *mouvement* et de la *sensibilité*. Ces propriétés de la matière vivante ne se retrouvent-elles à aucun degré dans les corps inorganiques? Quelque théorie qu'on adopte tou-

---

1. J.-L. de Lanessan, *Manuel d'histoire naturelle médicale* XIII.

chant la respiration, qu'il s'agisse d'un élément histologique de mammifère ou d'une cellule de levûre de bière, respirer, c'est en général absorber de l'oxygène et exhaler de l'acide carbonique, phénomène d'oxydation qui produit de la chaleur, accélère le mouvement moléculaire et entraîne un déchet organique plus ou moins considérable, réparé par la nutrition. Or, qui ne voit que ce sont là des phénomènes physiques et chimiques, appartenant aussi bien, dans une certaine mesure, à la matière brute qu'à la substance organisée? « Rien là qui soit spécial au monde vivant, a dit Cl. Bernard : la nature physique obéit à la même règle [1]. »

Les modes de la reproduction sont des plus variés; mais, pour prendre un des plus simples, celui de la conjugaison de deux cellules vivantes, tel qu'on l'observe chez quelques Protistes, en quoi ce phénomène diffère-t-il de la fusion de deux masses inorganiques, d'une goutte d'eau de mer, par exemple, et d'une goutte d'eau de pluie, assez semblables pour pouvoir se mélanger intimement? Dans les deux cas, le nouvel être qui résulte du mélange hérite des propriétés caractéristiques de ses deux parents. On ne saurait voir dans les phénomènes de reproduction organique que des phénomènes analogues, au mode et à l'intensité près, à ceux que présente la matière non vivante.

Quand on parle des mouvements des êtres vi-

---

1. *La Science expérimentale*, p. 188.

vants, surtout des mouvements volontaires, on croit découvrir que ce qui caractérise ces actions, en regard de celles des corps bruts, c'est la spontanéité. Or, en réalité, comme en témoigne Cl. Bernard, la matière organisée ou vivante n'a pas plus de spontanéité que la matière inorganique ou minérale[1]. La spontanéité des corps vivants n'est, comme le libre arbitre, qu'une fausse apparence. Pour agir et manifester leurs propriétés, tous les corps naturels doivent subir l'influence de ces mouvements cosmiques qu'on appelle chaleur, lumière, électricité, pesanteur. Le mouvement des Oscillaires ou des Amibes n'est pas plus spontané que le mouvement brownien. Ces états de la matière résultent des innombrables et incessantes vibrations, d'intensité et de direction variables, que transmettent aux organismes les milieux intérieur et extérieur.

Il en faut dire autant de la sensibilité. Cette propriété, qui passa si longtemps pour exclusivement animale, a été étendue aux végétaux et aux protistes. Ce ne sont pas seulement les végétaux élevés qui se déplacent sous l'influence de la lumière, mais aussi les corpuscules chlorophylliens des cellules vertes, les spores des cryptogames, etc. Nous reproduirons plus loin les résultats d'une importante étude d'Édouard Strasburger, l'émi-

---

[1]. *La Science expérimentale*, p. 120, 201; *Leçons sur les phénomènes de la vie*, etc., II, 392, 401.

nent collègue de M. Haeckel à l'Université d'Iéna, touchant l'action de la lumière et de la chaleur sur certaines spores mobiles. Peu d'études sont plus suggestives, soit dit en passant, pour la psychologie cellulaire.

Mais les parcelles de fer qui suivent l'aimant, l'aiguille qui semble obéir au magnétisme terrestre, la barre de métal ou le bâton de soufre qui se dilate sous l'action de la chaleur et se contracte sous l'action du froid, ne manifestent-ils pas qu'ils sont *sensibles* aux diverses actions modificatrices du milieu ambiant, aux forces cosmiques? Je n'examine pas s'il y a sensation. Comment, d'ailleurs, le saurait-on? La sensation, aussi bien, peut être absente : « Il y a sensibilité, avec ou sans conscience, quand l'être vivant répond à la provocation des stimulants[1]. » A coup sûr, les corps dont nous parlons, et tous les corps, réagissent à leur manière contre les excitations extérieures, et en même temps que leur état moléculaire interne est modifié, ils peuvent affecter des formes différentes, augmenter ou diminuer de volume, etc. Si ce sont là des caractères communs à tous les corps naturels, quelles que soient d'ailleurs les différences de degré, le moyen de ne pas conclure que la sensibilité est une propriété commune à tous les corps naturels, à quelque état qu'on les observe, et que, si la ma-

---

[1]. Cl. Bernard, *La Science expérimentale*, p. 218. Claus, *Traité de zoologie*, p. 10, et surtout Cabanis, aux passages que nous indiquons, *De hylozoismo apud recentiores*, p. 84-86.

tière vivante est plus sensible, c'est que sa composition chimique est plus complexe, sa constitution moléculaire plus instable ?

III

UNITÉ DE LA VIE DANS LES TROIS RÈGNES ORGANIQUES.

Cette unité profonde de tous les phénomènes naturels dans le monde inorganique et dans le monde organique, paraît avec plus d'évidence encore dans les trois grands règnes des Protistes, des Plantes et des Animaux. Si la matière vivante ne manifeste presque aucune propriété dont on ne puisse suivre, à des degrés divers, l'évolution jusque dans les corps bruts, les corps organisés doivent faire en quelque sorte éclater aux yeux l'unité de la nature. Cette conception moniste ou unitaire du monde s'imposera de plus en plus aux esprits réfléchis. Alexandre de Humboldt en a déjà fait la remarque[1] : le grand problème du cosmos était, pour Aristote, l'unité de la nature. « Dans la nature, disait le Stagirite, rien d'isolé ni de décousu, comme dans une mauvaise comédie. » (*Métaphys.*, XIII, 3.)

Que de fois n'a-t-on point tenté cependant, et toujours en vain, de découvrir un ensemble de caractères essentiels pour distinguer les plantes des

---

1. *Cosmos*, III, 13 et suiv.

animaux. Il s'en faut bien que les modernes aient eu, à l'égal des Grecs, le sentiment, l'intuition de l'unité de la nature sous ses formes innombrables. Ce n'était pas seulement une vue théorique chez Aristote que sa croyance à la gradation par laquelle les êtres s'élèvent progressivement des formes inférieures aux formes plus élevées, et cela, depuis les êtres inanimés ou élémentaires jusqu'aux formes animales en passant par les plantes. Il voyait la nature s'essayer « d'abord sur ce qui n'est pas encore un animal, à proprement parler, tout en en étant si voisin qu'il n'y a point en réalité de différence[1]. » — « Des plantes aux animaux, le passage n'est point subit ni brusque (ἡ δὲ μετάβασις... συνεχής ἐστι) : on trouve dans la mer des corps dont on douterait si ce sont des animaux ou des plantes. Comparez le genre entier des Testacés aux animaux qui ont un mouvement de locomotion, ils ne ressembleront qu'aux plantes. Quant à la sensibilité, les uns n'en donnent aucun signe, d'autres en donnent des signes obscurs. Quelques-uns ont un corps d'une substance charnue (σαρκώδης), tels que les Téthyes (Ascidies) et les Anémones de mer; mais l'Éponge ressemble tout à fait aux plantes. La même dégradation insensible, qui donne à certains corps plus de vie et de mouvements qu'à d'autres, a lieu aussi pour les fonctions vitales[2]. »

1. *De partibus animalium*, IV, v, p. 681.
2. *Histoire des Animaux*, VIII, 1. Trad. franç. de Camus

On ne saurait mieux dire aujourd'hui encore. Ces « fonctions vitales », en effet, dont on a longtemps méconnu les nuances, les dégradations insensibles et les obscures affinités, ont fourni tous les prétendus caractères différentiels des plantes et des animaux. L'importance capitale du règne des Protistes est précisément de montrer qu'entre les deux règnes il n'existe point même de frontières, mais une sorte de zone neutre, indécise et vague ; — en d'autres termes, que les deux grands règnes organiques, pour diverger de plus en plus, n'en ont pas moins de communes racines. « On sait qu'il y a à la frontière des deux règnes, a dit Cl. Bernard, tout un groupe d'êtres litigieux qu'on n'a pu encore annexer à aucun des deux. Les Amibes végétales, les Plasmodies, étudiées par de Bary, présentent confondus les traits de l'animal et du végétal. Ce sont des masses protoplasmiques qui ne se constituent ni en cellules ni en tissus pendant toute leur période d'accroissement : elles cheminent en rampant sur les débris de plantes décomposées, sur les écorces, sur le tan ; elles émettent des prolongements, des sortes de bras[1]... »

De là la légitimité d'un troisième règne, d'une troisième grande division de la nature vivante, ainsi que l'ont reconnu, avec Haeckel, nombre de

---

(I, 451-2), revue sur le texte grec et la trad. allemande d'Aubert et de Wimmer (*Aristoteles Thierkunde* [Leipzig, 1868], II, 111-113). *De partibus animalium*, l. l.

1. *Leçons sur les phénomènes de la vie*, 1, 255.

naturalistes contemporains[1]. Tous les Cytodes compris dans le genre Monères manquent, leur vie entière, du moindre signe distinctif de l'organisation végétale ou animale. On ne saurait donc en faire des plantes ni des animaux, non plus que des autres Protistes, qu'ils possèdent ou non les organes de la cellule. Les opinions sur l'étendue de ce règne doivent naturellement varier, quoique M. Haeckel ait essayé[2] de noter les nuances assez vagues par lesquelles passent les êtres vivants avant de devenir végétaux ou animaux.

Certains organismes classés jusqu'ici soit parmi les végétaux (Diatomées, Champignons muqueux), soit parmi les protozoaires (Amiboïdes, Rhizopodes), soit tour à tour dans l'un ou l'autre règne (Flagellés), sont donc entrés dans le règne des Protistes. Mais comme les végétaux et les animaux, au premier stade de leur développement, passent par des formes inférieures qui les font ressembler temporairement à des Protistes, on a la preuve que tous les organismes, Protistes, Animaux et Plantes, descendent d'êtres vivants extrêmement

---

1. « Des considérations théoriques, tout autant qu'une série entière d'observations, établissent et confirment l'existence d'un règne intermédiaire entre les plantes et les animaux, pour lequel le nom de Protistes a été proposé. » Oscar Schmidt, *Handbuch der vergleichenden Anatomie* (Iéna, 1876), p. 44.

2. Voici en quoi consiste le critérium négatif qui permet de distinguer les Protistes des plantes et des animaux : absence de thallus et de gastrula avec les deux feuillets germinatifs ; point de tissus ni d'organes ; génération asexuée pour la grande majorité de ces êtres.

simples, et que, s'il nous était donné de contempler nos plus lointains ancêtres, c'est vraisemblablement aux Protistes neutres actuels que nous les comparerions. De là une unité morphologique (que montrera mieux l'espèce d'arbre généalogique que nous dresserons plus loin des trois règnes organiques), qui semble exclure déjà des différences absolues dans les propriétés élémentaires des organes de ces êtres et, partant, dans leurs « fonctions vitales. »

La démonstration de l'unité fonctionnelle des êtres vivants, depuis la plante la plus humble jusqu'au vertébré le plus élevé, a été donnée par Claude Bernard dans les leçons du cours de physiologie générale que ce maître illustre a professé au Muséum d'histoire naturelle. La doctrine capitale de cet enseignement, c'est qu'il n'y a qu'une seule manière de vivre, qu'une seule physiologie pour tous les êtres vivants, et, par conséquent, qu'on ne saurait admettre une physiologie végétale et une physiologie animale distinctes. Ce qui ressort de cette doctrine, c'est l' « unité vitale dans les deux règnes. »

L'identité fondamentale des phénomènes vitaux que présentent les plantes et les animaux, Claude Bernard en voyait la raison dans la nutrition identique des parties essentielles des organismes, les cellules animales et végétales. Or, parmi les prétendus caractères différentiels de ces organismes, l n'en était peut-être pas de plus important que la *nutrition*. Les animaux, disait-on, sont obligés de prendre toutes formées les matières protéiques albuminoïdes dont ils se nourrissent ; les végétaux, au contraire, élaborent directement ces matières. Mais les exemples abondent qui ruinent la valeur de ce caractère. Empruntons-en un à Huxley : « Certains organismes qui traversent une phase d'existence où ils sont nomades, les Myxomycètes, par exemple, semblent, à un certain moment de leur vie, avoir besoin de puiser leur matière protéique à des sources extérieures — ils sont animaux ; pendant l'autre, ils fabriquent eux-mêmes cette matière — ils sont plantes. » Aussi bien, les temps sont déjà loin de nous où l'on considérait l'animal comme le parasite du végétal en quelque sorte ; nous savons que l'animal et le végétal forment les principes immédiats nécessaires à leur nutrition respective (corps gras, sucres, etc.), et qu'à cet égard ils ne diffèrent point. Claude Bernard a démontré l'unité des principes alimentaires et des agents digestifs dans les animaux et dans les végétaux[1]. Si l'on définit la nutrition un perpétuel échange de liquides et de gaz entre l'élément anatomique et le milieu ambiant, on voit de reste qu'il n'est pas de phénomène plus essentiel à tous les êtres vivants, à quelque règne qu'ils appartiennent.

La différence qui avait frappé si fort Tiedemann,

1, *Leçons sur les phénomènes de la vie*, II, 21-41, 141-366.

relativement à la façon dont les plantes et les animaux prennent et absorbent leur nourriture, n'est plus faite pour nous arrêter[1]. La bouche et le tube intestinal ne sont que des organes de perfectionnement créés au cours des âges pour les fonctions de la nutrition. Chez les Grégarines, la nourriture est absorbée par endosmose comme chez les cellules végétales; chez les Monères, les Amibes, les Rhizopodes, les corpuscules nutritifs pénètrent directement dans l'intérieur du corps sarcodique par n'importe quel point de la surface, et en sont expulsés de même après la digestion. Les Acinètes fixent leurs suçoirs sur les proies vivantes qui passent à proximité, les vident et s'emplissent de la substance protoplasmique de ces animalcules. Gegenbaur a noté que la présence de prolongements semblables chez certains embryons d'Infusoires atteste que ce mode de nutrition est assez répandu.

D'autre part, les belles observations de M. Clark et de M. Ch. Darwin, ont montré que les plantes capturent et absorbent de petits animaux vivants et des substances azotées. M. E. Morren a achevé la démonstration en établissant que la digestion végétale et la digestion animale sont des opérations chimiques analogues, par lesquelles les substances alimentaires sont assimilées à l'écono-

---

1. *Zoologie*, p. 23. « *La plus importante différence entre les plantes et les animaux* se trouve dans la manière dont ils prennent leur nourriture. »

mie. Ces observations ont inspiré à M. Charles Martins, le savant naturaliste de Montpellier, une de ces pages de haute philosophie naturelle dont il a presque seul gardé le secret parmi les naturalistes français de ce temps-ci, et dans lesquelles on ne sait ce qu'on doit le plus admirer de la solidité ou de l'étendue de la pensée.

« Tout le monde convient aujourd'hui qu'on observe chez les végétaux, comme chez les animaux, des organes rudimentaires et inutiles à l'être organisé qui les possède. On est, par conséquent, en droit de se demander s'il n'existe pas des fonctions qui se trouvent dans le même cas ; si ces captures d'insectes, la dissolution et l'absorption de leurs parties molles par les feuilles de la plante ne seraient pas un mode d'assimilation sinon anormal, du moins accidentel, comparable à l'absorption de substances actives par la peau chez les animaux supérieurs. On peut, écartant toute idée de finalité, aller encore plus loin ; en effet, cette absorption de matériaux qui, d'après certains observateurs, ne contribuent en rien à l'alimentation du végétal, ne serait-elle pas l'ébauche d'une fonction sans profit pour lui, mais qui déjà dans les animaux inférieurs les plus rapprochés des végétaux et immobiles comme eux, tels que les Polypes, les Coraux, les Actinies, devient la fonction nutritive principale. Nulle chez les végétaux qui absorbent par leurs racines l'eau chargée de principes nutritifs et par leurs feuilles les gaz qui composent l'air atmosphérique, cette fonction devient le principal et le seul mode de nutrition chez les animaux inférieurs fixés sur des pierres, dépourvus de racines absorbantes, mais qui capturent aussi des animalcules vivants au moyen de tentacules mobiles, les digèrent, les absorbent, se les assimilent et s'en nourrissent exclusivement [1]. »

L'examen des autres caractères relatifs à la *respiration*, au *mouvement volontaire* et à la *sensibilité* établiront une fois de plus que les différences qui distinguent les plantes des animaux ne sont, comme on vient de le voir pour la nutrition, que des différences de degré, non de nature.

Pour ce qui est de la respiration, l'antagonisme classique des plantes et des animaux est tout à fait tombé [2]. La respiration, en effet, est identique dans les trois règnes. Le protoplasma végétal, les parties incolores des plantes, les racines, les graines, etc., ont les mêmes propriétés que les tissus animaux. La réduction de l'acide carbonique et le dégagement de l'oxygène sont uniquement, chez les végétaux, l'œuvre de la matière verte, de la chlorophylle. Ainsi que l'animal, le végétal proprement dit absorbe de l'oxygène, exhale de l'acide carbonique et produit de la chaleur. Le protoplasma chlorophyllien lui-même, dont la fonction, je

---

1. *Les Plantes insectivores*, par Ch. Darwin. Avec une introduction et des notes par Ch. Martins (Paris, 1877).
2. Cl. Bernard, *Leçons sur les phénomènes de la vie*, II, 141-203.

le répète, est de réduire l'acide carbonique et de dégager de l'oxygène, vit comme tous les protoplasmas animaux et végétaux en absorbant de l'oxygène et en exhalant de l'acide carbonique[1]. Bref, la respiration proprement dite des végétaux doit être bien distinguée de la fonction chlorophyllienne. La respiration proprement dite, chez les animaux et les végétaux, est un phénomène fonctionnel d'ordre purement chimique; la fonction chlorophyllienne est un phénomène de nutrition.

La chlorophylle est si loin d'avoir la valeur d'un caractère absolument différentiel de la plante au regard de l'animal, que le tiers au moins des espèces végétales connues est dépourvu de cette matière. Ajoutez que, à l'origine, tous les corps vivants furent incolores, et, partant, que le pigment chlorophyllien n'est point primitif. Enfin, on connaît une chlorophylle animale: des grains de cette matière ont été vus par Cohn, Stein, Schultze, chez nombre de Protistes et d'Infusoires, chez des Zoophytes et des Vers. Citons seulement l'*Euglena viridis*, le *Stentor polymorphus*, l'Hydre verte, le *Vortex viridis*. Les Ascidies, on le sait, se construisent un manteau de cellulose. La fonction chlorophyllienne ne caractérise donc ni les végétaux, ni les animaux, ni les Protistes: elle caractérise le

---

1. Cl. Bernard, *Leçons sur les phénomènes de la vie*, I, 143, 150, 274; II, 220-240. — Cf. Paul Bert, *Leçons sur la physiologie comparée de la respiration* (Paris, 1870), p. 32-34.

protoplasma vert qu'on rencontre dans les trois règnes organiques.

Quant à la sensibilité, qui depuis Linné a si souvent servi de critérium pour distinguer les plantes des animaux (*animalia vivunt, crescunt, sentiunt*), elle n'appartient pas plus en propre aux animaux qu'aux végétaux ou aux Protistes : c'est une propriété générale de la matière. Or, le mouvement, volontaire ou non, n'est qu'un mode ou une transformation de cette propriété. Tout élément anatomique, végétal ou animal, c'est-à-dire le protoplasma qui entre dans sa constitution, est susceptible d'être affecté d'une certaine façon par les excitations du milieu externe ou interne, et de réagir d'une manière proportionnée à cette excitation. L'eau, la chaleur, l'oxygène, les substances dissoutes dans le milieu ambiant, c'est-à-dire, en somme, Claude Bernard en a fait la remarque, ce que les anciens appelaient les quatre éléments, voilà les sources des excitations extérieures. Ce qui caractérise la sensibilité, selon le grand physiologiste français, c'est *la réaction matérielle à une stimulation*, c'est l'aptitude à réagir manifestée par tout protoplasma, c'est l'ensemble des réactions physiologiques de toute nature provoquées par des excitations capables de modifier l'équilibre moléculaire de la matière vivante.

Huxley avait appelé le protoplasma la base physique de la vie; Claude Bernard a nommé la sensibilité la base physiologique de la vie. La locomotion, si active chez la plupart des Protistes, ainsi que l'avait noté Bory de Saint-Vincent, n'est, pas plus que la sensibilité et le mouvement, un caractère distinctif des animaux. C'est ainsi que les organes mêmes de la locomotion chez les Protistes et les animaux inférieurs, les cils vibratiles, existent sur les spores des Algues. Beaucoup d'Algues, on le sait, un grand nombre de nos Conferves vertes d'eau douce nagent d'abord en toute liberté. « Comme de jeunes animaux, une foule de jeunes plantes rudimentaires, dit M. Haeckel, se meuvent au moyen de filaments, de fouets et de cils vibratiles. En nageant, ces plantes montrent autant de vivacité, de constance, de volonté apparente, que les formes larvées de beaucoup d'animaux. »

Chez les végétaux, comme chez les animaux et les Protistes, les réactions motrices sont en rapport avec la nature et l'intensité des excitations extérieures. Édouard Strasburger, dans une magistrale étude de physiologie [1], a, en quelque sorte, mesuré l'action de la lumière et de la chaleur sur les spores mobiles, les Plasmodies, les Myxomycètes, etc. Voici comment ce savant a présenté lui-même (p. 73-75) les résultats de ce travail, capital à tous égards, en particulier pour la psychologie comparée :

« La direction du mouvement de certaines spores

---

1. *Wirkung des Lichtes und der Wärme auf Schwärmsporen*, von Dr Eduard Strasburger (Iéna, 1878).

mobiles est influencée par la lumière : je les appelle des spores *phototactiques*.

« L'action se fait sentir sur le protoplasma et non sur les matières colorantes qui peuvent s'y trouver ; les spores mobiles incolores peuvent réagir comme celles qui sont colorées.

« Les spores mobiles réagissant à la lumière se meuvent dans la direction d'où celle-ci vient : — soit constamment dans la direction du foyer lumineux, même lorsque son intensité diminue (celles-là pourraient être appelées spores *aphotométriques*), — soit en suivant les variations d'intensité de la lumière, dans le sens de sa marche ascendante et descendante. (Je nomme ces spores mobiles des spores *photométriques*.)

« Il n'y a pas de mouvement possible dans une autre direction que dans celle d'où vient la lumière, même lorsque la clarté augmente ou diminue dans une autre direction.

« Les rayons bleus, indigos et violets ont seuls de l'influence sur les spores mobiles phototactiques, et c'est l'indigo qui en a le plus. Au contraire, les rayons jaunes ou approchant du jaune causent, lorsque leur intensité est assez forte, un mouvement de vibration chez quelques spores mobiles phototactiques.

« Dans les changements soudains de clarté, beaucoup de spores phototactiques conservent encore, pendant un certain temps, la direction de mouvement déterminée par le degré antérieur de clarté.

« Les grandes spores mobiles de *Bryopsis* ne conservent leur mouvement qu'après une diminution subite de l'intensité de la lumière ; sous l'influence d'une augmentation subite, ils éprouvent un ébranlement qui, pour un temps, les pousse hors de leur voie...

« L'augmentation d'intensité de la lumière produit presque toujours dans les spores mobiles phototactiques une tendance à se fixer ; la lumière directe du soleil surtout agit de cette manière ; la diminution de l'intensité de la lumière augmente la mobilité.

« La rapidité du mouvement n'est pas influencée par la lumière; mais plus l'intensité est grande, plus les spores mobiles se meuvent suivant des lignes droites.

« Les petites spores mobiles se meuvent en général davantage en ligne droite que les spores plus grandes ; les plus grandes s'émancipent jusqu'à un certain point, grâce à la force propre assez importante de leur mouvement...

« Dans l'obscurité, les spores mobiles phototactiques ne peuvent venir au repos, à moins qu'elles ne soient différenciées sexuellement et qu'elles ne se résolvent dans la formation de produits sexuels ; sinon, les spores mobiles restent en mouvement jusqu'à ce qu'elles périssent.

« Le degré de sensibilité pour la lumière ne

change pas dans l'obscurité ; *les spores mobiles y restent sensibles à la lumière jusqu'à leur mort.*

« Dans les spores mobiles qui éprouvent ordinairement une réaction ultérieure, et qu'on transporte subitement de l'obscurité à la lumière, on peut observer une réaction dans le même sens qu'ailleurs vis-à-vis d'une augmentation subite d'intensité de lumière.

« En général, le degré de sensibilité pour la lumière change pendant le développement des spores mobiles photométriques, en ce sens que dans leur jeunesse elles paraissent s'accommoder de lumières plus intenses que dans leur vieillesse.

« Ces spores montrent, en outre, constamment de faibles oscillations du degré de sensibilité, quelques-unes d'une manière très marquée, d'autres fort peu.

« En dehors du changement de degrés de sensibilité offert pendant le développement, des cultures entières se montrent aussi immédiatement plus ou moins sensibles. Il semble qu'il y a ici adaptation à la clarté moyenne du lieu d'origine. Une culture s'adapte aussi tant soit peu à l'intensité moyenne de lumière du lieu où elle a été cultivée.

« La *chaleur* a généralement de l'influence sur la propriété photométrique des spores mobiles. A mesure que la température s'élève, elles deviennent, en général, plus photomanes (*lichtholder*) ; à mesure qu'elle s'abaisse, elles deviennent photophobes (*lichtscheuer*).

« Ici encore, il paraît y avoir, dans de certaines limites, adaptation à la température moyenne du lieu antérieur de culture, de telle sorte qu'à une clarté donnée, les spores mobiles cultivées dans des endroits plus chauds deviennent plus vite négatives, lorsque la température baisse, que celles qui ont été cultivées dans des endroits plus froids, et qu'au contraire, lorsque la température s'élève, les dernières sont plus vite positives que les premières.

« L'aérage insuffisant des cultures rend les spores mobiles photométriques aptes à supporter des intensités plus élevées de lumière.

« Une mauvaise nutrition retarde le passage à l'état de repos pour les spores mobiles, sans influencer leur degré de sensibilité pour la lumière.

« Jusqu'à présent, je n'ai pas réussi à faire varier cette sensibilité par d'autres moyens que ceux que je viens d'indiquer. »

Mais ces mouvements, ces réactions motrices en rapport avec la nature et le degré des excitations extérieures, le sont-ils aussi avec certaines fins de l'organisme ? Claude Bernard estime que « les exemples de mouvement approprié à un but fourmillent chez les cryptogames, » que les appareils reproducteurs des Algues, les zoospores, se mouvant et se déplaçant au moyen de leurs cils, « se dirigent » en nageant, et, en bien des cas, paraissent

« éviter les obstacles, s'y prendre à plusieurs fois pour les contourner, » et parvenir ainsi à un *but déterminé*. « On trouverait là, dit expressément Claude Bernard, non seulement le mouvement simple, mais le mouvement approprié à un but déterminé, les apparences, en un mot, du mouvement volontaire. »

Ces mouvements volontaires apparents, on les retrouve plus évidents encore chez les anthérozoïdes de certaines Algues. Voici à ce sujet une bien curieuse observation de Pringsheim (1854) : « L'anthérozoïde, corpuscule reproducteur mâle, une fois sorti de la cellule qui l'enfermait, nage dans le liquide environnant et se dirige vers la cellule femelle ; il vient buter contre la paroi de cette cellule, en quête de l'orifice que celle-ci présente. Après plusieurs tentatives infructueuses, il semble qu'un effort mieux dirigé lui permette de franchir l'étroit canal et de se précipiter dans la matière verte de l'oosphère, cellule où la fécondation s'accomplit. » Les exemples de mouvement chez les Phanérogames, sous l'action des ébranlements, des chocs, de la lumière ou de la chaleur, sont trop connus pour qu'il soit nécessaire de rappeler les réactions motrices des étamines de l'épine-vinette, de la gobe-mouche (*Dionaea muscipula*), du sainfoin oscillant, de certaines légumineuses, et surtout de la sensitive.

Mais ce qui, plus que tout, a montré le néant du caractère distinctif des plantes et des animaux que

Linné croyait avoir trouvé dans la sensibilité et la motilité, ce qui achève de rapprocher et de confondre les deux règnes dans une unité physiologique supérieure, ce sont les belles expériences d'anesthésie instituées par Claude Bernard sur la série entière des êtres vivants. Le résultat de toutes ces expériences, qui ont porté sur la germination, le développement, la nutrition, la fermentation, la sensibilité et le mouvement, a toujours été le même, quelque résistance diverse qu'aient opposée les tissus aux agents anesthésiques, selon qu'il s'agissait d'oiseaux, de mammifères, de reptiles ou de végétaux. L'éther, le chloroforme, etc., agissent sur tous les tissus vivants; chaque élément anatomique est atteint successivement, suivant son degré d'excitabilité ou de sensibilité, le système nerveux d'abord, par exemple, chez les animaux.

En réalité, c'est sur les molécules organiques du protoplasma, sur les parties actives et vivantes de la cellule, sur les plastidules, que viennent retentir et les actions des anesthésiques et toutes celles du milieu ambiant, de quelque nature qu'elles soient. Toute modification d'un organisme est la suite d'une action qui rompt l'équilibre moléculaire d'une cellule ou d'un groupe de cellules, si bien que, sous tous les phénomènes physiologiques ou pathologiques, il n'y a rien de plus que des affections cellulaires générales ou spéciales.

Si le protoplasma a montré l'unité physiologique des êtres, la cellule en découvre l'unité anatomique. C'est sur la théorie cellulaire, édifiée dans ses grandes lignes par Schleiden et par Schwann, mais qu'avaient préparée les idées de Bichat sur la constitution des tissus, que reposent, avec l'anatomie, la physiologie et la pathologie modernes, sans en excepter la psychologie et la sociologie, simples provinces de la biologie[1].

La découverte des Monères, la constitution du groupe des Plastides et du règne des Protistes, par M. Haeckel, voilà aujourd'hui les plus solides fondements de cette théorie.

Comme moins l'organisation est élevée, plus l'autonomie des éléments anatomiques est grande, les Protistes nous présentent précisément le spectacle d'un monde d'organismes où le lien de subordination des cellules entre elles, des vies partielles à la vie totale, est le plus simple. Ce sont bien des organismes élémentaires que ces cellules dont notre corps, comme celui des végétaux, n'est qu'une fédération, un agrégat sans cesse en voie de rénovation, une unité mobile, ondoyante et vague, dont les vies et les consciences particulières décomposent et recomposent sans cesse cette résultante que nous appelons notre vie et notre conscience personnelle.

Ce sont de *véritables infusoires*, comme les a hardiment appelés Claude Bernard, qui vivent, meu-

---

1. Huxley, *A Manual of the Anatomy of Invertebrated Animals* (London, 1877), p. 1. Cf. la *Biologie*, la *Psychologie* et la *Sociologie* d'Herbert Spencer.

rent et se renouvellent chacun à sa manière :
« Cette comparaison exprime exactement ma pensée, car cette multitude inouïe d'organismes élémentaires associés qui composent notre organisme total, existent, comme des infusoires, dans un milieu liquide qui doit être doué de chaleur et contenir de l'eau, de l'air et des matières nutritives. Les infusoires libres et disséminés à la surface de la terre, trouvent ces conditions dans les eaux où ils vivent. Les infusoires organiques de notre corps, plus délicats, groupés en tissus et en organes, trouvent ces conditions, entourés de protecteurs spéciaux, dans notre fluide sanguin, qui est leur véritable liquide nourricier : ils y prennent leurs aliments et y rejettent leurs excréments, absolument comme des animaux aquatiques[1]. »

Voilà, à coup sûr, une pensée qui paraîtra d'une rare audace. Cl. Bernard est là tout entier, il me semble ; c'est dans ces vues profondes de philosophie naturelle que la postérité aimera surtout à contempler le génie du grand physiologiste français, et non dans ce vitalisme physico-chimique, pure doctrine de transition, compromis fâcheux entre l'ancien vitalisme et notre conception mécanique du monde, que des disciples dénués d'esprit philosophique semblent aujourd'hui se complaire à mettre en évidence.

L'opinion dans laquelle a persisté Cl. Bernard

---

1. *La Science expérimentale*, p. 270. Cf. p. 327.

sur les procédés de genèse des éléments anatomiques chez les plantes et les animaux nous paraît aussi la plus vraie, la seule conforme, en tous cas, aux faits le plus généralement observés, et nous ne pensons pas qu'elle soit au fond inconciliable avec l'hypothèse nécessaire de la génération spontanée; au contraire, cette opposition n'est qu'une fausse apparence. Car si l'on ne voit jamais apparaître une cellule qui ne vienne pas d'une autre cellule, le plasson des Cytodes et des Monères, le protoplasma amorphe lui-même existent bien aujourd'hui encore avant la cellule, organisme déjà très complexe. L'axiome *omnis cellula e cellula* peut donc demeurer vrai pour les trois règnes, et il convient de s'en tenir, avec les histologistes les plus compétents, avec un botaniste tel que Sachs, à ces paroles de Strasburger: «La formation de cellules, en l'absence d'autres cellules, dans les liquides organiques ou blastèmes, est une hypothèse qui n'a jamais été prouvée.»

C'est donc dans le protoplasma amorphe que réside la vie, la vie non encore définie, sorte de chaos où toutes les propriétés vitales se trouvent confondues, — nutrition, reproduction, sensibilité, mouvement; c'est dans le protoplasma que résident, indistinctes et confuses, toutes ces propriétés dont les phénomènes observés chez les êtres supérieurs ne sont que des expressions diversifiées, amplifiées, et d'une complexité de plus en plus haute.

Personne plus que M. Paul Bert, après Cl. Bernard, n'a peut-être mieux mis en lumière le caractère et la portée de cette unité, en quelque sorte condensée, de toutes les propriétés vitales dans l'élément anatomique ; nul n'a mieux compris que, depuis le plus humble microphyte jusqu'au plus élevé des vertébrés, partout où se manifestent les phénomènes appelés vitaux, ce sont les propriétés de ces éléments qui apparaissent. Or, en dépit des différenciations ultérieures, « toutes les propriétés vitales sont réunies dans chaque élément anatomique, » et ce n'est que par la prédominance, plus ou moins marquée chez chacun d'eux, de quelqu'une de ces propriétés, qu'ils arrivent à différer les uns des autres. Prises en soi, les propriétés des cellules animales ou végétales « ne sont pas l'apanage exclusif d'une forme élémentaire déterminée : la motilité, par exemple, n'appartient pas seulement à l'élément dit musculaire, car chacun connaît les mouvements vibratiles et sarcodiques. » Il paraît même résulter des expériences de M. Paul Bert sur la greffe animale, expériences qu'on peut rapprocher de celles de Trembley sur les Polypes, de Dugès sur les Planaires, et de Haeckel sur les Méduses, que, dans l'évolution organique, le type morphologique existe, non dans l'ensemble, mais dans les parties élémentaires, dans les éléments histologiques. En tout cas, et c'est la conviction de M. Bert comme c'était celle de Cl. Bernard, ce qui se dégagera de plus en plus de l'infinie variété des manifestations vitales, due à l'infinie variété des rapports anatomiques et des conditions du milieu, — c'est *l'unité des propriétés physiologiques élémentaires de la cellule.*

Cette conception profonde de l'unité de la vie et de ses propriétés, non seulement dans la cellule animale ou végétale, mais dans le protoplasma amorphe, dans le plasson des Cytodes, a ruiné toutes les anciennes idées sur la valeur si longtemps accordée aux organes et aux appareils pour la production des diverses fonctions de la vie. L'unité de la vie n'implique pas seulement l'identité de tous les phénomènes essentiels de l'organisme dans les trois règnes : elle atteste que la spécialisation progressive des tissus, des organes et des appareils n'est qu'une différenciation continue du protoplasma, si bien que c'est dans cette substance qu'il faut chercher l'explication, je veux dire l'histoire, de toutes les propriétés si complexes des tissus des plantes et des animaux, depuis la nutrition et la reproduction jusqu'à la sensibilité et à la contraction musculaire.

Ainsi, la vie est liée non à un corps d'une certaine forme, morphologiquement différencié et pourvu d'organes, mais à une substance amorphe, sans structure apparente, d'une nature physique et d'une composition chimique déterminée. Les Protistes, les êtres inférieurs des deux grands règnes organiques n'ont ni poumons, ni cœur, ni cerveau, ni glandes. Qu'importe? disent Cl. Bernard et Haeckel, tout cela n'est pas nécessaire à la vie. Et voilà pourquoi l'étude de ces créatures élémentaires est surtout utile à la physiologie générale, car chez eux « la vie existe à l'état de nudité, pour ainsi dire. »

En tant que la vie, à son degré le plus simple, n'est liée à aucune forme fixe, mais dépend d'un certain arrangement moléculaire, l'importance qu'on donnait à la notion morphologique disparaît devant celle de la constitution physico-chimique de la matière vivante. Cl. Bernard, qui ne répugnait pas, ce semble, à l'adoption d'un troisième règne organique [1], car il parle souvent sans désapprobation des Protistes de Haeckel, — de « ces êtres dont on ne peut dire s'ils sont animaux ou végétaux » — a fait aussi mention des plastidules et de la théorie plastidulaire du savant naturaliste d'Iéna. Que le protoplasma lui-même ne fût pas une substance homogène, sans structure appréciable, les récentes recherches de Bütschli, de Strasburger, etc., ne lui laissaient sur ce point aucun doute. Il n'y a pas jusqu'à cette propriété vitale, la mémoire, ou faculté de conserver l'espèce de mouvement par lequel se manifeste l'acti-

---

1. *La Science expérimentale*, p. 234. *Leçons sur les phénomènes de la vie*, I, 102-5, 207, 320. Il dit clairement que la séparation des êtres de la nature en deux grands règnes ne peut être fondée que sur les différences morphologiques, non sur la nature essentielle de ces êtres, p. 319.

vité de ces molécules organiques attribuée par Haeckel aux plastidules, en outre des propriétés purement physiques de toute molécule matérielle, que Cl. Bernard n'ait paru considérer d'un œil favorable. Lui-même avait écrit que « le germe semble garder la mémoire de l'organisme dont il procède[1]. » Enfin, il avait lu Maupertuis et peut-être parcouru l'ingénieux travail d'Ewald Hering sur *la Mémoire considérée comme une fonction générale de la matière organisée*.

C'est avec la cellule que commence l'évolution morphologique proprement dite. Le noyau, « sorte de nébuleuse, » formé par condensation des particules protoplasmiques, est un premier appareil de synthèse organique, un appareil cellulaire reproducteur. La couche plus dense que le reste de la masse sarcodique dont s'entoure la cellule, rudiment de la membrane d'enveloppe et de la cuticule qui deviendra distincte, est un second degré de différenciation. Ce processus organique se généralise de plus en plus, et la spécialisation progressive se fait *par exagération d'une propriété dans les cellules des tissus et des organes au détriment des autres propriétés fondamentales*[2].

De là, la différenciation de plus en plus nette

---

[1]. *La science expérimentale*, p. 67. V. sur la périgenèse et la mémoire organique des plastidules, la première partie des *Essais de psychologie cellulaire* d'Ernest Haeckel, p. 1-93 de notre traduction (Germer Baillière, 1879).

[2]. *Leçons sur les phénomènes de la vie*, p. 368-9.

et accusée, l'autonomie histologique des tissus de plus en plus distincte, qui réagissent finalement d'une façon spéciale et en apparence irréductible : la fibre musculaire se contracte, la fibre nerveuse propage les ébranlements qu'elle reçoit, la cellule psychique pense et veut, la cellule glandulaire élabore et rejette un produit spécial de sécrétion, le cil vibratile s'infléchit et se redresse d'une façon rhythmique, le globule sanguin attire l'oxygène, le grain de chlorophylle décompose l'acide carbonique, etc. Ainsi, la sensibilité qui, sans système nerveux, c'est-à-dire sans organe différencié, existe dans tout protoplasma comme une propriété élémentaire, s'amplifie et s'exalte chez les vertébrés supérieurs, chez l'homme surtout, au point de paraître une force extra-organique, quoique, même à ce degré de différenciation, lequel sera bien dépassé dans l'avenir, elle demeure essentiellement identique à elle-même. La fibre et la cellule nerveuses, en effet, quelque degré de délicatesse qu'atteignent leurs fonctions, réagiront toujours suivant leur nature, et la sensibilité sera toujours à ces éléments anatomiques, ce que la contraction est à l'élément musculaire, la sécrétion à l'élément glandulaire.

Le plus grand mérite de la théorie cellulaire a été de nous rappeler sans cesse que tout être vivant, pour élevé qu'il soit dans la série organique, n'est qu'une molécule d'albumine dérivée des Monères du monde primitif. « De l'éternité du monde, tout se déduit, » a écrit Sainte-Beuve. Grande parole, et que nous pouvons appliquer, non à l'éternité, mais à la perpétuité de la vie sur cette planète. Chacune des cellules de notre corps est la postérité des premiers organismes apparus au sein des mers primordiales. La longue chaîne d'ancêtres ne paraît pas s'être rompue. Aux profondeurs inconscientes de notre être veille encore la vieille âme mystérieuse des premiers-nés de l'abîme. Chacun de nous n'est toujours à l'origine qu'une petite cellule ovulaire, une masse presque microscopique de protoplasma, et les analogies que trahissent, aux premiers stades du développement embryogénique, tous les animaux, nous révèlent clairement notre origine, nous découvrent la généalogie séculaire de nos frères inférieurs.

Qu'importe la diversité des formes? Ici encore paraît l'importance tout à fait secondaire des caractères morphologiques. Dans un autre équilibre cosmique, a dit Cl. Bernard, la morphologie des êtres vivants serait autre. Dans le monde organique comme dans le monde inorganique, s'il est encore permis de maintenir dans le langage une distinction si peu fondée dans les faits, rien ne commence, rien ne se crée ni ne naît, à proprement parler : tout se continue et se perpétue. L'idée de la continuité dans la nature, voilà le principe de l'évolution.

IV

DÉVELOPPEMENT ET SUCCESSION DES FORMES VIVANTES DANS LE TEMPS.

Ce n'est que de nos jours, et même tout récemment que, en dépit des énormes lacunes des documents paléontologiques, on a essayé de dresser, pour la première fois, les arbres généalogiques des trois règnes organiques, c'est-à-dire des Protistes, des Végétaux et des Animaux.

« Je n'ai cessé, écrit Haeckel, de m'occuper de la question de l'origine monophylétique ou polyphylétique des organismes depuis le temps où, pour la première fois, j'essayai de faire une application de la théorie de la descendance à la classification biologique tout entière, et où j'esquissai, en conséquence, ces arbres généalogiques qui parurent dans ma *Morphologie générale* (1866) et dans l'*Histoire naturelle de la création* (1868). Que je n'aie jamais attribué à ces arbres généalogiques d'autre valeur que celle qu'on accorde aux hypothèses investigatrices ; que, bien loin de promulguer des dogmes sur la parenté généalogique et l'origine des divers groupes d'espèces, j'aie seulement voulu donner une formule à certaines questions phylogénétiques, je l'ai déjà si souvent déclaré qu'il est inutile d'y revenir. »

M. Haeckel n'a jamais accordé à ces généralités d'autre valeur que celle qu'on accorde aux hypothèses scientifiques. Le célèbre naturaliste d'Iéna qui, d'un coup d'aile, franchirait si facilement les abîmes qui séparent encore tant de formes organiques, n'hésite jamais, au contraire, à reconnaître ce qu'il y a d'incomplet et de forcément hypothétique dans le plus grand nombre des déductions généalogiques tirées de la paléontologie, de l'embryologie et de l'anatomie comparées. A ce sujet, il a souvent comparé avec beaucoup de bonheur et de justesse aux espèces disparues, dont nous ne connaissons que les descendants, les diverses langues éteintes qui, comme des aïeules, revivent dans leurs filles : leur postérité si variée témoigne pourtant d'une forme ancestrale commune que l'on ne connaît pas, mais que le linguiste peut parfois reconstruire avec une probabilité voisine de la certitude. La science ne saurait faire davantage.

Voici le premier aperçu général qui, étendu aux trois grands règnes organiques, indique avec le plus de vraisemblance, d'après les dernières recherches dans le domaine de la morphologie[1], les divers degrés de parenté des êtres vivants entre eux, et l'unité ou la multiplicité originaire — les origines monogéniques ou polygéniques — des

---

1. *Einstämmiger und vielstämmiger Ursprung.* Von Ernst Haeckel.

grandes familles ou classes de Protistes, d'Animaux et de Végétaux.

La vaste littérature du darwinisme et du transformisme ne renferme pas encore un aperçu général de ce genre, aucun examen général sur le degré de vraisemblance qui existe, dans chaque cas spécial, en faveur de l'origine monophylétique ou polyphylétique des formes organiques comparées. Ce que M. Haeckel a surtout voulu montrer, c'est que, pour beaucoup de groupes morphologiques, en particulier pour les plus inférieurs, pour les Monères par exemple, et les organismes unicellulaires qui constituent en grande partie le règne des Protistes, une origine polyphylétique est vraisemblable, tandis qu'on doit plutôt admettre une origine monophylétique pour la plupart des classes de végétaux et d'animaux, surtout des classes supérieures.

I. Les êtres les plus simples, les plus élémentaires, et sans doute les premiers-nés de la terre, sont les Monères. Ces organismes sans organes, sans structure, homogènes en apparence comme des cristaux, dont le corps n'est qu'un grumeau amorphe de plasson, qu'une petite masse de substance albuminoïde, doivent être apparus spontanément, aux dépens des combinaisons de la matière inorganique, en plusieurs lieux et à toutes les époques, depuis que la vie a commencé sur cette planète. L'origine de ces communs ancêtres de tous les êtres vivants est donc multiple ou polyphylétique. Quelques Monères, ou un grand nombre d'entre elles, voilà la souche la plus antique des divers groupes de Protistes, d'Animaux et de Végétaux.

II. Les cellules organiques, éléments constitutifs des tissus des plantes et des animaux, ne peuvent qu'être sorties à l'origine des Monères. Qu'elle vive en société, comme dans les tissus, ou demeure isolée, comme chez beaucoup de Protistes, toute cellule organique est formée au moins de deux éléments essentiels, d'une matière cellulaire externe appelée protoplasma et d'un noyau interne. La cellule représente déjà un degré de complexité morphologique supérieur à celui des Cytodes et des Monères, dont les substances plassiques ne sont pas encore différenciées. On répète donc à tort que les premiers organismes ont été des cellules. Ces êtres élémentaires étant la postérité des Monères, ils ont dû apparaître très souvent, et sur les points les plus divers de la terre, toutes les fois que le corps de plasson des Monères s'est différencié en noyau et en protoplasma : les cellules sont ainsi d'origine polyphylétique.

A leur tour, les cellules se différencièrent au cours des siècles en cellules animales et cellules végétales. Mais, entre les deux grands règnes organiques, il y a place pour un troisième règne : le règne neutre des Protistes.

III. Ces êtres cellulaires, les premiers habitants de la terre en sa jeunesse, puisque les Monères en font partie, ne consistent qu'en une ou plusieurs cellules ; ils n'ont aucun organisme, même rudimentaire, qui soit l'équivalent des deux feuillets germinatifs des animaux ou du thallus des végétaux ; en outre, alors que la reproduction sexuée est la règle chez les végétaux et les animaux proprement dits, les Protistes se reproduisent asexuellement.

Ces considérations, et d'autres semblables, nous forcent à regarder le règne des Protistes comme un groupe d'organismes inférieurs, réparti en trois grandes divisions différentes : 1° PROTISTES PHYTOGONES, comprenant les plus anciennes formes ancestrales du règne végétal ; 2° PROTISTES ZOOGONES, représentant les plus anciennes formes ancestrales du règne animal ; 3° PROTISTES NEUTRES, êtres cellulaires autonomes, ne possédant aucun lien généalogique de parenté avec les règnes animal et végétal, mais s'étant développés tout à fait indépendamment de ces deux règnes. C'est à ces derniers qu'appartiennent la grande majorité de tous les Protistes.

Ainsi, entre les plus anciennes cellules végétales ou Protistes phytogones, et les plus anciennes cellules animales, ou Protistes zoogones, s'étend, comme un territoire neutre, le règne des Protistes. C'est à ce règne qu'appartiennent, avec les Monères et les Amibes, les Grégarines, les Flagellés, les Catallactes, les Ciliés, les Acinètes, les Champignons, les Myxomycètes, les Rhizopodes (Thalamophores, Héliozoaires, Radiolaires). L'origine polyphylétique paraît certaine pour ces différentes classes de Protistes. Il est même probable, vu la simplicité de ces organismes, que deux Protistes fort semblables d'une même classe ont pu naître indépendamment l'un de l'autre, que deux cellules d'origine différente ont pris des formes semblables en s'adaptant à des conditions d'existence analogues. Ce n'est que dans les classes supérieures des Protistes, où apparaissent certains types organiques définis, — dans les classes des Radiolaires, des Ciliés, des Acinètes — qu'il est possible de faire remonter à une commune origine la parenté des formes organiques. Il en est ainsi chez les végétaux et chez les animaux : l'unité d'origine paraît d'autant plus clairement que les groupes sont moins anciens et plus développés.

IV. Pour ce qui a trait au second règne organique, au règne végétal, les quinze à vingt groupes différents dont il se compose sont compris dans trois groupes ou sous-règnes; les Thallophytes, les plus inférieurs ; les Prothallophytes, qui occupent un rang intermédiaire ; et les Phanérogames, qui atteignent le plus haut degré de développement. Les Thallophytes et les Prothallophytes sont des Cryptogames : ils ne produisent pas de fleurs comme les Phanérogames. Quant à la généalogie, à la descendance de ces trois sous-règnes, les Phanérogames (apparus dans la période carbonifère) dérivent des Prothallophytes, comme ceux-ci (qui se montrent dans la période dévonienne) proviennent des plantes thalliques.

Cela résulte en toute sûreté de ce que nous apprennent à cet égard l'anatomie comparée, l'ontogénie et la paléontologie.

Durant les immenses périodes de l'*âge primordial*, lorsque les couches laurentiennes, cambriennes et siluriennes se déposèrent, il n'exista ni Phanérogames ni Prothallophytes (Fougères et Mousses); c'étaient les plantes thalliques, surtout les Algues aquatiques, qui représentaient seules alors le règne végétal. Les Mousses et les Fougères (cryptogames vasculaires) se développèrent dans la période dévonienne, au commencement de l'*âge primaire* ou paléozoïque.

Dans les dépôts houillers de la période carbonifère se montrent les premiers restes fossiles des Phanérogames : pendant longtemps ces végétaux ne furent représentés que par les Gymnospermes inférieurs (Fougères palmiformes, Conifères, Meningos); plus tard, dans la période triasique, au commencement de l'*âge secondaire*, se rencontre pour la première fois la classe la plus élevée du règne, celle des Angiospermes (monocotylédones et dicotylédones). Pour les Angiospermes comme pour les Gymnospermes, l'origine monophylétique semble certaine. Il est plus difficile de dire si tous les Phanérogames descendent d'un seul groupe de Fougères, ou si les Angiospermes et les Gymnospermes dérivent de deux groupes de Fougères différents. D'après des travaux récents, l'arbre généalogique des Phanérogames serait diphylétique.

Quant au second sous-règne végétal, celui des Prothallophytes, les Fougères, ne pouvant être sorties directement des Algues (Thallophytes), doivent avoir passé au cours de leur développement historique par une forme de Muscinées. Peut-être les Fougères sont-elles plusieurs fois issues des Mousses. Les deux classes que l'on distingue généralement dans le groupe principal des Mousses (Muscinæ), sont les Mousses foliacées (Frondosæ) et les Mousses hépatiques (Hepaticæ) : les premières, moins anciennes, d'une organisation plus élevée et plus parfaite; les secondes, plus anciennes, d'une structure moins élevée et plus rudimentaire. Très vraisemblablement, une partie des Mousses hépatiques forment le groupe ancestral de toutes les Mousses, groupe d'où se sont développées plus tard, d'un côté, les Mousses foliacées, de l'autre, les Fougères. Les Mousses foliacées paraissent apparentées de très près entre elles; pourtant, il est toujours possible que les différents groupes principaux de Mousses foliacées soient nés, indépendamment les uns des autres, de plusieurs formes ancestrales différentes de Mousses hépatiques. De même, il est très possible, sinon vraisemblable, que la classe des Mousses hépatiques soit d'origine polyphylétique, c'est-à-dire que les Mousses hépatiques soient issues, plusieurs fois, de diverses formes ancestrales d'Algues.

L'origine polyphylétique de la plupart des classes du troisième sous-règne végétal, celui des Thallophytes, ne fait aucun doute. Des deux classes principales de ce groupe, les Algues aquatiques, nous l'avons dit, sont les plus antiques ancêtres du règne végétal. De nombreux groupes d'Algues doivent être nés à l'origine, d'une façon indépendante, de Monères phytogones : ces groupes d'Algues en partie parallèles, en partie convergents, en partie divergents, furent la postérité modifiée de ces êtres unicellulaires, formés spontanément dans les eaux primordiales. Mais les Inophytes, issus des Algues, comprennent deux classes de végétaux d'une bien haute valeur pour la théorie de l'évolution : les Lichens et les Champignons.

Ces Champignons, comme tous les autres, ne sont pas proprement des végétaux. Les utricules ou cellules filiformes spéciales, appelées hyphes, dont est formé le corps de tous les Champignons, sont des cytodes sans noyau : ce ne sont point de vraies cellules. Or, le noyau cellulaire ne fait défaut dans aucune cellule animale ou végétale, au moins dans les premiers moments de l'évolution organique de la cellule fécondée. C'est donc dans une classe particulière de Protistes neutres que, pour cette raison et pour d'autres encore, il conviendrait de placer les Champignons.

Les Lichens sont formés, on le sait, par une association d'Algues et de Champignons. Il y a là un fait extrêmement curieux de symbiose, de vie en commun, qui ne laisse pas de modifier profondément les individus associés, phénomène du même ordre que le parasitisme et le mutualisme. Sans insister sur la structure et l'économie des Lichens, rappelons, avec De Bary, que l'Algue est d'ordinaire considérablement transformée dès qu'elle s'unit au Champignon : « Les cellules des Algues deviennent, aussitôt après leur association avec le Champignon du Lichen, beaucoup plus grandes, plus riches en chlorophylle, plus fortes à tous égards, et il est hors de doute, quant à la structure des Lichens, que cet état persiste durant toute la vie du Lichen, quelquefois longue de plusieurs dizaines d'années... L'Algue est en général apte à exister seule. On peut non seulement l'isoler artificiellement et la voir croître et se propager seule : on la trouve fréquemment dans la nature sans qu'elle fasse partie d'un Lichen. Il en est autrement pour le Champignon des Lichens. Il ne peut pas se développer seul et périt bientôt s'il ne trouve pas une Algue, parce qu'il a besoin, pour sa croissance, de l'acide carbonique que celle-ci s'assimile. Mais le Champignon ne s'établit pas seulement sur ou dans l'Algue : il l'enveloppe de son corps et prend une telle extension que, dans la plupart des Lichens, il forme de beaucoup la plus grande partie de la masse commune. L'Algue n'en est qu'une petite fraction, un dixième, ou moins encore. D'après le volume, le Champignon serait donc l'hôte, l'Algue le locataire. Mais l'hôte dépend, pour vivre, du locataire — ce qui se voit souvent dans le monde. Le locataire est, par conséquent, traité avec beaucoup d'égards; non seulement sa croissance n'est pas empêchée : elle est plus favorisée qu'à l'état d'isolement; elle demeure en accord avec celle du Champignon. Enfin, celui-ci se charge non seulement de fixer le corps au substratum, en pénétrant quelquefois profondément dans la pierre; il procure encore à la communauté les éléments nécessaires pour former les axes. »

Considéré dans son ensemble, le règne végétal, on peut l'admettre, a une origine polyphylétique; la plupart des classes de végétaux, au contraire, et en particulier toutes les classes supérieures, ont très vraisemblablement chacune une origine monophylétique.

V. Que le règne animal offre une variété d'organisation bien plus complexe que le règne végétal, on le voit déjà en opposant aux quinze à vingt classes de ce dernier règne les quarante à cinquante classes du premier. Au point de vue général de la morphologie comparée, le règne animal se divise aussi en trois grands groupes principaux. Les Zoophytes occupent le degré le plus inférieur;

les Vers, le degré intermédiaire; les animaux types ou Typozoaires, le degré le plus élevé. Les trois sous-règnes des végétaux descendent généalogiquement les uns des autres : il faut en dire autant des trois sous-règnes des animaux. Historiquement aussi bien que morphologiquement, les Typozoaires dérivent des Vers, les Vers des Zoophytes. Mais, tandis que tous les Phanérogames ne présentaient guère qu'une seule forme typique d'organisation, deux tout au plus (celles des Angiospermes et des Gymnospermes), les êtres vivants du premier sous-règne animal offrent au moins quatre types d'organismes fondamentalement divers : les Vertébrés, les Arthrophodes, les Echinodermes, les Mollusques.

Chacun de ces quatre groupes d'animaux dérive individuellement d'un groupe différent de Vers.

En dépit de nombreuses dissemblances externes, qui résultent de l'adaption, les classes comprises dans ces grands groupes accusent, dans leur structure interne et dans leur évolution embryogénique, des ressemblances trop profondes, conséquences de l'hérédité, pour qu'on hésite à admettre pour presque chacune d'elles une origine monophylétique.

Chez les Vertébrés, cette origine est évidente. Tous les Vertébrés sans exception, de l'Amphioxus à l'Homme, sont sûrement la postérité d'un groupe unique d'ancêtres, du même groupe de Vers éteint dont proviennent aussi les Tuniciers. En outre, les rapports de consanguinité existant dans toutes les classes de Vertébrés sautent, pour ainsi dire, aux yeux. Tous les Mammifères, d'une part, et, de l'autre, tous les Reptiles et tous les Oiseaux, descendent de la classe des Amphibies, qui, par les Dipneustes, se rattachent aux Poissons. La classe des Poissons est issue d'une classe de Vertébrés éteinte, dont les Cyclostomes actuels peuvent encore donner quelque idée ; à leur tour, les Cyclostomes doivent provenir des Acrâniens, dont l'Amphioxus est le dernier survivant. Mais la proche parenté qu'on surprend entre les Amphioxus et une branche des Tuniciers, les Ascidies, indique que les uns et les autres ont eu pour commune origine un seul et même groupe de Vers.

L'origine monophylétique de tous les Arthropodes est moins sûre que celle des Vertébrés. Les deux grands groupes que comprend ce type, les Trachéates (Insectes, Arachnides, Myriapodes) et les Crustacés, descendent chacun indubitablement d'une seule forme ancestrale ; mais le groupe ancestral des Trachéates doit avoir appartenu à une autre branche de l'arbre généalogique des Vers que le groupe ancestral des Crustacés. Les Trachéates et les Crustacés se comportent à cet égard comme les Angiospermes et les Gymnospermes.

L'unité d'origine des Échinodermes semble tout à fait certaine. La structure si particulière de leur corps ne peut guère s'être produite qu'une fois. Des Étoiles de mers ou Astéries, première forme ancestrale du type, se sont développées, dans une direction, les Crinoïdes, dans une autre, les Échinides ; et de ceux-ci sont issus plus tard toutes les Holothuries. D'après Haeckel, les Astéries n'ont été à l'origine qu'un assemblage, un corme de Vers articulés.

Enfin, pour les Mollusques, on a récemment émis l'hypothèse d'une origine diphylétique. Une moitié des Gastéropodes et les Conchifères descendraient d'un autre groupe de Vers que l'autre moitié des Gastéropodes et les Céphalopodes. Mais l'ontogénie de ce type rend plus vraisemblable l'origine monophylétique de la classe des Gastéropodes, issue d'un groupe de Vers. Les Conchifères et les Céphalopodes seraient descendus de deux groupes de Gastéropodes, les premiers par voie régressive, les seconds par voie de développement.

La question d'origine est infiniment plus obscure pour les classes si variées et si nombreuses des Vers. Comme les Prothallophytes, les Vers occupent une situation intermédiaire dans le règne animal : ils relient à la fois les groupes morphologiques les plus élevés et les plus bas de ce règne. Il paraît bien qu'ils descendent d'un groupe de Zoophytes, les Gastréades. Mais, quant à savoir si cette origine a été une ou multiple dans le temps et dans l'espace, il est encore impossible de rien décider, quoique la seconde supposition soit plus vraisemblable que la première. On ne peut regarder comme assurées que ces deux importantes hypothèses : 1° l'hypothèse que les quatre à six formes ancestrales des quatre phyles d'animaux supérieurs typiques sont issues de différents groupes du phyle des Vers; 2° l'hypothèse que le phyle des Vers lui-même descend, d'une manière monophylétique ou polyphylétique, d'un groupe de Zoophytes, des Gastréades.

La généalogie des Zoophytes, qui comprennent les deux groupes des Acalèphes et des Éponges, ne présente pas moins de difficulté que la descendance des différentes classes de Vers. Les Acalèphes peuvent être considérés comme issus d'une souche unique, voisine de nos Polypes d'eau douce. Toutefois, il ne suit pas que chaque classe d'Acalèphes soit d'origine monophylétique; il est très probable, au contraire, que les Méduses descendent de deux ou de plusieurs groupes de Polypes hydroïdes; de même, les Siphonophores semblent être la postérité de plusieurs groupes différents de Méduses. Mais les deux classes des Cténophores et des Coraux seraient d'origine monophylétique. Les Eponges peuvent être également ramenées à un commun ancêtre, à l'Olynthus. Le corps de l'Olynthus, qui a la forme d'une outre, ressemble fort à celle de la *Gastræa*, forme ancestrale de tous les animaux; il ne diffère de celle-ci que par ses pores cutanés. L'unité morphologique de cette classe paraît bien indiquer une origine monophylétique; elle n'exclut pourtant pas toute origine polyphylétique, car, chez ces formes indécises et flottantes des Zoophytes inférieurs, de même que dans les classes des Vers les plus humbles, on se trouve en présence d'organisations si simples et si indifférentes, que l'une et l'autre origine demeurent possibles.

La forme primordiale du règne animal, nous venons de la voir apparaître dans une larve d'Éponge calcaire, dans la Gastrula, sorte de sac ou d'estomac primitif ouvert par un orifice buccal, et dont la paroi est formée de deux couches de cellules, l'entoderme et l'ectoderme, d'où se sont développés les deux feuillets germinatifs primaires qui, chez tous les animaux, évoluent en organes de la nutrition, de la sensation et du mouvement. Cette forme ancestrale typique du règne animal doit être issue du règne des Protistes. Aujourd'hui encore, la façon dont les deux feuillets germinatifs primaires se développent dans la cellule ovulaire atteste clairement comment, il y a des millions et des millions d'années, les premiers animaux véritables, les Gastréades, possédant un estomac, une bouche et un corps à double paroi, sont descendus des Protistes dénués d'intestin. La Gastrula est l'animal sous la forme la plus simple.

Les Zoophytes les plus inférieurs tels que les Éponges, les Vers les plus humbles aussi bien que les Astéries, les articulés de même que les Mollusques et les Vertébrés inférieurs, passent tous, au premier stade de leur existence, par cette forme embryonnaire. Or, pas un seul Protiste n'arrive à former ces feuillets. Si l'on essaie de se représenter les circonstances et les conditions au milieu desquelles les Gastréades ont apparu, on se persuade sans peine que cette évolution doit s'être répétée souvent et sur différents points du globe. La classe des Gastréades, commun ancêtre du règne animal, doit donc avoir été d'origine polyphylétique, comme les classes de Vers et de Zoophytes inférieurs qui en sont descendues.

On le voit : pour le règne animal comme pour le règne végétal on arrive, dès qu'on les considère dans leur ensemble, à une origine multiple ou polyphylétique, tandis que la plupart des classes particulières de plantes et d'animaux, surtout les plus élevées, doivent être tenues pour la postérité modifiée d'un seul ancêtre.

RÈGNE VÉGÉTAL.		RÈGNE ANIMAL.
Végétaux supérieurs (typiques) ANTHOPHYTA.	Dicotylédones. — Monocotylédones. — *Angiospermæ.* — *Gymnospermæ.* — Phanérogames.	Vertébrés. — Arthropodes. — Echinodermes. — Mollusques. — Phyles d'animaux typiques. — Animaux supérieurs (typiques), TYPOZOA.
Végétaux moyens (reliant les deux groupes). Cryptogames vasculaires. PROTHALLOTA.	Fougères. — *Filicinæ.* — Mousses. — *Muscinæ.*	*Acœlomi.* — *Cœlomati.* — Vers. — Animaux moyens (reliant les deux groupes). Vers. HELMINTHES.
Végétaux inférieurs (atypiques). THALLOPHYTA.	Algæ. — Lichenes. — Fungi. — Algues. — Thallus.	*Spongiæ.* — *Olynthus.* — *Acalephæ.* — *Hydra.* — Zoophytes. — Gastrula. — Animaux inférieurs (atypiques). ZOOPHYTA.
Végétaux primordiaux. Premier degré du règne végétal.	Protistes phytogones (« végétaux unicellulaires »).	Protistes zoogones (« animaux unicellulaires »). — Animaux primordiaux. Premier degré du règne animal.
	RÈGNE NEUTRE DES PROTISTES. Monères.	

V

LE PROGRÈS DES ORGANISMES ET L'ÉVOLUTION COSMIQUE.

Ces origines de la vie et des êtres vivants, le plus magnifique poème dont s'enchante la raison de l'homme, subiront comme toute chose les outrages du temps ; mais, quel que soit le degré de rigueur scientifique auquel on porte jamais ces théories, elles sont et demeureront vraies dans l'infini. Qu'importe que, dans l'état actuel de la science, on tombe en plus d'une illusion lorsqu'on essaye de dresser l'arbre généalogique des trois règnes organiques? Ce qui importe, c'est de découvrir ainsi quelques-unes des lois les plus générales de la vie, d'esquisser l'histoire des êtres vivants sur cette planète. « Un temps viendra, comme l'a si bien dit Sénèque, où ce qui est caché aujourd'hui se révélera aux générations futures. L'avenir saura ce que nous ignorons, et s'étonnera que nous ayons ignoré ce qu'il sait. Il est des mystères qui ne soulèvent pas en un jour tous leurs voiles. Eleusis garde des révélations pour les fidèles qui viennent l'interroger. La nature ne livre pas à la fois tous ses secrets. La vérité ne vient pas s'offrir et se prodiguer à tous les regards ; elle se cache et s'enferme au plus profond du sanctuaire ; notre siècle en découvre un aspect ; les siècles qui suivront contempleront les autres[1]. »

C'est la doctrine du progrès, implicitement contenue dans toute théorie évolutionniste, qui, au lieu de rêver l'âge d'or au commencement des choses et de placer le premier homme dans un paradis, nous le montre, faible et nu, au sein d'une marâtre, la terre. Les vieux naturalistes de l'Ionie, qui admettaient, comme Anaximandre, que les formes organiques supérieures, étaient sorties de formes inférieures, les hommes des poissons, par exemple, croyaient ainsi que nous à un perfectionnement progressif des êtres vivants. Xénophane, dans des vers célèbres, s'écriait :

> Non, les dieux n'ont pas tout donné aux mortels dans l'origine ;
> C'est l'homme qui, avec le temps et le travail, a amélioré sa destinée.

Les philosophes de l'école atomistique, les Épicuriens surtout, enseignent cette doctrine, qui est l'âme du cinquième livre de Lucrèce. Mais le poète qui a trouvé l'hymne le plus pénétrant et le plus fort pour chanter les œuvres de l'homme sur la terre, ses industries, ses arts, ses découvertes, sa science de la nature, cette fleur la plus haute et la

---

[1]. *Quæst. nat.*, VII. Cf. Lucret, *De Rerum natura*, V, 1452.

plus brillante de la civilisation, ce poète est le même qui, dévoré du sombre et ardent désir de la paix suprême, a dit au monde le cantique le plus désolé, a jeté le cri de désespoir le plus déchirant, et, dans des visions apocalyptiques, a entonné une sorte de *Dies iræ* au milieu du fracas des mondes en ruines s'écroulant dans l'abîme.

Comprise ainsi, la doctrine du progrès n'a rien de commun avec les utopies humanitaires qui prédisent que l'homme, par sa science et son industrie, transformera cette planète en une sorte de jardin d'Éden, où il fera bon vivre dans l'abondance et dans la paix. A en croire quelques-uns, l'homme, maître absolu de cette terre, affranchi de la maladie et vainqueur de la mort, étendra même sa puissance sur les autres planètes, et, quand ce soleil s'éteindra, en rallumera un autre ! Dans la théorie de l'évolution, telle qu'on peut l'exposer d'après Lucrèce et tant d'autres, cette apothéose de notre espèce n'est pas un seul instant admissible. La marche des choses n'est pas une marche constamment en avant, comme l'implique le mot « progrès ». Si elle avance ici, elle rétrograde là. Dans une évolution éternelle, la matière passe par toutes les métamorphoses possibles ; mais il est clair qu'elle ne revêt une forme nouvelle qu'en laissant derrière elle, comme le serpent dans la mue, les formes caduques qu'elle a traversées.

« Dans un sens général, dit Darwin, les espèces

nouvelles deviennent supérieures à celles qui les ont précédées ; car elles ont, dans la lutte pour l'existence, à l'emporter sur toutes les formes antérieures avec lesquelles elles se trouvent en concurrence active. Nous pouvons donc conclure que, si l'on pouvait mettre en concurrence, dans des conditions de climat à peu près identiques, les habitants de l'époque éocène avec ceux du monde actuel, ceux-ci l'emporteraient sur les premiers et les extermineraient ; de même aussi, les habitants de l'époque éocène l'emporteraient sur les formes de la période secondaire, et celle-ci sur les formes paléozoïques. De telle sorte que cette épreuve fondamentale de la victoire dans la lutte pour l'existence, aussi bien que le fait de la spécialisation des organes, tendent à prouver que les formes modernes doivent, d'après la théorie de la sélection naturelle, être plus élevées que les formes anciennes. En est-il ainsi? L'immense majorité des paléontologistes répondrait par l'affirmative, et leur réponse, bien que la preuve en soit difficile, doit être admise comme vraie. » Mais la théorie du grand naturaliste anglais n'implique pas comme une nécessité, il le dit lui-même, le progrès de l'organisation. « Une fois arrivés à un état donné, il n'y a, d'après la sélection naturelle, aucune nécessité pour que les organismes continuent à progresser davantage, bien que, dans chaque période successive, ils doivent se modifier légèrement, de manière à assurer leur place dans la nature, malgré de légers changements dans les conditions ambiantes[1]. »

L'apparition, au cours des périodes géologiques, de flores et de faunes de plus en plus complexes, le développement du règne animal et du règne végétal, l'évolution de l'embryon, qui repasse par presque tous les états de ses lointains ancêtres, la multiplication des effets engendrés par une seule cause dans un organisme vivant, etc., présentent des exemples propres à montrer le prodigieux accroissement d'hétérogénéité des productions naturelles. Les sociétés humaines et animales étant soumises aux mêmes lois que le reste du monde, la genèse des phénomènes sociaux, conformément à la loi de la multiplication des effets[2], présente un développement encore plus complexe de l'hétérogénéité progressive des choses. Comme tout organisme, comme l'univers entier, toute société fut d'abord homogène. La division du travail, la différenciation des fonctions, la spécialisation des aptitudes, qui sont en quelque sorte les tissus et les organes de la société, tout fait songer à une sorte de Leviathan humain dont les éléments histologiques, les cellules constituantes, seraient des millions et des millions d'hommes. Chez lui aussi une seule cause engendrerait des effets incalculables, et ceux-ci, se multipliant à l'infini, retenti-

---

1. *L'Origine des espèces*, p. 412-13.
2. Herbert Spencer, *Premiers Principes*.

raient tour à tour sur le squelette dermique du monstre, sur les muscles, sur les nerfs, sur les différents centres spinaux et céphaliques.

Limitée dans l'espace et dans le temps par certaines conditions de pressions et de température, l'humanité, ainsi que les autres familles de plantes et d'animaux, ne doit que passer sur la terre. Il est douteux que l'homme existât à l'époque tertiaire ; encore quelques milliers de siècles, et il se transformera en une autre espèce, à moins qu'il ne périsse. En tout cas, son existence dans le monde est nécessairement comprise entre quelques périodes géologiques. Ce qu'on sait de la mobilité et de l'instabilité extrême des substances organiques actuelles, qui n'ont pu apparaître que grâce à une température fort basse, montre assez combien la vie, autant que nous pouvons le savoir, est chose relativement récente sur ce globe, bien que notre faible esprit ne puisse même en concevoir la durée. Mais, à coup sûr, comparée à celle de l'état igné de cette planète, cette durée est presque imperceptible.

Aussi, quand par la décroissance graduelle des mouvements planétaires, constamment ralentis par la résistance de l'éther et par celle des marées ; quand, par la transformation du mouvement des masses en mouvements moléculaires, tous les corps de notre système solaire seront agrégés en un tout ; lorsque depuis longtemps le soleil aura dispersé dans les froids espaces sa chaleur et sa lumière, et que les plantes et les animaux seront éteints sur cette planète déserte, envahie par le froid et la nuit, — alors, sous l'influence de quelque choc extérieur peut-être, ce cadavre d'un monde se désagrégera, et de ses éléments sortira une autre nébuleuse, grosse d'un nouvel univers.

Tel est le rhythme éternel de l'évolution. A une période de concentration, pendant laquelle prédominent les forces attractives de la matière, succède une période de diffusion où l'emportent les forces répulsives. Toute évolution aboutit à une dissolution ; toute dissolution tire de son chaos fécond une nouvelle évolution. Dans l'avenir et dans le passé, on ne saurait concevoir ni commencement ni fin de ces révolutions cosmiques, dominées par les seules lois de la mécanique.

Devant une hypothèse aussi grandiose, quand le soleil, avec son cortège planétaire, ne nous apparaît plus que comme une étoile de la voie lactée, comme un point presque imperceptible qui déjà pâlit et doit rentrer dans la poussière d'astres d'où l'a tiré une combinaison éphémère — un jeu de nature, — que devient la théorie vulgaire du progrès humain, le progrès de nos mœurs et de nos sociétés, le progrès de nos arts et de nos sciences? N'y a-t-il pas une sorte d'ironie cruelle à mêler notre destinée au grand drame de l'univers?

LE TRANSFORMISME

I

Il y a soixante-dix ans, notre grand Lamarck créait la théorie de la descendance, que Darwin, un demi-siècle plus tard, devait développer en la fécondant par sa doctrine de la sélection, fondée sur les propriétés physiologiques de l'hérédité et de l'adaptation. Gœthe avait, lui aussi, conçu cette doctrine très philosophiquement. Car c'est le propre de cette conception des choses d'avoir séduit des philosophes, des poètes et des critiques tels que Kant, Gœthe et Strauss. Ces grands et nobles génies avaient entrevu ce que nous voyons mieux aujourd'hui : je veux dire que la théorie de l'évolution n'est qu'un cas particulier de la plus vaste des hypothèses cosmiques, celle de la transformation et de la conservation des forces physiques. Ce qui, tôt ou tard, amènera aux doctrines transformistes tous les bons esprits, c'est le sentiment, chaque jour plus profond chez nous, de la causalité universelle, du développement, de la continuité dans la nature.

Certains esprits très bien faits et d'une rare solidité regardent avec défiance ces essais de synthèse. Il ne faut pas le trouver mauvais, puisque, grâce à leur scepticisme critique, ils poussent plus loin l'analyse des faits; leurs excellents travaux servent précisément de matériaux à ces grandes constructions qu'ils voient d'un mauvais œil, parce que, mieux que d'autres, ils en aperçoivent les défauts. Lamarck a été contesté ou dédaigné en son temps. L'Institut de France a repoussé plusieurs fois Darwin. Haeckel apparaît comme l'Antéchrist à une bonne moitié de la chrétienté qui sait lire. Lamarck, Darwin, Haeckel, laisseront pourtant dans la conscience de l'humanité une trace plus profonde, un sillon plus lumineux que nombre d'académiciens qui, à cette heure, se félicitent entre eux d'être venus éclairer l'univers.

C'est le propre des hypothèses légitimes et nécessaires de modifier l'esprit général des sciences. Nous assistons à une sorte de renouveau séculaire de la pensée. On a relu Lamarck, on étudie Darwin, et l'auteur de la *Morphologie générale*, de l'*Histoire naturelle de la création* et de l'*Anthropogénie*, M. Ernest Haeckel, n'est pas moins célèbre chez nous, grâce à l'art qu'il possède d'exposer clairement les problèmes les plus élevés et de ramener les faits les plus complexes à quelques lois générales de la nature.

C'est que l'explication mécanique du monde domine le système entier des idées et des croyances scientifiques de l'illustre naturaliste d'Iéna : « Tous ceux, a-t-il écrit, tous ceux qui partagent avec moi le point de vue moniste, pour l'histoire de l'évolution des êtres organisés comme pour toutes les autres sciences, revendiquent en principe l'explication mécanique qui découvre les causes dernières des phénomènes dans les mouvements des particules ultimes de la matière (atomes et molécules)[1]. »

Cette conception des choses, qui est devenue celle de Laplace et de la science moderne, avait déjà été celle des atomistes grecs. Dès l'antiquité on l'avait reconnu : cette doctrine n'a pas seulement l'avantage de satisfaire la raison, elle élimine le surnaturel, les causes finales, la Providence. Surtout elle met à néant cette idée de création dont la Bible juive a infecté les esprits depuis l'établissement du christianisme dans le monde gréco-romain. Le transformisme, théorie qui cherche à expliquer d'une manière exclusivement mécanique la genèse des êtres vivants sur cette planète, est donc au fond l'adversaire irréconciliable de toute religion révélée et de toute philosophie dualiste, bref, de toute doctrine qui évoque quelque principe inconnu pour rendre raison de la vie,

---

1. *Ziele und Wege der heutigen Entwickelungsgeschichte.* Iéna, Dufft, 1875, p. 23.

de la structure et de l'économie des corps organisés.

Je n'examinerai pas si les théories évolutionnistes ne s'arrêtent pas, en somme, à peu près au même point que toute autre théorie devant l'immense inconnu qui nous déborde de toutes parts. Les limites de nos connaissances pourront être indéfiniment reculées : elles auront toujours pour bornes celles de l'esprit humain. Mais où la science avoue qu'elle ne sait pas, la foi affirme ce qu'elle ignore, et c'est là tout le mal. Ainsi cette idée de création, sorte de ferment putride déposé par l'éducation chrétienne dans l'intelligence des peuples de l'Europe moderne, a été inconnue des Grecs et de la plupart des nations de la haute antiquité. Tous les anciens hommes ont cru à la génération spontanée des êtres vivants dans le limon fécond des eaux primordiales. De nos jours, on a établi avec une science, avec une sûreté de méthode à laquelle nous rendons hommage, que tous les faits d'expérience allégués à l'appui des générations spontanées ne supportent pas l'examen. A la bonne heure ! mais pourquoi les croyants et les spiritualistes en prennent-ils texte pour déclamer sur les vérités nécessaires de la création du monde et du principe vital ? Rien n'est moins prouvé. Hypothèses pour hypothèses, j'estime qu'un esprit bien fait suivra celles des physiciens de préférence à celles des théologiens.

Les Anglais, qui ont la gloire d'avoir réformé la

théorie du transformisme, établie, dès 1809, par notre immortel Lamarck, n'insistent pas d'ordinaire autant que les Allemands sur ces principes, lesquels dominent toute la doctrine de l'évolution. M. Haeckel l'a bien compris ; il l'a noté dans un livre que nous avons traduit, et qui s'ouvre par un chapitre intitulé : *Évolution et Création*. « Ce qui a surtout favorisé le succès de la théorie de l'évolution, c'est que le problème capital de cette doctrine, la question de l'origine des espèces, s'est de plus en plus présenté sous la forme bien tranchée de cette alternative : Ou les organismes se sont naturellement développés, et, dans ce cas, ils dérivent tous nécessairement de quelques formes ancestrales communes excessivement simples, — ou bien, si ce n'est point le cas, les diverses espèces des êtres organisés sont nées indépendamment les unes des autres, et elles ne peuvent avoir été créées que d'une manière surnaturelle, par un miracle. Évolution naturelle ou création surnaturelle des espèces, il faut choisir entre ces deux possibilités, car il n'en existe pas une troisième. »

On confond souvent trois grandes théories : la théorie générale de l'évolution, celle de la descendance et celle de la sélection, qui concourent, à la vérité, à une même fin, à l'explication mécanique du monde, mais qu'il convient de distinguer. Voici comment on peut marquer le rapport de ces trois théories : 1° le *monisme*, théorie générale de l'évolution, est la seule théorie scientifique qui présente une explication rationnelle de l'univers et satisfasse notre besoin logique de causalité, en tant qu'elle rattache par un enchaînement de causes mécaniques tous les phénomènes de la nature comme les parties ou les moments d'un grand processus évolutif unique ; 2° le *transformisme*, ou théorie de la descendance, est un élément essentiel de la théorie moniste de l'évolution, parce qu'elle est la seule théorie scientifique qui explique rationnellement, c'est-à-dire par des transformations, et ramène à des causes mécaniques l'origine des êtres organisés ; 3° la théorie de la *sélection*, ou le *darwinisme*, est jusqu'ici la plus importante entre les théories qui cherchent à expliquer par des causes mécaniques la transformation des espèces. Mais il s'en faut qu'elle soit la seule. M. Wagner, par exemple, veut remplacer la théorie darwinienne de la sélection par sa propre théorie de la migration. Haeckel tient l'action de la migration, l'isolation ou la séparation, pour un simple cas particulier de la sélection. Il n'importe ; quoi qu'on pense du darwinisme, la théorie de la descendance, le transformisme, demeure la seule explication rationnelle de l'origine des espèces. La rejette-t-on, il ne reste plus que l'hypothèse mystique d'une création surnaturelle, le miracle.

Mais il ne suffit pas qu'une théorie satisfasse la raison ; elle doit être fondée sur des faits certains, sur des preuves irrécusables, sur des titres authentiques. Des faits, voilà ce que demandent les adversaires du transformisme. Or, où trouver des « faits » qui témoignent plus hautement de la vérité de cette doctrine que les faits de la morphologie et de la physiologie comparées, que les faits des organes rudimentaires (dystéléologie) et de l'évolution embryologique, que les faits de la paléontologie et de la distribution géographique des êtres organisés, bref, que tous les faits connus des sciences biologiques les plus diverses? Mais ce sont là des preuves historiques en quelque sorte. On en appelle à l'expérience directe, et l'on exige des preuves de fait. Quelles? — La mutabilité de l'espèce, la transformation de l'espèce, le passage d'une espèce à une ou plusieurs autres espèces nouvelles. — Eh bien, répond Haeckel, en tant que ces faits peuvent être prouvés par l'expérience, il y a longtemps qu'ils l'ont été sur la plus vaste échelle. Que sont, en effet, les expériences sans nombre de sélection artificielle accomplies par l'homme depuis des milliers de siècles, dans l'élevage des animaux domestiques et la culture des plantes, sinon des expériences physiologiques qui attestent la transformation des espèces?

Aussi bien, que la notion morphologique et physiologique de l'espèce, loin d'être absolue, ne soit que relative, qu'elle n'ait pas plus de valeur en soi que les autres catégories de classification analogues — variétés, races, genres, familles, classes, — voilà ce qu'accordera aujourd'hui tout naturaliste qui, de bonne foi et sans parti pris, juge les classifications en usage. « Il n'existe pas, dit Haeckel, il n'existe pas deux naturalistes qui, dans tous les cas, s'accordent à dire quelles formes doivent ou ne doivent pas être distinguées à titre de « bonnes espèces. » La question même de la génération des bâtards, dernier refuge des partisans de la constance de l'espèce, a perdu toute signification. Un grand nombre d'expériences ont démontré, d'abord, que deux « bonnes espèces » différentes peuvent donner naissance à des bâtards féconds (lièvres et lapins, lions et tigres, etc.); ensuite, que les descendants d'une seule et même espèce qui, au dire de l'ancienne école, jouiraient constamment d'unions fécondes, ou ne s'accouplent plus entre eux sous l'influence de certaines circonstances, ou ne procréent que des bâtards inféconds.

Aucune classe d'animaux ne prouve mieux que celle des éponges que la notion d'espèce repose sur une pure abstraction. La forme indécise et flottante de ces animaux présente une telle variabilité que toute distinction d'espèce serait illusoire. Après Oscar Schmidt, qui l'a fait voir pour les éponges siliceuses et fibreuses, Haeckel a montré qu'on peut distinguer à volonté dans les éponges calcaires 3 ou 21, ou 111, ou 289, ou 591 espèces! En outre, il a établi que toutes ces différentes formes des éponges calcaires dérivent d'une unique forme ancestrale commune (l'*olynthus*). « Je crois donc avoir produit, conclut le savant naturaliste, avec toute l'évidence possible, la preuve certaine de la transformation des espèces, — la preuve que toutes les espèces d'un groupe d'animaux sont descendues d'un unique ancêtre. »

Cette doctrine philosophique, la théorie de l'évolution, de la descendance et de la sélection, est la doctrine qui inspire aujourd'hui en Europe la plupart des livres de science. Sans parler de Herbert Spencer, de Darwin, de Tyndall, de Huxley, d'Oscar Schmidt, etc., Alexandre Bain déclare en sa *Logique* que la théorie de l'évolution a tous les caractères d'une « hypothèse légitime, » et qu'il « n'existe pas d'hypothèse rivale qui puisse lui être opposée. » « Puisque l'hypothèse de l'évolution s'adapte à un très grand nombre de faits et n'est incompatible avec aucun, dit ce philosophe écossais, on doit la considérer comme une hypothèse légitime et soutenable; la valeur de cette hypothèse est proportionnée au nombre des phénomènes qu'elle explique, comparés à ceux qu'elle n'explique pas[1]. »

Pour connaître l'homme, il faut commencer par déterminer sa place dans la nature. Tout le monde convient que l'homme appartient à l'embranchement des vertébrés, à la classe des mammifères et à l'ordre des singes. L'homme est un mammifère placentalien, distinct des mammifères inférieurs, marsupiaux et monotrèmes, mais de même origine.

---

1. *Logique déductive et inductive*. Trad. de l'anglais par G. Compayré, II, 105.

D'autre part, Linné avait déjà réuni dans un même groupe, le groupe des primates, l'homme et les singes. Il existe en anatomie comparée une proposition célèbre, que Haeckel appelle « loi d'Huxley », du nom du célèbre zoologiste anglais qui l'a formulée. La voici : Les différences anatomiques entre l'organisation humaine et celle des singes supérieurs que nous connaissons, sont beaucoup plus faibles que les mêmes différences existant entre les singes supérieurs (orang, gorille, chimpanzé) et les singes inférieurs (cercopithèque, macaque, pavian).

S'il faut préciser, l'homme fait certainement partie de l'ordre des singes catarhiniens de l'ancien monde. Certes l'homme ne descend directement d'aucun des anthropoïdes actuels. Ni le gorille et le chimpanzé africains, qui sont noirs et dolichocéphales comme les nègres, ni les anthropoïdes asiatiques, l'orang, le gibbon, qui sont bruns, ou jaunes bruns, et brachycéphales comme les Mongols, ne sauraient être un seul instant considérés comme nos ancêtres. Aucun naturaliste sérieux n'a professé cette doctrine, qui n'a plus cours que parmi les personnes du monde. Longtemps encore les gens frivoles et ignorants trouveront un sujet de douce et innocente gaîté à la pensée qu'on veut les faire passer pour des singes perfectionnés. Personne n'y songe; des prédicateurs facétieux nourrissent ce préjugé, qui leur vaut de beaux et faciles succès. Ils ne se doutent guère qu'ils fourniraient le meilleur argument en faveur de cette thèse, si elle était soutenable : leur orgueil naïf, la vanité enfantine ne sont-elles point, comme le dit M. Haeckel, des faiblesses de caractère que nous ont léguées les singes?

Mais si l'homme ne descend d'aucun des anthropoïdes connus, il n'en a pas moins des aïeux communs avec ceux-ci; il n'est qu'un ramuscule du rameau des singes catarhiniens de l'ancien monde. On ne peut douter, ainsi que l'a écrit Darwin, que notre ancêtre ne descendît d'un quadrupède velu, muni d'une queue, d'oreilles pointues, et qui habitait dans les arbres. C'était bien là un singe, et tout zoologiste le classera dans le même ordre que le commun ancêtre, plus antique encore, des singes de l'ancien et du nouveau monde. M. Haeckel admet l'existence, entre l'anthropoïde et l'homme, d'hommes-singes encore privés de la parole et du développement intellectuel qui en dérive; ces hommes pithécoïdes auraient vécu à la fin de l'âge tertiaire. La linguistique démontrant qu'il faut admettre plusieurs langues primitives, les diverses espèces et races humaines étaient déjà séparées quand l'homme parla, probablement au commencement de l'âge quaternaire, à la période diluviale, soit en Afrique, soit en Asie, soit sur un continent plus ancien, aujourd'hui submergé sous les flots de l'Océan Indien. En tous cas, le perfectionnement du larynx et du cerveau fut l'unique créateur de l'homme véritable.

Mais c'est peu d'avoir retrouvé les origines prochaines de l'homme. Les mammifères placentaliens n'apparaissent que dans l'âge tertiaire, et ce ne fut que vers le milieu ou la fin de cet âge, aux périodes miocène ou pliocène, que vécurent les ancêtres immédiats de l'homme. Or, dès l'âge secondaire, à côté des reptiles et des oiseaux existaient déjà des mammifères inférieurs, animaux qui ont tous une commune origine et dont les espèces sont consanguines. L'ancêtre de ces trois classes supérieures des vertébrés, apparu très vraisemblablement durant la période carbonifère ou permienne, c'est-à-dire à l'âge primaire, se rapprochait beaucoup des reptiles sauriens : certains lézards sont, de tous les reptiles connus, les êtres qui ressemblent le plus à cette forme éteinte. La formation de l'amnios et de l'allantoïde, la totale disparition des branchies et l'usage exclusif de la respiration pulmonaire, une forte incurvation de la tête et du cou de l'embryon, caractérisent surtout les amniotes et les distinguent des vertébrés inférieurs.

Ceux-ci, qui vivaient à l'âge primaire, sont les amphibies : ils respirent dans l'eau par des branchies, sur la terre ferme par les poumons, et, comme les grenouilles à l'état de larves, ils ont d'abord une queue de poisson et un cœur à deux cavités seulement, — si bien que ces animaux sont encore des témoins fidèles de la plus importante évolution organique. « L'embryologie de la plupart des amphibies supérieurs, dit M. Haeckel, répète fidèlement aujourd'hui la phylogénie de la classe entière, et au début de sa vie, en sortant de l'œuf, chacune des grenouilles de nos étangs subit la même métamorphose graduelle par laquelle ont passé les vertébrés inférieurs des périodes devonienne et carbonifère, alors qu'ils changèrent leur vie aquatique en existence terrestre. »

Outre les fonctions respiratoire et circulatoire, les amphibies ont légué aux vertébrés supérieurs les cinq doigts des extrémités des membres. On sait que les doigts sont dérivés des nageoires des poissons. Gegenbaur[1] a démontré que celles-ci étaient de véritables pieds polydactyles : « Les nombreux rayons cartilagineux et osseux des nageoires des poissons correspondent aux doigts et aux orteils des vertébrés supérieurs. Les segments de ces rayons correspondent aux phalanges de chaque doigt. » Certes, parmi les amphibies actuels, tritons, salamandres, etc., aucune espèce ne peut être considérée comme la forme ancestrale des reptiles, des oiseaux et des mammifères : cette forme, aujourd'hui éteinte, n'en a pas moins aussi sûrement existé que l'ancêtre commun des singes de l'ancien et du nouveau monde, et partant de l'homme.

Les dipneustes ou animaux à respiration pul-

---

1. Voir le *Manuel d'anatomie comparée*, aujourd'hui classique, de Gegenbaur.

monaire et branchiale, relient les amphibies aux poissons. Sûrement issus des poissons primitifs ou sélaciens, les dipneustes, en s'habituant peu à peu à la vie terrestre et à la respiration aérienne, transformèrent en poumons leur vessie natatoire ; les narines se perforèrent et communiquèrent avec la cavité buccale ; l'oreillette cardiaque se divisa en deux moitiés, et la circulation simple des poissons devint la circulation double des vertébrés supérieurs. Les dipneustes, dont quelques-uns atteignent jusqu'à six pieds de long, sont encore représentés par trois genres. Durant l'hiver des tropiques, pendant la saison des pluies, ils nagent dans les fleuves de l'Afrique et de l'Amérique tropicales et dans les marais de l'Australie méridionale. En été, ils s'enfouissent dans l'argile brûlante et aspirent l'air. Au reste, ils ressemblent si fort à des poissons par leur squelette mou et cartilagineux, leur tête non distincte du tronc, leurs nageoires rudimentaires, leur cerveau, etc., que les zoologistes les placent tantôt parmi les poissons, tantôt parmi les amphibies[1].

Si, parmi les poissons actuels, aucun ne peut être considéré comme l'ancêtre direct des vertébrés supérieurs, c'est-à-dire des reptiles, des oiseaux et des mammifères, par l'intermédiaire des amphibies et des dipneustes, l'anatomie comparée des

---

1. E. Haeckel, *Anthropogénie ou Histoire de l'évolution humaine*, p. 386. *Histoire de la création des êtres organisés*, p. 519.

poissons, relativement si avancée, ne laisse aucun doute sur le caractère ichthyoïde de cet antique précurseur de l'homme. Les cyclostomes, qui diffèrent des poissons plus que ceux-ci ne diffèrent de l'homme, et dont quelques rares représentants existent encore, par exemple les lamproies, forment la transition entre les vertébrés qui ont un crâne et ceux qui n'en ont pas.

Le cerveau des cyclostomes est des plus rudimentaires : ce petit renflement de la moelle épinière n'en est pas moins devenu l'organe de l'âme d'un Newton et d'un Laplace. Les vertébrés acrâniens ne sont plus représentés aujourd'hui que par l'amphioxus. L'amphioxus n'est pas l'ancêtre des vertébrés, c'est un des plus proches parents de cet ancêtre. Comme on trouve déjà des poissons fossiles dans les couches supérieures des terrains de formation diluviennes, les aïeux vertébrés de l'homme ont dû se développer aux périodes laurentienne et cambrienne de l'âge primordial, c'est-à-dire dans la première moitié de l'âge organique de notre planète. L'amphioxus, qui n'a ni tête distincte, ni cerveau, ni crâne, ni mâchoires, ni cœur centralisé, ni colonne vertébrale articulée, etc., n'en est pas moins un vertébré, « et si, au lieu de l'homme adulte, nous prenons pour terme de comparaison l'embryon humain, au début de son ontogenèse, nous verrons qu'entre cet embryon et l'amphioxus il y a concordance parfaite pour tous les organes essentiels. »

Mais le plus humble des vertébrés, l'amphioxus, n'est pas apparemment venu au monde sans parents. En effet, l'anatomie comparée, l'évolution embryonnaire de ce vertébré et de l'ascidie, tunicier de la classe du groupe des vers, démontrent que tous deux descendent d'un seul et même type de vers caractérisé par l'axe solide, le cordon axial, ou corde dorsale. C'est sur les belles études de Kowalewsky et de Kupffer que s'appuie Haeckel pour établir la parenté généalogique des tuniciers et des vertébrés. Au moment de son développement, la larve de l'ascidie ne diffère en rien d'essentiel du type vertébré. Certes, on n'a pas le droit de dire, et M. Haeckel ne dit pas que les vertébrés descendent des ascidies; les deux groupes dérivent d'un commun ancêtre, éteint depuis bien des millions d'années, qui devait appartenir à la famille si variée des vers. Au début de son évolution, l'embryon humain rappelle encore, par les principaux traits de son organisation, les particularités anatomiques de l'amphioxus et de l'ascidie. C'est encore de l'embranchement des vers que proviennent, outre le nôtre, j'entends celui des vertébrés, les formes ancestrales de trois autres embranchements supérieurs, ceux des articulés, des radiés, des mollusques.

Au delà des vers et des autres invertébrés à intestin, force est bien de remonter aux protozoaires, animaux constitués par des amas de cellules semblables, puis aux plastides, aux amibes et aux monères, simples cellules vivantes avec et sans noyaux, qui rappellent la cellule ovulaire fécondée d'où sort l'homme. L'œuf humain, en effet, est d'abord pourvu d'un noyau comme une amibe ; après la fécondation, ce noyau disparaît, du moins à ce que croit Hæckel, et l'ovule n'est plus qu'une monère. Il se forme aussi un autre noyau dans l'ovule, mais ce fait de régression serait un phénomène d'atavisme très important qui, en vertu de la loi d'hérédité latente, ferait reculer l'ovule d'un degré. Les monères sont d'informes corpuscules de plasma, de simples grumeaux albuminoïdes ; on ne connaît point d'organismes plus simples que les monères, car elles paraissent dépourvues d'organes. Ces organismes possèdent pourtant toutes les propriétés essentielles de la vie : ils se nourrissent, se reproduisent, sentent, réagissent et se meuvent. Ainsi, de simples cellules descendues des monères, voilà les ancêtres les plus antiques du règne animal et de l'humanité.

On ne peut dire à quel moment de la durée ni au milieu de quelles conditions ces premiers êtres vivants ont apparu au fond des mers ; ils présentent la transition entre ce qu'on appelle les corps organisés et inorganiques. Mais ce qui ne fait point de doute, c'est qu'ils se sont formés chimiquement aux dépens de composés carbonés inorganiques. « Les monères primitives, a dit Haeckel, sont nées par génération spontanée dans la mer, comme les cristaux salins naissent dans les eaux-mères. »

Il n'existe point, en effet, d'autre alternative, pour expliquer l'origine de la vie. Qui ne croit pas à la génération spontanée, ou plutôt à l'évolution séculaire de la matière inorganique en matière organique, admet le miracle. C'est une hypothèse nécessaire et qu'on ne saurait ruiner ni par des arguments *a priori*, ni par des expériences de laboratoire. Entre une cellule pourvue d'un noyau et d'une membrane, sortie par différenciation du plasma d'une monère, et une simple monère, combien d'âges ont pu s'écouler ! Pour qui réfléchit, il paraît presque aussi ridicule de demander à un naturaliste, partisan de la génération spontanée, de créer de toutes pièces une cellule organique qu'un singe ou un homme. Non seulement le problème n'est pas résolu, on peut presque prédire qu'il ne le sera pas. On rend service à la science lorsque, comme M. Pasteur, on démontre la vanité de tous les essais tentés jusqu'ici. Mais on ferait preuve de bien peu de philosophie si l'on pensait que l'hypothèse de la génération spontanée, au sens où nous l'entendons, pût souffrir de tentatives malheureuses, condamnées d'avance à échouer.

II

De l'homme à la monère, voilà le chemin que nous avons jusqu'ici parcouru. La route est longue, obscure, toute peuplée d'ombres vaguement entrevues : on quitte bientôt la lumière du soleil, les champs, les forêts et les villes, où existent aujourd'hui les principaux survivants de la grande famille des êtres de cette planète ; on descend aux rives peu sûres où, sous la vase des marais, végètent les derniers amphibies ; puis tout le reste du voyage se fait sous la vague marine, aux profondeurs infinies de l'abîme.

Pendant l'énorme durée des périodes laurentienne, cambrienne et silurienne, c'est-à-dire pendant une grande moitié de la durée de la vie organique sur la terre, toutes les plantes et tous les animaux ont été aquatiques. Les fossiles provenant des végétaux et des animaux terrestres n'apparaissent que dans les couches devoniennes, au commencement du second âge géologique. Que de réflexions s'éveillent, s'appellent et se pressent dans l'esprit quand on songe que, vu la longueur de cette existence aquatique, les vertébrés supérieurs ont nécessairement conservé dans leur constitution corporelle et spirituelle des traces des organes, des habitudes, des instincts et des idées de leurs lointains ancêtres vertébrés et invertébrés !

Des vingt-deux formes animales qui marquent les principales étapes parcourues par l'évolution géologique, de la monère à l'homme, huit environ se rangent dans l'antique groupe des invertébrés, douze à quatorze appartiennent à l'embranchement plus récent des vertébrés. Or, je le répète, la moitié au moins de ces grands groupes, les onze plus anciens, appartiennent à l'âge primordial et ont vécu au sein des mers.

Le temps, qui produit et dévore toutes choses [1], n'a pas même laissé subsister un vestige de la plupart des êtres dont les descendants peuplent aujourd'hui la terre. Ce qu'on connaît des fossiles n'est qu'une insignifiante partie des espèces de plantes et d'animaux à jamais éteintes. « Pour une espèce fossile, il en est cent, mille, qui n'ont pas laissé la plus légère trace de leur existence [2]. » On ne saurait trop insister sur ces lacunes de nos documents paléontologiques. Le célèbre natura-

---

1. C'est là une façon de parler, comme lorsque Lamarck écrit : « Pour la nature, le temps n'est rien, il n'est jamais une difficulté ; elle l'a toujours à sa disposition, et c'est pour elle un moyen sans borne avec lequel elle a fait les plus grandes choses comme les moindres *. » Le temps n'est rien en soi : c'est une représentation subjective de la succession des choses. Et pourtant telle est en nous l'intensité et la profondeur de cette notion élémentaire héritée de nos lointains ancêtres, et, en ce sens, devenue vraiment une idée innée, que nous ne pouvons séparer l'idée de l'existence d'un espace qui serait entièrement vide, de l'idée du temps : c'est ce qu'il est permis d'appeler, dans la langue de Kant, l'*apriorité* du temps.

* Voir l'excellente édition de la *Philosophie zoologique*, du grand naturaliste, qu'à donnée M. Ch. Martins (1873).

2. *Anthropogénie ou Histoire de l'évolution humaine*, p. 337.

liste d'Iéna, nous le répétons à dessein, n'a jamais hésité à reconnaître ce qu'il y a d'incomplet et de forcément hypothétique dans le plus grand nombre des déductions généalogiques tirées de la paléontologie, de l'embryologie et de l'anatomie comparée.

Si les anthropoïdes et l'homme, ces derniers venus sur la terre, descendent généalogiquement de toute cette série d'ancêtres qu'évoquent l'anatomie comparée et la paléontologie, ils doivent repasser, au cours de leur évolution embryologique, par la plupart des formes qu'a traversées le règne animal tout entier. L'évolution embryologique, individuelle, que M. Haeckel appelle *ontogénie*, doit être un résumé rapide, une brève récapitulation de l'évolution paléontologique, de la longue existence des espèces antérieures, de la *phylogénie*. En neuf mois, l'embryon humain traverse toute la série des formes que ses ancêtres, de la monère au plus élevé des vertébrés, ont parcourues durant des millions et des millions d'années. Si la phylogenèse est vraie, elle doit être confirmée et vérifiée par l'ontogenèse. Tel est le problème de la descendance ou du transformisme, dont l'anthropogénie est un cas spécial. La solution, entrevue par l'illustre Ernest de Baer, le fondateur de l'embryologie comparée, est déjà très avancée. Une considération domine tout : l'œuf humain, l'ovule, est une simple cellule amiboïde avant la fécondation.

Au premier stade de son développement, l'homme est une plastide. Au sein de cette petite masse homogène, amorphe, sans structure, apparaît un noyau qui se scinde en deux; ces deux noyaux se scindent en quatre, huit, seize, trente-deux, soixante-quatre, etc., en même temps qu'ils s'entourent de protoplasma. L'ovule se divise ainsi, par segmentations réitérées, en un grand nombre de cellules sœurs, homologues, juxtaposées dans l'intérieur de la membrane ovulaire. Au second stade, l'homme est un animal polycellulaire, un amas globuleux qui a l'aspect d'une mûre (*morula*), une vésicule sphérique, la vésicule blastodermique, dont la paroi est formée d'une mince couche de cellules vitellines, sauf au niveau de l'aire germinative. Bientôt cette couche se double : le blastoderme à feuillet unique devient le blastoderme à double feuillet. Voilà les deux feuillets germinatifs, primordiaux, rudiment des organes de tous les animaux, les seuls protozoaires exceptés, la couche interne (entoderme) est le *feuillet intestinal*, d'où se développent tous les organes et appareils de la vie végétative ; la couche externe (exoderme) est le *feuillet cutané*, d'où évoluent tous les appareils et organes de la vie animale. La cavité de la vésicule blastodermique, enclose dans les deux feuillets germinatifs, est la cavité intestinale primitive : c'est un intestin rudimentaire.

A ce stade, qui est le cinquième, l'homme est un invertébré pourvu d'un intestin, le plus ancien, le plus important organe du corps. Beaucoup de zoophytes inférieurs, les éponges, etc., restent toujours à cet état de poche organique à double paroi. M. Haeckel a fort insisté sur cette forme évolutive; il y voit la forme d'un de nos ancêtres éteints, la *gastræa*, dont le corps entier était constitué par un intestin. Ce naturaliste a, pour la première fois, exposé sa théorie gastréenne dans sa *Monographie des éponges calcaires* (1872); il l'a présentée de nouveau au public savant, avec des développements purement scientifiques, dans la seconde partie de ses *Etudes biologiques* [1].

Par l'effet de différenciations successives, deux nouveaux feuillets moyens proviennent de l'un ou des deux feuillets primaires de l'embryon, on ne sait : ce sont les feuillets *fibro-cutané* et *fibro-intestinal*. L'homme a, dès lors, l'organisation d'un ver, d'une larve d'ascidie.

Au septième stade, l'embryon humain est un vertébré sans crâne, ni cœur, ni mâchoire, ni membres : il est analogue à l'amphioxus. Au huitième, c'est un crâniote sans mâchoire ni membres, tel qu'une lamproie : la tête est distincte du corps; l'extrémité du tube médullaire se renfle et se divise bientôt en cinq ampoules cérébrales; les vésicules olfactive, oculaire et auditive apparaissent de chaque côté; le cœur et l'appareil circulatoire commencent à fonctionner.

1. *Biologische Studien*, II : *Studien zur Gastræa-Theorie*, mit 14. Tafeln (1877).

Au neuvième stade, l'homme est un poisson; ses deux paires de membres ne sont encore que des bourgeons aplatis en forme de nageoires pectorales et abdominales; les fentes branchiales sont ouvertes et séparées par les arcs branchiaux, la première paire d'arcs branchiaux se différencie en mâchoire supérieure et mâchoire inférieure rudimentaires; du canal intestinal proviennent les poumons (vessie natatoire), le foie et le pancréas. Enfin, au dixième stade, nous avons essentiellement l'organisation des amniotes, des vertébrés supérieurs sans branchies, puis des mammifères placentaliens et de l'homme.

On le voit, l'histoire embryologique et l'histoire paléontologique, l'ontogenèse et la phylogenèse, concourent au même résultat : elles nous montrent, au milieu de toutes les variations externes des êtres vivants, une unité de structure interne qui a persisté et qui atteste, avec une origine commune, la parenté généalogique de tout le règne animal. Les faits que nous venons de rappeler sont si frappants, tous les embryons des vertébrés se ressemblent si fort aux premiers stades de l'existence, il est si difficile alors de distinguer les embryons du chien, de la tortue ou de la poule de celui de l'homme, qu'Ernest de Baer, raconte M. Ch. Martins, « avait coutume de dire que, s'il oubliait par malheur d'étiqueter les bocaux renfermant des embryons très jeunes qu'il recevait de toutes parts, il lui était dans la suite impossible de dire à quelle classe d'animaux appartenaient ces fœtus[1]. »

Les différences de conformation externe des êtres vivants ont résulté et sont encore la suite de la nécessité où ont été les animaux de s'adapter aux divers milieux, dans le cours des âges géologiques ; les analogies de structure interne qui ont été conservées sont dues au contraire à l'hérédité. L'hérédité et l'adaptation dominent toute l'évolution organique ; elles rendent parfaitement raison des faits qu'étudie l'anatomie comparée, sans qu'il soit désormais nécessaire de transformer des variétés en espèces immuables, créées une fois pour toutes, de voir dans chaque « espèce » éteinte ou vivante l'incarnation d'une idée divine ou la réalisation de plans préconçus par on ne sait quel étrange artisan qui, quoiqu'il s'applaudît chaque fois de son œuvre et naïvement la trouvât « bonne, » la recommençait périodiquement.

La théorie de la descendance, ou du transformisme, exposée par Lamarck dès 1809, conçue philosophiquement par Gœthe, formulée par M. Ch. Darwin et développée par M. Haeckel, n'est qu'un cas particulier de la plus vaste des hypothèses cosmiques, celle de la conservation et de la transformation des forces physiques. Voilà ce que les meilleurs esprits, les plus judicieux, les plus

---

[1]. *Valeur et concordance des preuves sur lesquelles repose la théorie de l'évolution en histoire naturelle* (1876).

sages, tel que l'éminent naturaliste de Montpellier, M. Ch. Martins, reconnaissent aujourd'hui avec une entière bonne foi. Suivant M. Ch. Martins, « la théorie de l'évolution relie entre elles toutes les questions de l'histoire naturelle, comme les lois de Newton ont relié entre eux les mouvements des corps célestes. *Cette théorie*, ajoute-t-il, *a tous les caractères des lois newtoniennes.* »

M. Haeckel a aussi comparé les progrès des sciences naturelles, sous l'influence de cette doctrine, à la grande révolution accomplie par Copernic, il y a quatre siècles, quand notre système actuel du monde remplaça celui de Ptolémée. La terre cessa d'être le centre de l'univers; elle ne fut plus qu'une planète entre tant d'autres, un grain de sable perdu dans l'immensité. De même, par sa théorie de la descendance, Lamarck ruina, au commencement du siècle, l'opinion d'après laquelle l'homme était le centre et le but de l'univers. Ce que Newton, avec sa théorie de la gravitation, fit pour le système de Copernic, Darwin l'a fait, avec sa théorie physiologique de la sélection, pour le système du grand naturaliste français.

C'en est fait déjà, du moins chez les esprits philosophiques, les seuls qui comptent, des vieux dogmes des causes finales de l'univers, de l'immutabilité des espèces, de la stérilité des bâtards, des catastrophes géologiques et des créations successives, de l'impossibilité d'une « génération spontanée[1] » et de la jeunesse de l'homme sur la terre. Les idées de Lamarck ont été reprises, repensées, si j'ose dire, soumises à un examen, à une vérification expérimentale qui a les proportions d'une enquête universelle. Quoique, comme le rappelait naguère Du Bois-Reymond[2], les lois de la vie, les lois morphologiques, les lois de la transformation des organismes vivants, sous l'influence de l'adaptation et de l'hérédité, de la sélection naturelle et de la concurrence vitale, ne soient pas susceptibles de la rigueur mathématique des lois de l'astronomie ou de la physique, on ne saurait pourtant douter qu'elles n'existent. Peut-être même y a-t-il quelque naïveté à insister sur les anomalies sans nombre qu'on observe chez les êtres vivants. Ces anomalies ne sont qu'apparentes, ainsi que les perturbations en astronomie. Si nous possédions tous les éléments de ces problèmes morphologiques dont M. Haeckel cherche la solution, on verrait que ces prétendues anomalies s'expliquent par les lois générales de la mécanique. Seulement, personne ne l'ignore, l'extrême instabilité des éléments qui constituent la trame des êtres organisés[3] rend les problèmes biologiques d'une complexité infinie.

1. J'ai indiqué déjà ce qu'il faut entendre par cette expression, si peu exacte, mais courante.
2. *Darwin versus Galiani*. Rede, Berlin, Hirschwald, 1876, p. 14-21.
3. V. Herbert Spencer, *Principes de biologie*. Trad. de l'anglais par Cazelles. 1re p., ch. 1er : *La matière organique*.

On serait d'autant plus surpris du scepticisme de Du Bois-Reymond, — si l'on ne savait d'ailleurs que le secrétaire perpétuel de l'Académie de Berlin et le naturaliste d'Iéna sont en guerre, — qu'il est lui-même un des plus fervents admirateurs de Darwin, et qu'à ses yeux la théorie mécanique de l'évolution a ruiné la doctrine dualiste des causes finales. Il revient sans cesse sur cette pensée en ses derniers écrits. Pour nous en tenir à un récent opuscule, il y confesse qu'un des plus grands progrès accomplis dans le monde de la pensée consiste à bannir de la nature toute finalité, à mettre partout l' « aveugle nécessité » à la place des causes finales : c'est Darwin qui a inauguré cette ère nouvelle dans l'étude du monde. « Aussi longtemps qu'il y aura des naturalistes philosophes, s'écrie Du Bois-Reymond, le plus beau titre de gloire de Ch. Darwin sera d'avoir diminué, dans une certaine mesure, le tourment de la pensée qui réfléchit sur le monde [1]. »

Que parle-t-on encore de la doctrine des créations successives ? La théorie de la descendance en a fait justice, Du Bois-Reymond l'affirme bien haut. Après Cuvier et Agassiz, Darwin. « Ainsi, les causes finales sont définitivement remplacées dans la nature organique par une mécanique très compliquée, mais qui agit aveuglément, fatalement, et le problème cosmologique tout entier est réduit à

---

1. *Darwin versus Galiani*, p. 9.

ces termes : Qu'est-ce que la matière et la force? Comment peuvent-elles penser[1] ? » Avec une certaine pitié hautaine, Du Bois-Reymond condescend à la faiblesse d'esprit des gens qui ne peuvent comprendre que ce monde, y compris le cerveau de l'homme, soit sorti d'une masse de vapeur chaotique. Il fait la part des goûts, des tempéraments, de l'éducation, des intérêts, etc. « Que chacun suive donc sa voie, écrit-il ; mais que les partisans des causes finales ne s'imaginent pas, ainsi qu'à leur ordinaire, qu'ils apportent une solution meilleure, ou même une solution quelconque du problème, lorsque, de quelque manière que ce soit, ils font appel au surnaturel[2]. » Enfin, quelques lignes plus loin, nous trouvons une déclaration très nette qui a, dans la bouche d'un libre penseur, d'un savant aussi considérable que Du Bois-Reymond, la plus haute portée philosophique : « Pour nous, il n'y a pas d'autre science que la mécanique, quelque expression imparfaite qu'elle soit de la connaissance véritable, si bien que la seule et unique forme vraiment scientifique de la pensée, c'est la physique mathématique. *La pire des illusions est de croire pouvoir expliquer la finalité de la nature organique en recourant à une intelligence immatérielle*, imaginée à notre ressemblance et agissant comme nous en vue de certaines fins[3]. »

1. *Op. laud.*, p. 17.
2. *Op. laud.*, p. 23-24.
3. *Op. laud.*, p. 26-27.

J'ai tenu à rapporter ces graves et décisives paroles de Du Bois-Reymond. Elles confirment les vues de Haeckel sur la nature. L'esprit le plus réfléchi et le plus audacieux de l'Allemagne contemporaine, Du Bois-Reymond et Haeckel, en lutte sur presque tout le reste, sont unanimes sur ce point : le temps est venu de remplacer l'antique conception dualiste et téléologique par la conception moniste ou mécanique du monde, les causes finales par les causes efficientes. On est ici sur les limites de l'ancienne et de la nouvelle foi scientifique. Le mystère subsiste, peut-être impénétrable ; en tout cas, les arguments de l'école ne le sauraient percer. La doctrine des causes finales avait toute la naïveté des explications naturelles qu'on surprend chez les sauvages et chez les enfants.

Les théories de Lamarck et de Darwin ont porté le dernier coup à cette doctrine caduque. La morphologie moderne est inconciliable, je ne dis pas seulement avec le dogme de la création, mais avec celui d'une Providence ou d'un vague panthéisme idéaliste à la manière de Hegel, de Schopenhauer ou de Hartmann. S'il existe bien en réalité, comme l'enseigne M. Haeckel, un lien étiologique entre le développement individuel et le développement des ancêtres, entre l'ontogenèse et la phylogenèse, les phénomènes de l'embryologie humaine ne sont que des effets *mécaniques*, *nécessaires*, de l'évolution de nos plus lointains ancêtres, conformément aux lois de l'hérédité et de l'adaptation.

III

J'ai hâte d'aborder le problème le plus difficile, mais le plus fécond en résultats philosophiques, de l'embryologie : la détermination de la part qui, dans la formation du corps, revient à chaque feuillet germinatif. C'est une loi en biogénie que tous les animaux, les protozoaires exceptés, descendent d'un ancêtre commun, dont le corps était composé de quatre feuillets germinatifs. Au cours de leur évolution, les vertébrés passent pourtant par une forme plus humble, celle de la gastrula, constituée par deux feuillets germinatifs, que ne dépassent point les zoophytes inférieurs. Nous avons dit ce qu'étaient les quatre feuillets germinatifs, et comme les deux feuillets moyens (*fibro-cutané* et *fibro-intestinal*) se développent des deux feuillets germinatifs primaires, le feuillet de la vie végétative ou entoderme, et celui de la vie animale ou exoderme, ou bien encore, pour plus de clarté, le feuillet *cutané sensitif* et le feuillet *intestino-glandulaire*. Ces deux feuillets apparaissent, on s'en souvient, dans la vésicule blasto-dermique. Pour comprendre l'importance de ces quatre feuillets, il faut assister en quelque sorte au magnifique déploiement morphologique qu'ils présentent dans tout le règne animal, de l'éponge à l'homme.

Si l'on divise le corps humain en systèmes organiques de la vie végétative et de la vie animale, on trouve :

1° Que les appareils de *nutrition* et de *reproduction* constituant le système digestif, circulatoire, rénal, et les organes sexuels, proviennent surtout des feuillets fibro-intestinal et intestino-glandulaire : c'est le cas, en particulier, pour le système digestif (*gaster*), l'épithélium et les muscles intestinaux, le foie, les glandes salivaires, les poumons, le cœur et presque tout le système circulatoire ;

2° Que les appareils *sensitifs* et *locomoteurs*, constituant le tégument cutané (épiderme et derme), le système nerveux central (cerveau et moelle épinière), le système nerveux périphérique (nerfs cérébraux, spinaux, sympathiques), les cinq organes des sens, le système musculaire et le système osseux, dérivent presque uniquement des feuillets cutané-sensitif et fibro-cutané.

Quant à la chronologie de ces systèmes organiques, voici à peu près l'ordre dans lequel ils évoluent chez les vertébrés : I. Système cutané et digestif ; — II. Système nerveux et système musculaire ; — III. Système rénal ; — IV. Système vasculaire ; — V. Système du squelette ; — VI. Système génital.

On remarquera que le système vasculaire — le cœur et le sang — apparaît comme un des plus récents appareils de l'organisme, tandis qu'au contraire le système digestif est des plus anciens. Nos lointains ancêtres possédaient depuis longtemps un estomac alors qu'ils n'avaient encore ni sang, ni cœur, ni vaisseaux sanguins. La vieille âme de l'humanité, inaccessible en ses mystérieuses profondeurs, n'était donc point dans le sang, comme l'ont cru tous les anciens ; elle n'est pas davantage dans ce muscle, le cœur, dont certains physiologistes du bel air parlent encore en termes fleuris et tout à fait galants : elle est dans le ventre.

Si l'évolution embryonnaire de l'individu n'est qu'une brève récapitulation de l'évolution paléontologique des ancêtres, on doit pouvoir déduire, de la succession des divers organes de l'embryon, l'ordre suivant lequel ces organes ont apparu au cours des âges et se sont développés dans tout le règne animal. Le système cutané est contemporain du système digestif, ainsi que l'atteste encore la gastrula, qui n'est constituée que par les deux feuillets germinatifs primaires, l'intestinal et le cutané. Or, la science démontre que le système nerveux central et phériphérique provient du tégument cutané, c'est-à-dire du feuillet cutané-sensitif ou exoderme. Les organes des sens, de la pensée et de la volonté, ont dû se développer, en effet, à la surface externe du corps. M. Haeckel, après Gegenbaur, en donne en fort bons termes la raison suffisante : « Seuls, des organes élémentaires extérieurement situés pouvaient recueillir et percevoir les impressions du monde. Plus tard, les cellules cutanées, devenues spécialement sensibles, cherchèrent peu à peu, par sélection naturelle, un asile protecteur dans l'intérieur du corps et y formèrent le premier rudiment d'un organe nerveux central. La différenciation progressant toujours, la distance entre le tégument extérieur et le système nerveux central s'accrut de plus en plus, et enfin ces deux portions de l'organisme ne furent plus unies que par les nerfs sensibles de la périphérie[1]. »

La sensibilité, avec ses réactions motrices, existe chez quantité de plantes et d'animaux inférieurs qui n'ont pas de système nerveux. Les fonctions de ce système sont accomplies, chez des zoophytes inférieurs — éponges, polypes hydroïdes — au moyen de la simple couche des cellules de l'exoderme, laquelle est tout à la fois tégument cutané, appareil locomoteur, système nerveux. Au début, tous les organes des sens ne sont que des portions du tégument cutané, auquel se distribueront plus tard les nerfs sensibles. Ces nerfs eux-mêmes, avant d'acquérir des énergies spécifiques, par suite de leur union constante avec certains organes différenciés, ont commencé par être homogènes, indifférents : les simples terminaisons de ces nerfs dans les téguments sont devenues les organes des sens.

Déjà, chez les plathelminthes, le système nerveux s'est différencié du tégument cutané : ce rudiment, d'où est sorti le système nerveux central de tous

---

1. *L'Anthropogénie ou Histoire de l'évolution humaine*, p. 441.

les animaux supérieurs, n'est encore qu'un ganglion sus-œsophagien. Certains faits empruntés à la pathologie du système nerveux me paraissent attester encore qu'il s'est bien, à l'origine, différencié de la peau. Dès que les impressions du monde extérieur cessent d'arriver, par le canal des nerfs sensibles, aux centres nerveux, on voit apparaître des conceptions délirantes caractérisées par un évanouissement progressif de la conscience individuelle. Le malade arrive à ne plus se distinguer des objets qui l'environnent, il se prend pour un autre, il affirme qu'il est mort. M. Jules Luys, l'éminent médecin de la Salpêtrière, parle de malades atteints d'anesthésie de la peau qui, isolés du monde extérieur, en viennent à croire qu'ils n'existent plus ou qu'ils sont changés en bêtes, en verre, en beurre. « Vous voyez bien, disait un malade anesthésique, cité par Michéa, vous voyez bien que je n'ai plus de corps. » Foville père a cité l'observation d'un ancien militaire anesthésique qui depuis longtemps se croyait mort. A ceux qui l'interrogeaient sur sa santé, il répondait : « Comment va le père Lambert, demandez-vous? Il n'est plus; il a été emporté par un boulet; ce que vous voyez n'est plus lui : c'est une machine qu'ils ont faite à sa ressemblance. » En parlant de lui, il ne disait jamais moi, mais cela.

Cette régression du système nerveux central, consécutivement à des anesthésies de la peau et des organes périphériques, ne prouve pas seulement que les modifications des cellules nerveuses périphériques retentissent sur les cellules nerveuses centrales : elle implique une dépendance réciproque et une commune origine. Surtout elle témoigne que les organes des sens sont antérieurs à l'organe nerveux central, à la conscience.

On conçoit que nous insistions sur cet ordre de considérations. L'embryologie du système nerveux donne encore plus à réfléchir que l'embryologie du tube digestif ou des poumons. L'étude des fonctions du système nerveux, c'est-à-dire de l'âme, voilà le sujet propre de la psychologie. La psychologie comparée, traitée par des savants comme Guillaume Wundt, a déjà renversé l'antique barrière qui séparait jadis « l'instinct » des animaux de la « raison » de l'homme. La raison existe aussi bien, quoique à des degrés différents, chez les mammifères supérieurs — singes, chiens, éléphants, chevaux — que chez l'homme. On ne conçoit pas, d'ailleurs, comment il en pourrait être autrement, puisque l'organe de la raison, le système nerveux central, passe encore chez l'embryon humain par les mêmes phases que chez les autres mammifères. L'homme et les mammifères ayant certainement une origine commune, pourquoi leur moelle épinière et leur cerveau seraient-ils d'une autre nature ?

De même que le développement intellectuel de chaque enfant n'est qu'une brève répétition de l'évolution mentale qui, à travers des milliers d'années, a fait sortir l'esprit humain de l'intelligence rudimentaire des autres vertébrés, — l'embryologie du système nerveux est un rapide abrégé de l'évotion historique par laquelle a passé l'organe de l'âme, de l'humble ganglion sus-œsophagien des vers au cerveau si complexe des singes anthropoïdes et de l'homme. Chez la larve de l'ascidie et chez l'amphioxus, qui n'a ni crâne ni cerveau, mais un simple tube médullaire, on observe déjà un petit renflement ampullaire à l'extrémité antérieure de ce tube : « C'est là, dit M. Haeckel, le premier indice d'une différenciation du cerveau et de la moelle épinière. » Mais l'incontestable parenté de l'ascidie et des autres vers établit que le centre nerveux rudimentaire de cet animal équivaut au ganglion sus-œsophagien des vers. De même que le cerveau s'est différencié de la moelle épinière, le crâne n'est que la partie antérieure transformée de la colonne vertébrale. La célèbre théorie des « vertèbres crâniennes, » telle que l'admettait l'ancienne école, d'après Gœthe et Oken, a été définitivement ruinée par Huxley. Cependant, grâce aux belles études de Gegenbaur, l'idée fondamentale de cette théorie est toujours vraie : le crâne est bien la partie antérieure de la colonne vertébrale, comme le cerveau est celle de la moelle épinière : l'un et l'autre sont des produits de différenciation.

Or, l'anatomie du cerveau et de la moelle épinière démontre que, de même que les segments de la moelle, les circonvolutions cérébrales sont constituées par des zones de petites et de grosses cellules nerveuses, les premières situées à la périphérie corticale, sous les méninges; les secondes dans les régions profondes. On sait aussi que les petites cellules médullaires sont le siège de phénomènes de sensibilité et d'obscure conscience, tandis que les grosses cellules antérieures de la moelle président aux réactions motrices. Le cerveau s'étant développé de la moelle épinière, toutes les lois de l'analogie ne permettent-elles pas de supposer que les équivalences morphologiques des éléments du cerveau et de la moelle impliquent des équivalences physiologiques?

Ainsi, chez nos premiers ancêtres, l'âme humaine s'est développée d'abord avec le tube médullaire, et la première ébauche du cerveau a été un renflement ampullaire à l'extrémité de ce tube. Chez tous les vertébrés, le cerveau rudimentaire est une vésicule simple, une ampoule : il existe assez longtemps sous cette forme chez les cyclostomes, tels que les lamproies. Mais, dès ce degré inférieur de l'organisation, ainsi que chez les poissons, les dipneustes, les amphibies, les reptiles, les oiseaux et les mammifères, cette ampoule cérébrale se divise en trois, puis en cinq régions d'avant en arrière : la première de ces cinq vésicules, le *cerveau antérieur*, qui comprend les hémisphères, le corps calleux (chez les placentaliens), les lobes olfactifs, les corps striés, — acquiert un volume et une importance considérables chez les mammifères supérieurs. Les couches optiques proviennent du *cerveau intermédiaire*, les tubercules quadrijumeaux du *cerveau moyen*, la plus grande partie du cervelet du *cerveau postérieur*, la moelle allongée de l'*arrière-cerveau*.

Chez tous les crâniotes, des cyclostomes et des poissons aux singes et à l'homme, le cerveau évolue de même chez l'embryon. Si, chez les poissons et les amphibies, c'est surtout le cerveau moyen et l'arrière-cerveau qui se développent, chez les reptiles et les oiseaux, le cerveau moyen et la partie moyenne du cerveau postérieur, chez les mammifères, au contraire, le cerveau antérieur croît tellement qu'il recouvre peu à peu les autres vésicules cérébrales. C'est là un fait des plus importants : car le cerveau antérieur est précisément l'organe des hautes activités psychiques, la somme des fonctions des cellules cérébrales étant ce qu'on appelle d'ordinaire « l'âme » ou « l'esprit. »

Non seulement le cerveau antérieur recouvre le cerveau postérieur chez les singes et chez l'homme, mais les sillons et les circonvolutions de la substance cérébrale atteignent chez ces placentaliens une excessive complexité. Sans sortir des diverses espèces humaines, et pour ne rien dire des prodigieuses différences qui, à cet égard, séparent ces espèces, ainsi que les races elles-mêmes, le cerveau d'un homme d'une intelligence extraordinaire est plus riche en stries et en circonvolutions que celui d'un homme ordinaire ; d'autre part, le cerveau de celui-ci diffère beaucoup de celui d'un crétin ou d'un idiot. Toutefois, entre le cerveau d'un Homme et celui d'un Maki, il n'existe naturellement que des différences de degré : tous les caractères propres du cerveau humain sont déjà indiqués chez les singes inférieurs, plus ou moins développés chez les anthropoïdes. Huxley l'a montré : il y a, quant à la structure cérébrale, plus de distance entre les singes inférieurs et les singes supérieurs qu'entre ceux-ci et l'homme. Au cours de son évolution embryonnaire, le cerveau de tout homme passe aujourd'hui encore par le type simien. C'est dire que l'âme humaine s'est dégagée peu à peu (non sans y revenir souvent) de l'âme des singes.

On entrevoit maintenant ce que sera la psychologie de l'avenir quand, au lieu d'étudier l'homme blanc adulte, l'Européen civilisé de Paris ou de Londres, elle fondera ses spéculations sur les principes généraux de l'anatomie comparée, de la physiologie et de l'embryologie du système nerveux. Herbert Spencer est presque le seul philosophe contemporain qui ait conçu la psychologie au sens évolutionniste, j'entends comme un développement de la biologie. Alors même qu'elle aura été dépassée depuis des siècles par le progrès naturel des sciences, l'œuvre magistrale de l'Aristote de notre âge restera debout comme une grande ruine au milieu des débris poudreux de bien des ouvrages philosophiques contemporains. Des livres tels que ceux de Darwin, de Spencer et d'Haeckel ne paraissent pas en vain dans le monde : ils annoncent une rénovation de la pensée, un renouvellement lent, mais fatal de la conscience, une évolution de l'esprit humain.

Chacun saura bientôt que, quoiqu'il n'existe pas dans le corps humain un seul organe dont nous n'ayons hérité, avec les singes, d'un commun ancêtre, l'homme ne descend d'aucun des anthropoïdes actuels. Cette circonstance, à la vérité, paraîtra d'un intérêt médiocre lorsque, plus familiarisé avec les principes et les enseignements de la morphologie générale des êtres organisés, l'homme aura la certitude qu'il peut remonter bien plus haut dans la série de ses lointains aïeux et qu'au delà des mammifères inférieurs et des poissons, qui lui ont légué les organes génitaux et les membres; au delà des cyclostomes, dont il tient le cerveau et les sens différenciés ; au delà des vers chordoniens, des cœlomates et des plathelminthes, dont il a reçu l'intestin branchial, la *chorda dorsalis*, le système vasculaire, la cavité viscérale et le sang, le système nerveux et le système musculaire ; au delà des gastréades, enfin, dont il a hérité les plus anciens organes, l'épiderme et le canal intestinal, — des mondes de protozoaires et de plastides, évanouis depuis de longs âges dans les obscures profondeurs des mers, ont élaboré la matière de notre vie et de notre conscience.

LA
PSYCHOLOGIE CELLULAIRE

C'est sur la théorie cellulaire, édifiée dans ses grandes lignes par Schleiden et par Schwann, mais qu'avaient préparée les idées de Bichat sur la constitution des tissus, que reposent, avec l'anatomie, la physiologie et la pathologie modernes, la psychologie et la sociologie, simples provinces de la biologie. La découverte des monères, la constitution du groupe des plastides et du règne neutre des protistes par M. Haeckel, voilà aujourd'hui les plus solides fondements de cette théorie.

C'est dans les leçons de Wurzbourg de son ancien maître, c'est dans l'enseignement de Virchow, qui devait renouveler la pathologie par la théorie cellulaire, qu'Ernest Haeckel a puisé les premiers principes de sa psychologie cellulaire, de son vaste système sur l'unité de tous les phénomènes de la vie. Il apprit de Virchow que l'activité psychique de l'homme et des animaux, un des aspects de la vie, était, comme toutes les autres manifestations vitales, réductible à des processus mécaniques de l'organisme; que les organes de l'âme étaient, ainsi que tous les autres, constitués par des cellules, ces parties élémentaires des tissus, si bien que les fonctions de ces organes n'étaient rien de plus que la somme des propriétés de toutes les cellules constituantes. Bien des années après, devenu à son tour un chef d'école, Haeckel s'est plu à reconnaître ce qu'il devait aux leçons de Wurzbourg. « Qu'est-ce que ma psychologie cellulaire, a-t-il écrit, sinon une conséquence nécessaire de la physiologie cellulaire de Virchow[1] ? »

La théorie cellulaire est aujourd'hui assez familière à tous, quelque désaccord que laissent paraître les diverses écoles qui la professent, pour qu'il soit inutile d'en rappeler les principes généraux. De même, touchant les idées de l'école évolutionniste sur l'origine, la nature et l'unité de la vie, le développement et la succession des formes vivantes dans le temps, le progrès des organismes et l'évolution cosmique, je ne puis que renvoyer, pour ne pas me répéter, à l'exposition de ces doctrines que j'ai placée en tête de ce livre.

Il s'agit surtout ici de l'aspect psychique de la vie. Que ce soit un naturaliste et non un philosophe proprement dit qui ait entrepris le premier une pareille étude, il n'y a guère lieu de s'en éton-

---

1. *Les preuves du transformisme*, p. 65 de notre traduction (1879).

ner. Aristote n'était-il pas déjà d'avis que c'est au physicien, au physiologiste, comme nous dirions, qu'il appartient d'étudier l'âme ? Bien des siècles après le Stagirite et quelques-uns des philosophes de son école, Claude Bernard n'a-t-il pas déclaré maintes fois que la physiologie doit éclairer les problèmes de la psychologie, et, partant, qu'elle est appelée à réagir directement sur les opinions des philosophes ? Ecoutons encore comment un des naturalistes les plus philosophes de notre temps, comment Th. Huxley s'exprime sur la science de l'âme et des sociétés humaines, sur la psychologie et la sociologie : « Les sciences biologiques sont celles qui traitent des phénomènes manifestés par la matière vivante ; et, bien qu'il soit habituel et commode de grouper séparément tels de ces phénomènes qu'on appelle mentaux, et tels autres qui sont présentés par les hommes vivant en société, sous les noms de sociologie et de psychologie, néanmoins il faut convenir qu'aucune limite naturelle ne sépare les objets de ces sciences du sujet de la biologie. La psychologie est inséparablement liée à la physiologie, et les phases de la vie sociale que présentent les animaux autres que l'homme, lesquelles annoncent parfois d'une façon curieuse les états politiques de l'humanité, tombent strictement dans le domaine du biologiste[1]. »

1. *A Manual of the Anatomy of invertebrated animals*, by Th. Huxley. London, 1877, p. 1.

Il en faut prendre notre parti, ce ne sont pas les disciples de Socrate et de Platon qui nous révéleront le secret de notre origine spirituelle. Je conviens que les naturalistes ne le connaissent peut-être pas non plus, puisqu'ils le cherchent. Mais ils ont une méthode scientifique, des connaissances étendues en paléontologie, en embryologie, en anatomie, en physiologie ; ils savent les faits ; déjà ils en dégagent des lois ; bref, ils ont édifié quelques-unes de ces hypothèses légitimes et nécessaires qui, comme celles de la gravitation universelle, de l'éther cosmique et de l'évolution de notre monde solaire, sont des vérités relatives aussi longtemps qu'elles n'ont pas été remplacées par de plus vraisemblables.

Voici comment Haeckel a envisagé l'étude naturelle de l'âme[1]. L'étude de la morphologie comparée des organes de l'âme, fondée, comme la physiologie comparée des fonctions du même ordre, sur l'histoire de l'évolution, doit précéder toute spéculation sur la nature ou les phénomènes de l'esprit. Il est clair, en effet, que les fonctions psychiques dépendent des organes psychiques, et que ceux-ci sont la condition même de tout *travail* psychique. Chez les êtres vivants inférieurs, ces organes sont des cellules isolées ou groupées ; mais non encore différenciées en nerfs et en muscles ; chez les animaux supérieurs, ce

---

1. Voir notre traduction des *Essais de psychologie cellulaire* de ce savant (Paris, Germer Baillière et Cie, 1880).

sont les organes des sens, le système nerveux et le système musculaire. Plus la sensibilité, la volonté et la pensée d'un animal sont développées, plus l'appareil psychique qui accomplit ce genre de travail est complexe et fortement centralisé.

L'étude comparée des systèmes nerveux des différentes classes d'animaux, et celle même des animaux d'une seule classe, peut seule donner une idée des innombrables degrés qui séparent d'un polype d'eau douce un mammifère tel que l'homme. Cependant, ainsi que l'a dit un disciple de Claude Bernard, M. Paul Bert, « ici comme partout, la physiologie constate une gradation suivie, sans aucune de ces démarcations nettes, de ces espèces d'abimes que la méthode *a priori* se plaît à imaginer entre les êtres qu'elle dédaigne d'observer. On a bien souvent parlé de l'abîme intellectuel qui sépare l'homme de l'animal ; mais un abîme tout aussi profond ne semble-t-il pas creusé entre le singe anthropomorphe et l'amibe diffluente? On peut aller plus loin encore, et retrouver jusque dans le besoin de mieux être, qui fait chercher aux plantes la lumière, des traces bien obscures de cette *volonté* et de ce *sentiment* encore si effacées chez l'amibe. »

Mais les muscles, les nerfs, les organes des sens, tous ces appareils d'une si haute complexité, dérivent d'un des feuillets germinatifs primaires de l'embryon, du feuillet cutané, si bien que les organes des sens ne sont, comme l'avait pensé Démocrite, que des parties différenciées de l'épiderme, que des modifications du toucher. La psychologie tout entière sera transformée quand, familiarisée avec la généalogie de l'âme, elle recommencera, en partant de l'embryologie de chaque système d'organes, l'étude des sens et de l'intelligence. Pris en soi, les organes de la pression et de la température, du goût, de l'odorat, de la vue, de l'ouïe, avec l'énorme végétation d'idées qui en est sortie, qui en sort à chaque instant, sont choses parfaitement inintelligibles. Les psychologues qui s'attardent encore à discuter sur les idées éternelles de la raison et sur les formes périssables de l'intuition sensible, feraient peut-être mieux de méditer sur les vertus secrètes des cellules constituant le feuillet cutané, ou exoderme, de la gastrula, d'où sont issus à travers les âges tous les organes des sens.

La psychologie comparée des insectes offre plusieurs exemples de ces innombrables degrés intermédiaires qui, même dans une seule classe d'animaux, séparent les êtres au point de vue de l'intelligence. A coup sûr, les pucerons des fourmis diffèrent plus de ces insectes qu'un Hottentot ou un Papou ne diffèrent d'un Gœthe ou d'un Voltaire. Chez les méduses, les nerfs, les muscles et les organes des sens se trouvent encore dans le plus étroit rapport avec leur lieu d'origine, la membrane cutanée externe ; ils sont pourtant différenciés. Or les méduses, qui produisent des œufs, naissent par bourgeonnement de polypes marins qui présentent, comme les hydres ou polypes d'eau douce, une couche de cellules névro-musculaires, c'est-à-dire d'éléments histologiques accomplissant à la fois les fonctions des nerfs et des muscles. Les êtres qui sortent de ces deux générations alternantes, les méduses et les polypes, sentent et veulent, mais la vie psychique toute rudimentaire des polypes ne s'élève naturellement pas à la hauteur des manifestations de cet ordre chez les méduses.

Les méduses associées des siphonophores, de ces sociétés flottantes qui nagent sous les vagues brillantes des mers du Midi, nous montrent d'une manière admirable ce qu'est la division du travail physiologique ; car, tandis que les unes n'ont cure que de nager, les autres de digérer, celles-ci de produire des œufs, celles-là de saisir les proies et de repousser l'ennemi, d'autres ont pour fonction spéciale de sentir. Encore que chaque cellule associée conserve son autonomie, la délicatesse des sensations et la vivacité des mouvements d'un siphonophore attestent que toutes ces vies cellulaires particulières concourent à une existence et à une action communes, et donnent l'illusion d'un organisme animé d'une seule âme. Cette « âme » des siphonophores n'est pourtant que la somme qui résulte de toutes les âmes élémentaires des individus constituant le corme.

De même, chez les animaux supérieurs, chez les invertébrés comme chez les vertébrés, la vie, avec toutes ses manifestations les plus diverses, de la nutrition à l'innervation, n'est jamais qu'une unité apparente ; les ·cellules conservent individuellement, bien que subordonnées à l'ensemble, leur autonomie propre, et, tandis que les cellules de l'estomac s'acquittent de l'office de la digestion, les cellules du sang de divers échanges matériels, celles des poumons de la respiration, et celles du foie de la formation de la bile, etc., les cellules cutanées éprouvent les variations de pression et de température, les fibres-cellules se contractent, les cellules nerveuses sentent et pensent.

La vie du tout réside dans chaque cellule; elle n'est centralisée nulle part.

Chez les êtres d'une organisation élevée, les manifestations vitales résultent à la fois et de ces activités spéciales des cellules, acquises par différenciation et intégration progressives au cours de l'évolution, et du concert général de toutes les activités cellulaires. Mais il n'y a toujours rien d'essentiel dans l'être tout entier qui ne soit dans ses parties constituantes. « L'individu zoologique, l'animal, a écrit Claude Bernard, à qui cette idée a rappelé Gœthe méditant les enseignements de Bichat, l'animal (et le végétal) n'est qu'une fédération d'êtres élémentaires, évoluant chacun pour leur propre compte. A mesure que l'être vivant s'élève et se perfectionne, ses éléments cellulaires se différencient davantage, *ils se spécialisent par exagération de l'une des propriétés au détriment des autres*. La vie chez les animaux supérieurs est de plus en plus distincte de ses manifestations ; elle est de plus en plus confuse chez les êtres inférieurs. Les manifestations vitales sont mieux isolées, plus nettes dans les degrés élevés de l'échelle que dans ses degrés inférieurs, et c'est pourquoi la physiologie des animaux supérieurs est la clef de la physiologie de tous les autres, contrairement à ce qui se dit généralement[1]. »

Aux plus bas degrés de l'échelle, en effet, à un degré encore inférieur à celui des cellules animales et végétales, des leucocytes, des cellules ovulaires et des spores, chez les monères et les autres cytodes, les propriétés fondamentales de toute substance vivante, depuis la nutrition jusqu'à la sensibilité et au mouvement volontaire, subsistent bien, mais dans un état d'obscure confusion et en quelque sorte de chaos. Il n'importe ; cette confusion élémentaire, qui n'est après tout que relative, n'est peut-être telle que pour nos sens grossiers. « Il est impossible d'affirmer, a écrit Tyndall, que les sensations de l'animal ne sont pas représentées dans le monde végétal par une sorte de conscience moins distincte. Changez la capacité (de perception), et la preuve changera aussi. Ce qui est pour nous une absence totale de manifestations de la conscience le serait-il aussi pour un être jouissant de nos facultés à un degré infiniment su-

---

1. *Leçons sur les phénomènes de la vie*, I, 386, 368.

périeur ? Pour un être ainsi doué, il m'est permis de supposer que non seulement le monde végétal, mais encore le *monde minéral* répondrait à des stimulants convenables, et que ces réponses différeraient en intensité seulement des manifestations exagérées qui, par leur grossièreté, frappent nos facultés imparfaites. »

Sentir et réagir, voilà le fondement de toute vie psychique. Or la sensation et le mouvement sont, avec la nutrition et la reproduction, les propriétés élémentaires de cette matière vivante si bien nommée par Huxley « la base physique de la vie », le protoplasma. Il y a bientôt un demi-siècle, on le sait, que Dujardin donna le nom de sarcode à la substance demi-fluide, contractile et amorphe dont est formé le corps des infusoires et des protistes de Haeckel ; Hugo de Mohl appela protoplasma la substance semblable des cellules des plantes ; Max Schultze démontra l'identité du sarcode et du protoplasma. Des quantités énormes de cette substance amorphe couvriraient le fond de certaines mers. Du moins c'est ce qu'a fait supposer l'examen de cette substance fournie par les dragages du *Porcupine*, et à laquelle Huxley a donné le nom de *Bathybius Haeckelii*. L'expédition du *Challenger* n'a retrouvé aucune trace du bathybius ; mais, au cours de celle du *Polaris*, Bessels a rapporté des profondeurs de l'Océan des masses de limon vivant évidemment identiques avec les « masses de sarcode animé », avec les substances organiques étudiées, à l'état de vie, par Wyville Thomson et William Carpenter, et, à l'état d'échantillons conservés dans de l'alcool, par Huxley et par Haeckel.

Trois naturalistes du plus grand mérite, Thomson, Carpenter et Bessels, ont donc vu le bathybius vivant. Il y aurait mauvaise grâce aujourd'hui à renouveler les plaisanteries de quelques savants sur ce prétendu précipité gypseux. Aussi bien, voici comment un naturaliste distingué, Allmann, s'est naguère exprimé à ce sujet : « Il est difficile d'admettre que l'on puisse traiter aussi cavalièrement les résultats de travaux aussi sérieux que ceux de Huxley et d'Haeckel. Leurs conclusions ont d'ailleurs été confirmées par les observations plus récentes de l'explorateur des régions arctiques, Bessels, qui a pris part au voyage du *Polaris*, et qui rapporte qu'il a ramené du fond des mers du Groenland des masses de protoplasma vivant et à l'état amorphe. Bessels donne à ces masses le nom de Protobathybius ; mais elles nous semblent identiques au bathybius du *Porcupine*. Il faudra donc d'autres preuves de la non-existence du bathybius pour arriver à reléguer dans la région des hypothèses réfutées un fait fondé sur des observations conduites avec tant de soin[1]. »

Si le bathybius existe, il nous présente l'état le

---

1. *Le rôle du protoplasma dans la nature*, in *Revue scientifique*, 2ᵉ série, 1870, n° 13.

plus rudimentaire de la matière vivante qu'il soit possible de concevoir. La morphologie n'est pas née encore; nulle trace d'individuation, comme c'est le cas, au contraire, chez les monères. Mais les pseudopodes lobés des monères, que nous connaissons bien, servent déjà à ces êtres d'organes de sensation et de locomotion, de mains et de bras. De même, toutes les parties de leur corps, certainement sensibles aux diverses intensités lumineuses, aux ténèbres et à la lumière tout au moins, remplissent indifféremment les fonctions de bouche, d'estomac et d'anus. A un degré de différenciation plus élevé paraît l'amibe, qui peut passer pour le type de la cellule. La matière vivante primordiale s'est déjà différenciée et, si j'ose dire, organisée; aussi le corps de ces protistes se différencie souvent en une couche corticale amorphe, plus claire et de consistance plus ferme que la substance intérieure, et en une couche plus molle, de couleur foncée et finalement granulée; on y peut apercevoir une ou plusieurs vésicules contractiles (vacuoles) et un noyau. Or la substance cellulaire et le noyau sont les deux éléments essentiels de la cellule; s'ils manquent, l'être est une monère, un cytode.

Voilà précisément les états inférieurs de la vie qui nous intéressent ici. Si la cellule est toujours pour nous l'unité morphologique d'organisation, le protoplasma cellulaire, avec la complication déjà extrême de sa structure, — ainsi que l'ont montré les récents travaux de Strasburger, de Klein, de Schleicher, de Flemming, — le protoplasma, ne saurait plus être considéré comme la source la plus lointaine des fonctions physiologiques. La cellule n'est plus l'*organisme élémentaire* le plus simple, le plus inférieur, le plus ancien. Partant, la psychologie doit descendre plus bas dans les ténébreux abîmes de la vie, afin de saisir, s'il est possible, quelque manifestation psychique encore plus rudimentaire que celles du protoplasma et du sarcode.

La matière vivante des monères et des autres cytodes, la substance plastique ou formatrice par excellence, a été appelée plasson ou bioplasson par Van Beneden. La substance des éléments cellulaires, le protoplasma, est, relativement au plasson, une substance formée. « Le protoplasma, enseigne ce savant, est ce qui reste du plasson après que les éléments chimiques du nucléole et du noyau s'en sont séparés pour constituer un corps nucléolaire et un corps nucléaire. Le plasson ne peut exister que chez les cytodes ; il cesse d'exister aussitôt que le cytode devient cellule ; le plasson se divise en substance protoplasmique, en substance nucléaire et en substance nucléolaire. »

L'importance d'une étude attentive de cet état de la matière vivante apparaît clairement dès qu'on sait que, en accord avec la théorie phylogénétique, et par un cas très curieux d'atavisme, les cytodes se montrent au cours de l'évolution embryonnaire de tous les organismes, sans en excepter l'homme.

Or un cytode, c'est-à-dire un grumeau amorphe de plasson, sans organe ni différenciation apparente d'aucune sorte, soit morphologique soit physiologique, manifeste déjà toutes les propriétés essentielles de la vie; il se nourrit, il se reproduit, il sent, se contracte et se meut. Mais pourquoi, dans cette analyse, s'arrêter au plasson? C'est aux molécules de cette substance, c'est aux plastidules qu'il convient de rapporter les propriétés manifestées par le plasson. Les plastidules elles-mêmes peuvent encore être décomposées, mais seulement en atomes de carbone, d'hydrogène, d'oxygène, d'azote, etc., c'est-à-dire en corps simples, en matière inorganique, s'il est permis de maintenir une distinction aussi artificielle entre les divers états du seul et unique être que nous puissions, je ne dis pas connaître, mais nous représenter idéalement, la matière.

L'abîme creusé jusqu'ici entre l'organique et l'inorganique a été en partie comblé; il le sera tout à fait. Un nombre considérable de propriétés regardées comme particulières à la matière vivante ou animée, la sensibilité elle-même, se sont trouvées appartenir aussi bien, quoique à des degrés fort différents, à la matière brute. De là à croire aux « forces psychiques » et aux « âmes » des atomes et des plastidules, il n'y avait qu'un pas: Haeckel l'a franchi.

On peut admettre, en effet, que les atomes possèdent des « forces »; qu'ils éprouvent du plaisir et du déplaisir, des amours et des haines lorsqu'ils se joignent ou se repoussent; qu'ils agissent à distance, sentent et veulent; bref, qu'ils ont une « âme ». Ce dernier vocable revient peut-être bien souvent chez Haeckel; il étonne; la psychologie de l'avenir sera sûrement une « psychologie sans âme ». Et, comme il arrive, nul n'aura plus contribué à la fonder que le créateur de la psychologie cellulaire. M. Haeckel parle la langue que nous avons tous apprise; il n'a pas su, il n'a sans doute pas voulu se délivrer du fardeau de ces « bons vieux mots, un peu lourds peut-être, que la philosophie interprétera dans des sens de plus en plus raffinés, mais qu'elle ne remplacera jamais avec avantage. » C'est bien cela; et, pour parler encore comme le fin et subtil esprit dont on a reconnu l'ironie en cette dernière phrase, M. Haeckel paraît avoir craint de « se couper toutes les sources poétiques du passé. » Ses façons de dire induiraient certainement en erreur des gens qui le connaîtraient peu. Loin de ressembler à un vague panthéisme, son monisme est strictement mécanique. C'est même un peu, j'imagine, pour échapper à la difficulté de faire commencer « l'âme » à un moment de la durée, qu'il l'a faite éternelle, comme l'atome. Après tout, cela est possible; mais, quoiqu'on ne puisse rêver que des hypothèses invérifiables sur un pareil sujet, il tombe sous le sens qu'avec des états différents de la matière, et surtout avec des combinaisons nouvelles, doivent apparaître des propriétés également nouvelles.

Les propriétés du plasson résultent bien de celles des plastidules ou molécules organiques constituantes ; et celles-ci ne sont certainement que des agrégats d'atomes de carbone, d'hydrogène, d'oxygène, d'azote, etc. Que la vie, avec toutes ses manifestations, y compris la pensée, sorte d'une telle combinaison, ce n'est pas beaucoup plus merveilleux que de voir sortir de l'eau d'une combinaison d'hydrogène et d'oxygène. Les propriétés de l'eau diffèrent autant de celles de l'hydrogène et de l'oxygène que les propriétés du protoplasma diffèrent de celles de l'acide carbonique, de l'eau et de l'ammoniaque. Or, comme l'a très bien dit Huxley, si les phénomènes que présente l'eau sont les propriétés de l'eau, les phénomènes que présente le plasson ou le protoplasma sont aussi les propriétés de cette substance ; elles n'existaient pas, sinon en puissance et comme à l'état latent, avant la combinaison qui les a produites ; elles cessent d'être quand les conditions de leur genèse disparaissent ; elles renaissent avec le retour de ces conditions.

Il reste toujours, non certes parce que cela doit être, mais parce que la nature de notre intelligence nous conduit invinciblement à ce raisonnement, — il reste toujours, dis-je, que les différentes propriétés de la matière apparaissant ainsi au cours de l'évolution cosmique, loin d'être irréductibles, ne sont que des états variés du même processus mécanique universel, des merveilles d'équilibre réalisées à un moment de la durée, et comme de fragiles édifices qu'un jeu de nature a produits, qu'une autre combinaison aussi éphémère détruira. Quand on songe aux limites si étroites de pression et de température entre lesquelles oscillent la vie et la conscience, au moins telles que nous les connaissons, on n'est pas très éloigné d'incliner à cette manière de voir.

Une critique que l'on sera sûrement tenté d'adresser au savant naturaliste d'Iéna, comme l'a déjà fait Oscar Schmidt[1], a trait au privilège dont il gratifie les plastidules de posséder seules de la mémoire. Cette aptitude, dit-il, l'aptitude de se souvenir, la mémoire organique, manque à toutes les autres molécules de la matière inorganique; seules, les molécules du plasson, les plastidules ont de la mémoire. Pourquoi? Haeckel ne le dit pas. Mais ne pourrait-il pas répondre que cette propriété apparaît ici pour la première fois grâce à une combinaison nouvelle de la matière, à la combinaison dont sont formées les molécules du plasson?

Cette mémoire inconsciente des plastidules, en déterminant les mouvements caractéristiques qu'elles manifestent, et ces mouvements seulement, est la condition du pouvoir de reproduction des

1. *Les sciences naturelles et la philosophie de l'inconscient*, p. 154 et suiv. de la traduction de Jules Soury et d'Édouard Meyer. Germer Baillière et Cie, 1879.

êtres vivants. L'hérédité, que cette mémoire organique explique et éclaire, est la communication ou transmission du mouvement propre des plastidules de la plastide-mère aux plastides-filles (cytodes et cellules). En même temps, les variations organiques résultant de l'adaptation qui se montrent dans la reproduction de tous les êtres, sont ramenées aux modifications du mouvement propre des plastidules sous l'action du milieu et de la lutte pour l'existence. Ces modifications entraînent après elles des qualités et des propriétés nouvelles, et, au bout d'un grand nombre de générations, ces modifications accumulées peuvent produire des déviations très considérables du type ancestral.

Tel est l'aspect nouveau sous lequel nous apparaissent les deux facteurs principaux de la morphologie organique, l'*hérédité* et l'*adaptation*. L'hérédité, c'est la mémoire des plastidules ; lorsqu'elle domine, les formes organisées demeurent stables. Les influences du milieu modifient-elles les mouvements plastidulaires, les formes varient. « Dans les formes organiques très simples et très constantes, dit spirituellement Haeckel, les plastidules n'ont rien appris ni rien oublié. Dans les formes très développées et très variables, les plastidules ont beaucoup appris et beaucoup oublié. L'histoire embryologique de l'amphioxus peut servir d'exemple au premier de ces cas, celle de l'homme au second. » En somme, avec une puissance de logique bien rare chez les naturalistes,

Haeckel a transporté des animaux et des végétaux polycellulaires aux plastides (cytodes et cellules), et de celles-ci, aux plastidules, la profonde théorie de l'hérédité des variations de notre Lamarck, et les grandioses théories de la sélection et de la concurrence vitale de Darwin.

Quant à la nature du mouvement invisible des plastidules, cette cause dernière du processus biogénétique, ce serait une ondulation rythmique, formant, en se propageant, des espèces de ramifications sans fin. De là le nom de *périgenèse des plastidules* qu'Haeckel a donné à son hypothèse. Nous n'avons pas besoin de noter combien la périgenèse d'Haeckel diffère de la pangenèse de Darwin. Dans l'hypothèse de l'illustre naturaliste anglais, ce qui est transmis à travers toute la série des générations apparentées, ce sont des molécules matérielles : chaque germe ou gemmule est composée des particules corporelles de tous les ancêtres dont il provient. Suivant l'hypothèse d'Haeckel, la transmission immédiate des molécules corporelles n'a lieu que de l'individu générateur à l'individu engendré : elle n'a pas lieu dans l'antique suite des ancêtres. Ce qui est transmis dans la génération, c'est la forme spéciale du mouvement rythmique des plastidules, et c'est uniquement le mouvement ondulatoire continué de proche en proche à travers les temps, dans une même race ou dans une même famille, qui chez les descendants reproduit les caractères propres des ancêtres. L'hypothèse de la périgenèse des plastidules est fondée, on le voit, sur les principes mécaniques de la communication du mouvement moléculaire et de la conservation de la force. Aussi Haeckel nourrit-il l'espoir qu'il s'y trouve les premières assises d'une hypothèse générale qui, un jour, permettra d'édifier une théorie purement mécanique de l'ensemble des phénomènes organiques de l'évolution.

En tout cas, et quel que soit le sort que l'avenir lui réserve, cette hypothèse remplit toutes les conditions d'une hypothèse scientifique. La tendance générale des sciences, qu'il s'agisse de physique, de chimie, de biologie ou de sociologie, n'est-elle pas de réduire tous les problèmes à des questions de physique moléculaire? Les sciences biologiques n'aspirent-elles pas, elles aussi, ainsi que l'a dit un éminent chimiste des sciences physiques et chimiques, à un vaste système de lois fondées sur l'unité de la mécanique universelle? C'est que, si l'on connaissait les mouvements des parties élémentaires d'un agrégat quelconque, de manière à les pouvoir calculer à un moment donné, soit dans le passé, soit dans l'avenir, avec la même certitude que les mouvements des corps célestes, la science humaine, au moins pour ce cas particulier, serait achevée : il ne resterait plus rien à expliquer. « Une intelligence qui, pour un instant donné, connaîtrait toutes les forces dont la nature est animée, a dit Laplace, et la situation respective des êtres qui la composent, si d'ailleurs elle était assez vaste pour soumettre ces données à l'analyse, embrasserait dans la même formule les mouvements des plus grands corps de l'univers et ceux du plus léger atome ; rien ne serait incertain pour elle, et l'avenir, comme le passé, serait présent à ses yeux. L'esprit humain offre dans la perfection qu'il a su donner à l'astronomie une faible esquisse de cette intelligence[1]. »

L'humanité pensante, on peut aujourd'hui l'affirmer, arrivera tôt ou tard à une conception purement mécanique de l'univers. Cela ne jettera guère de lumière, je le reconnais, sur les problèmes derniers des choses. Mais qui dissipera notre ignorance à cet égard ? Avec du Bois-Reymond, je la crois invincible. L'homme n'est pas fait pour connaître les causes, j'entends les causes dernières et trop complexes de ce qui arrive dans l'univers. Les phénomènes, pures hallucinations, simples représentations cérébrales, voilà le domaine où sa faible raison se trouve confinée. Si nous ne pouvons rien connaître de la constitution de la matière, comment parlerions-nous de la nature de cet univers ! A quoi riment nos idées de beauté, de sainteté et de vérité ? Nous croyons à la réalité de ces visions intérieures comme à celle du monde extérieur, voilà tout ; c'est un acte de foi qui, comme tous les actes de foi, ne repose que sur une illusion. Plus on diminuera l'empire de celle-ci, plus le monde appa-

---

1. *Théorie analytique des probabilités.* Paris, 1814, p. 3.

raîtra comme un problème de mécanique. Le grand nombre préférera toujours de voir la tapisserie par l'endroit : il croit aux couleurs qu'elle reflète comme à la lumière du soleil. J'estime qu'il vaut mieux regarder l'envers, suivre par le détail l'agencement de ses fils grossiers, et faire en quelque sorte toucher du doigt l'artifice naïf qui produit l'illusion.

DE L'ESPRIT

Ce n'est pas du livre d'Helvétius que je veux parler ; la tentation serait grande pourtant, et j'y céderai sans doute quelque jour, moins pour étudier le livre en lui-même que pour montrer le chemin parcouru depuis le milieu du dernier siècle. La route est longue; elle n'est pas, comme on pourrait croire, semée de précipices et creusée d'abîmes. Entre autres mérites, l'histoire des idées a celui de nous rendre plus équitables pour le passé; elle nous fait bien voir que, pour être posés dans d'autres termes, ce n'en sont pas moins les mêmes problèmes qui reparaissent de siècle en siècle ; elle fait surtout éclater, à travers le temps et l'espace, l'unité profonde et pour ainsi dire organique de l'esprit humain dans ses efforts les plus variés pour étreindre cette grande vision, la vérité, sorte d'ombre de lui-même qu'il projette dans l'infini et qui le fuit d'une fuite éternelle.

Ainsi, Helvétius qui dérivait de la sensibilité et

de la mémoire toutes nos idées et pensées, définissait la mémoire « une sensation continuée mais affaiblie ». C'est ce qu'on désigne aujourd'hui par les mots de « dispositions organiques ou fonctionnelles », de « résidus psychophysiologiques », de « modifications des éléments histologiques », cellules ou fibres nerveuses, etc. Un beau et savant livre d'Henry Maudsley, professeur à l'University College de Londres [1], un remarquable travail d'un physiologiste distingué, Ewald Hering [2], quelques pages de Jules Luys, un maître en ces études de physiologie psychologique, permettraient d'indiquer, entre tant d'autres écrits sur la matière, ce que pensent aujourd'hui de l'esprit les meilleures têtes philosophiques. Il est des questions plus relevées ; il n'en est pas qui conduise par une voie plus sûre à l'examen de problèmes supérieurs de l'intelligence.

Une première remarque importante, c'est que l' « esprit » ne saurait passer pour la fonction exclusive du cerveau. L'anatomie démontre, en effet, que cet organe n'est qu'une sorte de condensateur général de toute les énergies psychiques qui appartiennent, dans une certaine mesure, avec toutes les autres propriétés vitales, aux éléments anatomiques dont sont constitués les tissus vivants.

---

1. *Physiologie de l'esprit*, par Henry Maudsley. Traduit de l'anglais par Alexandre Herzen.
2. *Ueber das Gedæchtniss als eine allgemeine Function der organisirten Materie.*

Toutes les fonctions organiques sont représentées dans le cerveau. Sans doute, ce n'est que dans les centres nerveux encéphaliques que les trois sortes de fonctions par lesquelles on peut définir l'esprit — les fonctions affectives, intellectuelles et motrices — arrivent à un degré de différenciation assez nette pour être connues distinctement par ce qu'on nomme la conscience. Mais, comme tout est continu dans la nature, il est clair que ces fonctions mentales ne diffèrent qu'en degré, non en nature, des mêmes fonctions départies aux centres nerveux des sens, de la moelle épinière, du grand sympathique et, nous le répétons, à tous les éléments anatomiques innombrables qui entrent, comme autant d'unités individuelles, dans cette société si fortement organisée et centralisée qu'on appelle un animal.

Toute psychologie proprement dite doit donc reposer, non plus seulement sur cette psychologie de la moelle épinière qu'ont ébauchée Pflueger, Lewes, etc., mais sur la psychologie de la cellule, sur la psychologie cellulaire[1], ou plutôt sur celle des organismes infiniment plus simples d'où sont sorties, au cours des âges, les cellules animales et végétales. Aborder d'emblée l'étude des fonctions psychiques du cerveau humain serait se condamner de gaieté de cœur à n'y rien entendre. Quoique

---

1. V. dans la *Psychologie cellulaire* (1880), d'Ernest Haeckel, la théorie des plastides, du plasson et des plastidules, p. 15 à 69 de notre traduction.

adversaire des idées de Pflueger touchant certaines fonctions psychiques de la moelle épinière, Maudsley a signalé l'importance d'une étude de la moelle épinière à ce point de vue, « comme la prémisse indispensable à une saine intelligence des manifestations nerveuses plus élevées, et comme la seule base solide sur laquelle on puisse édifier une science véritable des phénomènes psychiques. » Mais le tissu nerveux, même des plus humbles ganglions, est déjà à ce point complexe, qu'il est comme l'abrégé de la nature entière. En outre, le tissu nerveux étant sorti par différenciation et par sélection de tous les tissus organiques qui le précèdent dans l'ordre de l'évolution, il suit que la plus haute énergie de la nature (Maudsley l'a noté avec profondeur) en est aussi en réalité la plus dépendante.

Ajoutez que l'esprit n'est pas la conscience. Qu'il y ait un organe de la conscience, une cellule ou un groupe de cellules centrales, par exemple, c'est une hypothèse abandonnée. La conscience, en effet, n'est qu'un état de l'esprit, un phénomène, ou plutôt un épiphénomène qui accompagne une certaine activité psychique, qui apparaît quand les éléments des centres nerveux encéphaliques déploient une énergie assez intense pendant une durée appréciable. Bref, la conscience n'est qu'une résultante et comme le dégagement éclatant et rapide de forces nerveuses lentement accumulées en silence.

La conscience ne sait rien directement des conditions organiques qui la produisent. Elle n'atteint pas les faits élémentaires des sensations, telles que les sons, les couleurs, et considère comme simple ce que la science décompose presque à l'infini; elle ne sait même pas localiser ses sensations; elle ignore la nature et le degré des modifications dont elle est elle-même affectée par les différents états de l'organisme, tels que l'usure des éléments, la composition du sang, le rythme du cœur, les sécrétions du foie, etc.

L'esprit est à tout instant assailli d'impressions qui, sans arriver à la conscience, n'en laissent pas moins des traces ineffaçables dans notre organisation psychique, des souvenirs latents qu'une congestion cérébrale quelconque, une fièvre, une intoxication, un rêve, réveillent et amènent à la conscience, qui s'étonne et ne les reconnaît point. M. Maudsley compare ingénieusement ces impressions non perçues à ces ondes de l'éther qui frappent en vain les milieux de l'œil parce que leurs vibrations sont trop rapides ou trop lentes. Nos idées générales ou abstraites elles-mêmes, en tant qu'elles résultent d'un travail secret de fusion des éléments dissemblables et de discrémination, se forment également et s'associent en groupes définis à l'insu de la conscience.

On peut donc affirmer que la plus grande partie du travail intime et profond de l'esprit s'accomplit sans que la conscience, qui ne connaît que les résultats, y ait en rien participé. De plus, chaque organisation mentale individuelle apporte avec soi des « dispositions » héréditaires, innées, qui sont comme la forme même de l'esprit, si bien qu'à l'activité inconsciente il faut ajouter l'activité préconsciente de l'esprit, activités qui dominent la conscience, qui déterminent ses opérations (tout autant que les conditions d'un phénomène déterminent ce phénomène), et dont la conscience ne possède pourtant aucune connaissance directe. Sans la conscience, un homme n'en serait pas une moins bonne machine corporelle et intellectuelle ; c'est, du reste, le cas de beaucoup d'hommes, et des plus intelligents eux-mêmes, durant les trois quarts de la vie. Aussi bien, cet automatisme est la meilleure condition de l'accomplissement correct des différentes actions du corps et de l'esprit ; l'intervention de la conscience ne fait souvent que causer des perturbations plus ou moins graves dans l'exercice de nos fonctions.

Quand le mécanisme de l'automate humain est bien monté, il n'accomplit pas seulement à notre insu toutes les fonctions, infiniment complexes et délicates, de la vie végétative ; il peut s'acquitter des fonctions ordinaires de relation. On connaît cette observation, rapportée par le docteur Mesnet, d'un militaire qui, consécutivement à un coup de feu reçu à la tête, à Sedan, tombait périodiquement dans des états d'inconscience pendant lesquels son *sensorium* cessait de percevoir les impressions du monde extérieur ¹. Dans la phase pathologique, absolument inconsciente, il allait et venait, évitant les obstacles placés sur son chemin; sinon il les tournait facilement après les avoir heurtés. *Il écrivait des lettres* à son général et à ses amis, il chantait avec goût des romances (il avait été chanteur dans un café des Champs-Élysées), il mangeait et buvait (sans discernement, il est vrai), il faisait des cigarettes, les allumait et les fumait, il s'habillait et se déshabillait aux heures réglementaires de l'hôpital Saint-Antoine. Cependant, la sensibilité générale était absolument éteinte : on pouvait traverser le derme avec une épingle et enfoncer une broche dans la profondeur des muscles, ou porter sur les bras, la poitrine, la face, les courants d'une forte pile électrique, sans que le malade manifestât autrement que par des contractions musculaires la perception de ces excitations. Ni l'ouïe, ni le goût, ni l'odorat, ni la vue (au moins en grande partie), n'existaient plus alors; seul, le toucher, un peu hyperesthésié même, persistait et permettait au malade de rester en rapport avec le monde extérieur. Cet état névropathique d'activité inconsciente, automatique, revenait, je le répète, périodiquement et pouvait durer jusqu'à trente jours. Je ne citerai qu'une scène d'hallucination provoquée par une illusion du tact, scène qui s'est d'ail-

---

1. *De l'automatisme de la mémoire et du souvenir dans le somnambulisme pathologique*, par le docteur Mesnet. (*Union médicale*, 1874, n° 87 et suivants.)

leurs renouvelée plusieurs fois dans les mêmes conditions.

« Le malade se promenait dans le jardin, sous un massif d'arbres; on lui remit à la main sa canne, qu'il avait laissée tomber quelques minutes avant. Il la palpe, promène à plusieurs reprises la main sur la poignée coudée de cette canne (qu'il prend pour un fusil), devient attentif, semble prêter l'oreille et, tout à coup, appelle : « Henri ! » Puis : « Les voilà ! Ils sont au moins une vingtaine. A « nous deux nous en viendrons à bout ! » Et alors, portant la main derrière son dos, comme pour prendre une cartouche, il fait le mouvement de charger son arme, se couche dans l'herbe à plat ventre, la tête cachée par un arbre, dans la position d'un tirailleur, et suit, l'arme épaulée, tous les mouvements de l'ennemi qu'il croit voir à courte distance. »

On le voit, cet automate agissait, pendant les accès de son mal, comme il aurait agi dans ses intervalles lucides, au moins pour la plupart des actions ordinaires de la vie. Les souvenirs inconscients de ses centres nerveux étaient intacts; les idées s'associaient dans l'ordre naturel, et les adaptations musculaires que manifestaient ses mouvements étaient sans doute d'une plus grande précision que jamais. « C'était dans la réserve des souvenirs latents, groupés suivant une direction primordiale et constituant en quelque sorte comme des lueurs phosphorescentes du passé, a écrit à ce sujet M. Luys, que les incitations motrices coordonnées se développaient automatiquement, comme on voit, chez les animaux décapités, des mouvements similaires s'exécuter en raison de la conservation de l'activité spinale automatique. » Le savant anatomiste compare, on le sait, à une sorte de « phosphorescence organique » la propriété que possèdent les éléments nerveux de persister, pendant un temps plus ou moins long, dans l'état vibratoire où ils ont été mis par les impressions du monde extérieur. Sa pratique journalière de la photographie, grâce à laquelle il a obtenu d'admirables reproductions de coupes des centres nerveux [1], n'a peut-être pas été sans influence sur cette conception, qu'il faut interpréter comme les vibrationcules de Hartley ou les empreintes cérébrales de Haller, c'est-à-dire comme une hypothèse ingénieuse.

Il est vrai que l'impression des images persiste quelque temps sur la rétine. Les expériences de Niepce de Saint-Victor avaient démontré que les vibrations de la lumière peuvent être en quelque sorte emmagasinées sur une feuille de papier et persister à l'état vibratoire pendant un temps plus ou moins long. « Que fait-on, demande M. Luys, quand on expose aux rayons lumineux une plaque de collodion sec, et que plusieurs semaines après

---

[1]. *Iconographie photographique des centres nerveux.* Paris, 1873. 2 vol. in-4°.

l'exposition à la lumière on développe l'image latente qu'elle contient? On fait apparaître des ébranlements persistants, on recueille un *souvenir* du soleil absent. Cette curieuse propriété que possèdent les substances inorganiques de pouvoir ainsi conserver une sorte de prolongation des ébranlements qui les ont tout d'abord mises en mouvement, se retrouve sous des formes nouvelles dans l'étude des phénomènes dynamiques de la vie des éléments nerveux. Ces éléments aussi sont doués d'une sorte de phosphorescence organique; eux aussi sont capables de vibrer et d'emmagasiner des impressions extérieures, de persister pendant un certain temps, comme dans une sorte de catalepsie passagère, dans l'état vibratoire où ils ont été incidemment placés, et de faire revivre à distance les impressions premières[1]. »

Ces idées très hardies, à coup sûr, n'ont pu étonner que ceux qui reculent devant une explication moniste de la nature. Si l'unité et la continuité des phénomènes cosmiques apparaissent de siècle en siècle avec plus d'évidence, le moyen de ne pas retrouver dans la vie générale de l'univers, je veux dire dans les grandes lois de l'attraction, de l'affinité, de la combinaison, bref, de toutes les forces naturelles, si constantes dans leur sublime uniformité, les rudiments des souvenirs inconscients des plantes et des animaux, fortifiés par des habitudes

1. Jules Luys. *Le Cerveau et ses fonctions*, p. 105 et suiv.

séculaires et fixés par l'hérédité ? La capacité de conserver une impression, cette faculté de rétention, comme l'appelle Maudsley, élément essentiel de la mémoire chez les êtres organisés, doit donc avoir ses racines, ainsi que s'exprime un philosophe italien, Tito Vignoli [1], dans les propriétés physiques des éléments cosmiques, et, dans l'univers comme chez l'homme, la répétition des mêmes actions doit avoir produit des habitudes. Telles seraient les révolutions périodiques du monde, la phase nébulaire, la phase de condensation des soleils et d'intégration des systèmes, la phase de désintégration et de retour à l'éternel chaos de l'abîme, — les trois actes de cette grande trilogie monotone qui toujours doit recommencer.

Mais, sans nous oublier dans ces contemplations, on peut citer encore, à l'appui de l'hypothèse d'une faculté de rétention des éléments nerveux et des idées de M. Luys, l'opinion si autorisée de Draper. « Il y a quelques expériences très simples, écrit le savant professeur de l'université de New-York, qui servent à faire comprendre ce que peuvent être les vestiges des impressions ganglionnaires. Si l'on met sur un métal froid et poli, par exemple sur une lame neuve de rasoir, un pain à cacheter, et qu'après avoir soufflé sur le métal on enlève le pain à cacheter, aucune inspection, si

---

1. *Della legge fondamentale dell'intelligenza nel regno animale. Saggio di psicologia comparata.* Milano, Dumolard, 1878.

minutieuse qu'elle soit, ne pourra faire découvrir la moindre trace d'une figure quelconque sur l'acier poli ; mais si l'on souffle de nouveau sur le métal, l'image spectrale du pain à cacheter reparaîtra, et cela aussi souvent qu'on voudra recommencer, même plusieurs mois après l'expérience. Une ombre n'est pas projetée sur un mur sans y laisser une trace durable... Sur les murs de notre chambre, là où nous croyons que nul n'a pu pénétrer, et que notre retraite est à l'abri de toute profanation indiscrète, il y a des vestiges de toutes nos actions, des silhouettes de toutes nos attitudes : tous nos mouvements y sont écrits[1]. »

Tous ces souvenirs, cela va de soi, sont inconscients. Hering insiste même sur ce point, que la mémoire ne doit pas être considérée comme une propriété de la conscience, mais bien plutôt de l'inconscience. Nos idées ou représentations des choses ne font que passer rapidement sur la scène de la conscience ; elles disparaissent bientôt pour faire place à d'autres et rentrent dans les coulisses. Or, dit très bien Hering, ce n'est que sur cette scène de la conscience que les idées sont des idées, de même que ce n'est que sur la scène d'un théâtre que l'acteur est roi. Quand elles ont disparu, les idées persistent, sans doute, mais non à l'état d'idées. Ce qui subsiste, c'est cette disposition

---

1. J. W. Draper, les *Conflits de la science et de la religion*, p. 95.

organique de la substance nerveuse grâce à laquelle l'idée pourra être de nouveau évoquée et reparaîtra comme une image spectrale.

Ainsi c'est dans les sombres et profonds abîmes de l'inconscience que s'agitent et tourbillonnent comme des ombres muettes tout ce monde d'idées innombrables, dont une partie insignifiante, *raræ nantes*, surnagera seule sur le vaste gouffre et arrivera un instant à la conscience. La mémoire du système nerveux sympathique n'est pas moins riche que celle du cerveau et de la moelle; et cependant aucun homme, même au cours de la plus longue vie, n'en a directement conscience. Mais pourquoi ne parler que de la substance nerveuse? Toute la matière organisée (et même celle qui ne l'est pas) manifeste les mêmes propriétés de rétention, quoique avec toujours moins de complexité : « L'expérience journalière nous apprend qu'un muscle devient d'autant plus fort qu'il travaille plus souvent. La fibre musculaire, qui d'abord répond faiblement à l'excitation transmise par le nerf moteur, le fait d'autant plus énergiquement qu'il est plus fréquemment excité, en admettant naturellement un intervalle de repos suffisant pour la réparation de l'organe. Après chaque action, le muscle est plus apte à l'action, plus disposé à la répétition du même travail, plus apte à la reproduction du même processus organique. Il gagne plus à l'activité qu'à un long repos. Nous avons ici, sous sa forme la plus simple, la plus rapprochée des conditions physiques, cette faculté de reproduction qui se montre sous une forme si complexe dans la substance nerveuse. Et ce qui est bien connu de la substance musculaire se laisse voir plus ou moins dans la substance des autres organes [1]. »

Qu'est-ce que l'hérédité, par exemple, sinon un souvenir, une mémoire spécifique, comme l'a appelée M. Ribot? Hering insiste aussi sur cet ordre d'idées. Toute cellule vient, on le sait, d'une cellule, par un mode de reproduction des plus élémentaires. Les cellules-filles héritent donc plus ou moins complètement des propriétés des cellules-mères. On s'explique ainsi que les propriétés de l'organisme maternel reparaissent dans le nouvel être qui, à l'état de germe, a fait partie de cet organisme et n'en est que la suite. Il devra donc réagir de la même manière au contact des excitations semblables ou analogues du milieu. Mais si l'organisme maternel transmet à l'organisme qui s'en est détaché comme un fruit mûr les propriétés acquises au cours de sa vie individuelle, c'est bien plus le cas encore, on le conçoit, pour celles de ces propriétés qui étaient innées chez la mère et que d'innombrables générations lui avaient transmises. Nul doute que ces impressions héréditaires ne se soient imprimées plus fortement dans la substance vivante du nouvel être que les impressions éprouvées par la mère durant l'espace d'une

1. Hering, *Ueber das Gedæchtniss*, p. 18.

seule vie. Tout être organisé nous apparaît donc aujourd'hui comme une production de cette mémoire inconsciente de la matière vivante qui, pour avoir revêtu d'innombrables formes à travers le temps et l'espace, n'en conserve pas moins le capital accumulé des souvenirs ancestraux.

C'est, par exemple, la reproduction fidèle, quoique sommaire, de ces lointains souvenirs, que nous présente l'évolution organique de toute plante et de tout animal. En se développant, le germe ou l'embryon parcourt rapidement une série d'états qu'ont traversés ses ancêtres, et dont la matière organisée a conservé la mémoire. Au sortir de l'œuf, on voit courir le jeune poulet, ce qui exige un concours immense de sensations et d'adaptations musculaires nécessaires à l'équilibre ; en outre, le jeune animal perçoit la forme, la couleur, la situation, l'éloignement de chacun des grains qu'on répand devant lui. A coup sûr, ce n'est pas dans l'œuf qu'il a acquis ce savoir consommé ! Ses vrais maîtres et éducateurs, ce sont ses ancêtres et les ancêtres de ses ancêtres qui, avec la forme et la substance des organes, lui ont transmis leurs habitudes ou leurs instincts héréditaires. Car c'est ainsi qu'il faut entendre ce mystérieux pouvoir : l'instinct est un souvenir ou un ensemble de souvenirs inconscients de la matière organisée. L'instinct ne diffère pas, d'ailleurs, de l'esprit ou de l'intelligence ; il se modifie et s'accroît avec les générations. L'animal apprend sûrement, l'oiseau bâtit mieux son nid, par exemple, la deuxième fois que la première.

L'homme doit apprendre ce que l'animal sait en naissant : c'est que son cerveau, à l'époque de la naissance, est bien plus éloigné de son développement que celui de l'animal. L'animal et, dans l'espèce humaine elle-même, les races inférieures, naissent avec une précocité qui fait songer à ces enfants prodiges dont le cerveau vient au monde trop vieux pour pouvoir se développer plus tard indéfiniment. Du reste, Hering en a fait la remarque : l'enfant pas plus que l'animal, ne doit à ses propres efforts les idées ou instincts héréditaires qu'il apporte en naissant ; c'est au travail cérébral, à l'élaboration des centres nerveux d'innombrables ancêtres que l'enfant doit les formes mêmes de son intelligence et le meilleur de sa raison. Toutefois avec les idées, l'homme hérite des besoins physiques, primordiaux, de toute vie sur cette planète. La faim et l'instinct sexuel courbent ce Titan vers la terre. Cette mémoire de la substance organique est la plus tenace de toutes ; aujourd'hui encore, elle enchaîne et dompte le plus sublime génie avec la puissance invincible d'une force élémentaire.

L'art et la science, ces plus hautes fleurs de l'arbre de vie, sont tard venus dans le monde. Chez l'individu, le système nerveux le mieux développé ne porte point longtemps la parure d'un grand et puissant esprit. L'évolution cérébrale, si elle continue jusque dans l'avenir le plus éloigné, étendra seule la durée de cette vie supérieure de l'intelligence humaine, qui est la plus haute conscience connue de l'univers.

LE SENS DES COULEURS

L'un des titres les plus glorieux de la science moderne est d'avoir établi que les formes sans nombre des organismes vivants, loin d'avoir rien de fixe ni d'immuable, se sont développées au cours des siècles et se transforment indéfiniment sous l'action des forces de la nature. Ce qui est vrai des organes l'est aussi des fonctions. A toute modification dans la forme et la structure d'un organe, correspond un changement dans l'activité fonctionnelle. Les organes des sens ont certainement varié comme les autres, mais les différences anatomiques y sont quelquefois presque imperceptibles et peuvent échapper à l'investigation directe : l'évolution ou l'involution des fonctions attestent au moins que l'organe s'est modifié. L'histoire du sens des couleurs paraît être un exemple frappant de ce que nous avançons.

I

La nature a-t-elle toujours apparu à l'homme sous les couleurs que nous connaissons ? A-t-il toujours vu le ciel, les arbres et la mer colorés des mêmes teintes que nous y percevons ? Dans ce grand théâtre du monde, où le décor et l'éclairage changent presque à chaque heure, a-t-il toujours été également sensible aux lueurs empourprées de l'aurore et du couchant, au vert tendre des jeunes pousses et à l'éclat intense des fruits mûrs ? Non, semble-t-il, et l'enfant, dont la sensibilité de la rétine se développe encore si lentement, du centre à la périphérie, l'enfant qui fixe avec tant de plaisir les couleurs vives alors qu'il reste indifférent aux nuances vagues et indécises, l'enfant nous est un sûr témoin de l'état par lequel ont dû passer nos plus lointains ancêtres.

A coup sûr, les vieux pères des races humaines actuelles, ces rudes anthropoïdes velus, aux oreilles pointues et mobiles, aux canines terribles, aux yeux protégés par une troisième paupière ou membrane nictitante, n'avaient point dans les forêts où ils vivaient, sur les arbres touffus où ils se suspendaient au moyen de leurs mains, de leurs pieds et de leur queue[1], une esthétique du goût, des odeurs, des sons et des couleurs qui se puisse comparer à la nôtre. Si leurs sens, comme ceux de beaucoup d'animaux, possédaient plus d'acuité que les nôtres, s'ils voyaient, s'ils sentaient et entendaient de plus loin, ils n'avaient vraisemblablement aucune idée de ce que nous nommons nuances, odeurs

---

1. Ch. Darwin, *la descendance de l'homme et la sélection naturelle*, I, 228-229 de la 2ᵉ édit. franç.

bonnes ou mauvaises, mélodie et harmonie. *L'activité élémentaire, spécifique, d'un sens, et la variété de ses fonctions, la différenciation progressive de toutes ses aptitudes, sont choses différentes et sans doute contraires.* On perd en force ce qu'on gagne en délicatesse.

Rapides et fugitives comme l'excitation qui les provoque, les manifestations fonctionnelles de l'organe de la vue, du sens des couleurs, par exemple, ne subsistent pour la postérité que si elles se fixent dans le langage. Toutes les expressions, tous les mots par lesquels les différentes langues ont noté ce genre d'impressions, voilà les matériaux qui nous restent pour construire l'histoire du sens des couleurs. M. Hugo Magnus, professeur d'ophthalmologie à Breslau, a tenté cette œuvre. Il a puisé chez un linguiste et un philosophe éminent, Lazare Geiger[1], un ensemble imposant de preuves qui lui ont paru de nature à établir que les hommes d'une certaine antiquité, à en juger par les parties anciennes de la Bible, des Védas, du Zend-Avesta et des poèmes homériques, n'ont pas vu dans la nature toutes les couleurs que nous y distinguons, ou, s'il les ont vues, ne les ont point notées, — ce qui impliquerait, en tout cas, qu'ils ont été plus sensibles à telles couleurs qu'à telles autres.

1. *Zur Entwickelungsgeschichte der Menschheit* (Stuttgart, 1871); *Ursprung und Entwickelung der menschlichen Sprache und Vernunft* (Stuttgart, 1872).

Si l'on pouvait acquérir ainsi la preuve que la notion de certaines couleurs, du vert ou du bleu, par exemple, n'a pas toujours été la même aux diverses périodes de l'humanité, qu'elle a subi au contraire de profondes transformations, on en conclurait que le sens des couleurs a évolué, et qu'avec la fonction la structure anatomique de l'organe a dû changer. M. Magnus admet que, à une certaine époque, l'homme sentait la lumière sans distinguer les couleurs à titre de perceptions distinctes de la sensation lumineuse. « Alors, écrit-il, la rétine humaine se trouvait sur toute son étendue dans un état analogue à celui que présente aujourd'hui la zone périphérique de cette membrane : dans ces régions, la rétine est encore insensible aux couleurs ; toute couleur y perd son caractère propre et n'apparaît plus que comme un gris plus ou moins clair. » Ajoutez les cas de cécité congénitale des couleurs, qui semblent bien être, ainsi que tout phénomène atavique, une sorte de souvenir organique de l'espèce.

Quand l'homme ne connaissait d'autres couleurs que le rouge et le noir, lorsqu'il confondait ou distinguait à peine le rouge du blanc, comme c'est le cas, selon L. Geiger, dans les hymnes du Véda, la rétine humaine n'était sensible qu'aux différents degrés d'intensité de la lumière et à l'absence de celle-ci. Le noir et le blanc jouent, on le sait, un rôle considérable dans la théorie des couleurs des anciens Grecs ; on admettait même que toutes les couleurs, depuis le rouge jusqu'au bleu, naissaient de leur mélange ou de leurs groupements atomiques dans l'espace. Ainsi le rouge résultait, pour Aristote, de la position respective d'atomes noirs et blancs. La notion primitive du clair et de l'obscur dominait encore inconsciemment l'esprit de l'homme. La sensation colorée, quoique perçue, paraissait un simple accident, un fait secondaire et subordonné, qui semblait réductible aux deux notions universelles du clair et de l'obscur qu'avait seules transmises la rétine durant les incalculables périodes où, sur toute sa surface, elle présentait la même insensibilité relative aux couleurs qu'elle présente aujourd'hui dans ses régions périphériques.

De cette nuance grise et uniforme qui, dit-on, enveloppait la nature pour nos lointains ancêtres, sortit peu à peu, par différenciation des éléments anatomiques de la rétine, d'abord la sensation du rouge et du jaune, ou du jaune et du rouge, c'est-à-dire des couleurs qui correspondent aux ondes d'éther les plus longues et les plus puissantes. « Toutes les autres couleurs, dit M. Magnus, étaient alors aussi invisibles à l'œil humain que l'est encore aujourd'hui l'ultra-violet. » Ainsi, dans les poèmes homériques, il n'est question que du rouge et du jaune, jamais du vert des plantes ni du bleu du ciel[1]. De même, ni les hymnes antiques du Véda,

---

1. Gladstone, *Studies on Homer and the Homeric age*, et sur-

où l'on parle tant d'aurores, de soleil et de ciel, ni le Zend-Avesta, ni l'Ancien ni le Nouveau Testament ne font mention du ciel bleu.

Du jaune pâle on voit naître, au cours des âges, la notion des tons clairs du vert; de l'idée générale de l'obscur, celle du vert sombre. Le bleu sombre s'est également développé de cette idée, tandis que le bleu clair se dégageait du gris clair.

Une loi domine toute cette évolution du sens des couleurs. On l'a sans doute déjà remarqué, la sensibilité aux diverses couleurs s'est développée dans l'ordre où apparaissent les différentes couleurs du spectre solaire. Les couleurs les plus riches en intensité lumineuse, le jaune et le rouge, ont dû être perçues avant celles qui le sont le moins, telles que le vert et le bleu.

Une autre preuve, et la plus convaincante de toutes, de la réalité historique de cette évolution, M. Magnus la trouve dans les descriptions les plus anciennes de l'arc-en-ciel [1]. Ce météore étant aujourd'hui ce qu'il était à l'époque des rhapsodes homériques, il est facile de constater combien notre sens des couleurs, en quelques milliers d'an-

---

tout le récent travail que cet homme d'État a publié dans une revue anglaise (*The nineteenth century*. N° 8, oct. 1877, p. 336-388), sur le sens chromatique d'Homère, et dont une traduction allemande a paru sous le titre *Der Farbensinn* (Breslau, Kern, 1878).

1. Hugo Magnus, *Die Entwickelung des Farbensinnes* (Iéna, 1877), dans les Mémoires de Physiologie que publie Preyer, 1re série, 9e partie.

nées, semble s'être étendu et surtout perfectionné. Dans l'*Iliade*, l'arc-en-ciel reçoit uniquement l'épithète de rouge, de pourpre. Le rouge, en effet, est, avec le blanc, le noir et le jaune, la couleur qui domine dans ces vieux poèmes ioniens. Mettons, si l'on veut, que le poète ait aperçu d'autres couleurs dans l'arc-en-ciel : il a nécessairement noté la nuance qui, pour lui, caractérisait surtout ce phénomène. M. Magnus, qui ne fait pas d'ailleurs cette concession, rapproche de l'épithète homérique le mot qui sert aux Arabes pour désigner l'arc-en-ciel : le même mot, dont le sens est « rouge », s'emploie également pour désigner l'aurore et le couchant. Encore à la fin du sixième ou au commencement du septième siècle avant notre ère, Ezéchiel (I, 26-28) ne paraît avoir été sensible qu'aux couleurs les plus brillantes de l'arc-en-ciel : c'est bien l'impression des lueurs rouges et incandescentes d'un métal en fusion que le météore a laissée dans son esprit.

Mais bientôt les philosophes grecs signalent trois couleurs dans l'arc-en-ciel. Xénophane y a discerné ce qu'il appelle le pourpre, le rouge et le jaune-vert. Quelques siècles plus tard, Aristote y note ce que nous appelons les trois couleurs fondamentales, le rouge, le vert et le bleu ou le violet : il a donc aperçu toutes les couleurs que nous distinguons aujourd'hui dans le météore; mais il ne possédait qu'une vague idée des couleurs de transition qu'il attribuait, comme le jaune, par exemple, à des effets de contraste. Vers la fin de l'antiquité et au moyen âge, les savants distinguaient les milliers de couleurs qui apparaissent dans l'arc-en-ciel. Ce n'est cependant que dans les temps modernes, en vertu de la différenciation continue des sensations, qu'on a décrit avec exactitude chacune des nuances innombrables du spectre solaire.

Le sens des couleurs a-t-il achevé son développement, atteint sa plus haute perfection ? M. Magnus ne le croit pas, et il est difficile d'être d'un autre sentiment. Les mêmes influences extérieures qui ont façonné la rétine, qui l'ont faite ce qu'elle est, continueront de la modifier ; le champ de la vision s'étendra ; et puisque le sens chromatique, par une évolution continue, est arrivé à percevoir les principales nuances, du rouge au violet, il est dans la nature des choses qu'il pénètre plus avant encore dans les régions de l'extrémité sombre du spectre, et qu'il finisse par donner à l'humanité la claire conscience de l'ultra-violet.

L'auteur de l'*Histoire de l'évolution du sens des couleurs* a résumé les résultats de son étude dans les trois lois suivantes :

I. Dans l'histoire de l'évolution de l'homme, il y a une période durant laquelle le sens de la lumière a seul existé, le sens des couleurs faisant encore complètement défaut.

II. Le sens des couleurs est sorti à l'origine, par voie de développement, du sens de la lumière : l'excitation incessante des éléments sensibles de la rétine sous l'influence de la lumière, a peu à peu augmenté et perfectionné l'aptitude fonctionnelle de cette membrane, si bien qu'elle en est arrivée à distinguer et à sentir, dans les rayons lumineux, non plus seulement leur intensité, mais aussi leur couleur.

III. Le temps dont les différentes couleurs ont eu besoin pour affecter la rétine, en tant qu'impressions spécifiques, est en raison inverse de la quantité de force vive qu'elles possèdent. En d'autres termes, plus la quantité de force vive d'une couleur est grande, plus tôt cette couleur est parvenue à être sentie par la rétine; plus elle est petite, plus la rétine a mis de temps à la distinguer et à la sentir. Il a donc fallu moins de temps aux couleurs d'une forte intensité lumineuse, et plus de temps à celles d'une intensité moindre pour affecter la rétine et faire naître en elle une sensation d'une nature spéciale.

Les objections qu'on peut faire à cette théorie sur l'origine et le développement du sens des couleurs sont naturellement fort nombreuses. Il n'est point de théorie, d'essai d'explication systématique des choses, qui n'ait la vertu d'en faire naître par centaines. Cela prouve que notre esprit n'est pas adéquat aux choses et qu'il ne les peut toutes tenir sous son regard; voilà tout. Cela ne prouve pas que la théorie ne soit pas bonne. Pour qu'elle passe — et elle passera — il faut qu'une autre plus compréhensive la remplace.

La théorie de M. Magnus repose, en ce qu'elle a de positif, sur des mots, sortes de médailles frustes où s'est imprimée la pensée des anciens hommes. Mais, outre qu'on pourrait insister sur l'incertitude de l'âge des documents et du sens véritable des mots qui servent de fondement à la théorie, les recherches de l'auteur ont le tort de n'embrasser que les antiquités écrites de deux grandes races, les Sémites et surtout les Aryens, et de laisser en dehors toutes les autres, même celles de l'extrême Orient et de l'Amérique ancienne, voire certaines familles très importantes de la race sémitique, telles que les Égyptiens, les Babyloniens et les Assyriens. A la vérité, c'est le sort de toute étude d'ensemble à une époque où, en dehors du monde classique, le domaine de la philologie est encore si peu assuré, si mouvant par places. Là où Geiger et Gladstone ont erré, M. Magnus a pu s'égarer.

Il n'a pourtant pas si mal vu qu'on l'a dit.

Tous ceux qui ont quelque teinture de la littérature hébraïque conviennent que les Hébreux semblent n'avoir distingué qu'un petit nombre de couleurs ; mais enfin ils connaissaient, outre le blanc et le noir, le rouge, le rouge brun, le jaune, le jaune vert, le vert, le bleu et la pourpre violette. Au plus ancien livre d'histoire de ce petit peuple sémitique, on peut même noter la mention du vert[1], de la verdure des champs et des arbres. Dans les textes cunéiformes, tant assyriens qu'arcadiens ou sumériens, c'est-à-dire sémitiques et non sémitiques, cinq idéogrammes principaux expriment

---

1. *Gen.*, I, 30 ; IX, 3.

les notions de couleur : le blanc, le noir, le jaune et le vert, le rouge, le bleu¹.

Ce qui est bien caractéristique, c'est que, dès la plus haute antiquité, les planètes semblent avoir été désignées en Babylonie par les noms des couleurs qu'elles rayonnent : Vénus est l'« étoile blanche », Saturne, l'« étoile noire », « obscure », Mars, l'« étoile rouge », Mercure, l'« étoile bleuâtre ». Nos souvenirs classiques nous rappellent les murailles d'Ecbatane, qui offraient aux yeux les couleurs des sept corps sidéraux², et les fouilles de sir Henry Rawlinson à Babylone ont établi que les sept étages de la tour de Borsippa portaient des revêtements aux couleurs symboliques des sept planètes, disposés dans cet ordre de bas en haut : noir (Saturne), blanc (Vénus), pourpre (Jupiter), bleu (Mercure), vermillon (Mars), argent (la lune), et or (le soleil). La *ziggurrat* du palais assyrien de Khorsabad avait également, d'après les recherches de MM. Place et Thomas, sept étages aux couleurs planétaires.

Il faut reconnaître que, dans ce domaine de la philologie et de l'archéologie orientales, on arrive à des résultats analogues à ceux où sont parvenus Geiger et Gladstone en étudiant, au point de vue qui nous occupe, les Védas, l'Avesta et les poèmes homériques. En hébreu, comme en assyrien, les

---

1. Voir dans le *Journal asiatique* (août-septembre 1877), p. 116-57, les *Études cunéiformes* de M. François Lenormant.
2. Hérod., I, 98.

désignations du jaune et du vert se confondent souvent, et la notion du bleu s'est certainement dégagée à la longue de celle des teintes sombres et obscures[1]. Le mot assyrien (*sâmu*) qui signifie « bleu », bleu foncé tirant sur le noir, ou gris, peut être rapproché de mots arabes et araméens qui signifient « être noir », « noirceur », brun rouge », « sombre » : ce dernier sens se rencontre expressément dans le pronostic d'une tablette astrologique assyrienne, où l'on lit : « nuage sombre. »

On le voit, si certains faits semblent infirmer la thèse du physiologiste allemand, d'autres faits, négligés par lui, paraissent la confirmer.

II

C'est désormais une remarque vraie que toutes les couleurs de l'extrémité sombre du spectre, à partir même du vert, sont bien plus rarement mentionnées que celles de l'extrémité lumineuse dans les plus anciens monuments écrits. Tous les raisonnements des adversaires de l'évolution du sens chromatique dans l'humanité n'expliqueront jamais pourquoi ni la verdure des végétaux, ni la couleur bleue du ciel n'ont pas été notées dans les hymnes védiques, dans l'Avesta, dans les poèmes homériques. Quand le vert et le bleu ont

---

1. En arabe vulgaire, selon Pelgrave, les noms qui signifient *vert*, *noir* et *brun* sont constamment confondus.

été distinctement perçus, on les a désignés par des mots qui, dans le principe, rappelaient à l'esprit de tout autres notions. Voilà des faits.

Aujourd'hui encore, pourquoi discernons-nous si mal certaines nuances du bleu et du violet? Ce qui nous semble vague et indécis dans les couleurs de l'extrémité sombre du spectre apparaîtra sûrement à nos descendants avec la même netteté que le rouge ou le vert, ainsi que c'est déjà le cas pour des yeux exercés. Ce n'est qu'à une période avancée de son développement, après avoir d'abord confondu le blanc et le rouge, puis perçu distinctement le rouge et le jaune, que le sens chromatique devint nettement sensible aux couleurs d'une intensité lumineuse moyenne, aux différentes nuances du vert, du bleu et du violet. « En somme, a écrit M. Magnus, l'évolution historique du sens des couleurs a eu lieu de telle sorte que, suivant une marche parallèle à l'ordre dans lequel se présentent les couleurs du spectre, après avoir commencé par percevoir les couleurs de l'intensité lumineuse la plus vive, il s'est acheminé progressivement, toujours dans l'ordre où se succèdent les couleurs d'une intensité lumineuse décroissante, du vert au bleu, du bleu au violet. »

Quelle est la raison de ce parallélisme observé entre le développement historique du sens des couleurs et l'ordre où apparaissent les divers rayons du spectre solaire?

Selon nous, c'est une hypothèse insoutenable

que celle qui explique ce fait par les progrès de l'attention et de la réflexion. Sans doute, à regarder un objet attentivement, on y découvre mille particularités qu'on n'y avait pas aperçues; mais si les formes et les couleurs de cet objet nous sont mieux connues à la longue, c'est qu'elles éveillent dans notre esprit le souvenir de qualités correspondantes, antérieurement perçues et fixées dans la trame organique de nos centres nerveux. On ne saurait faire de l'attention un phénomène primordial. Ce n'est pas ainsi que procède l'esprit de l'homme; ce n'est pas ainsi que procède la nature dans l'élaboration des sens, et, partant, dans la genèse des idées. La structure de notre esprit, comme celle de notre corps, est l'œuvre de la nature; et, quoique rien ne ressemble moins à la nature que l'idée que nous nous formons d'elle, elle n'en est pas moins l'auteur des conditions sous lesquelles nous nous la représentons. Ce qu'on nomme l'attention, l'éveil d'une partie ou de toutes les forces vives de l'intelligence, est un phénomène secondaire, subordonné à une excitation centrale ou périphérique. C'est le monde extérieur qui, par son action incessante sur nos organes des sens, a fait apparaître dans la conscience cette image de la nature que chacun y découvre.

Je répète, et je démontrerai bientôt que cette image est purement subjective; on pourrait l'appeler une hallucination. La cause inconnue qui l'a produite n'en est pas moins venue du dehors, non du dedans, et l'évolution psychique est bien une suite de l'évolution organique. Ce que nous appelons la couleur verte des végétaux et la couleur bleue du ciel n'a certes pas existé avant qu'un œil l'ait perçu; loin de s'imposer peu à peu à l'attention de l'homme comme des réalités méconnues, les vibrations de l'éther auxquelles ces nuances correspondent avaient dû déjà façonner la rétine, différencier ses éléments anatomiques, l'amener au point de délicatesse suffisante pour transformer en sensations des impressions jusqu'alors trop faibles pour retentir jusqu'à la conscience. C'est dans ce sens qu'il faut entendre ces paroles de M. Magnus :

« Quand nous parlons d'une époque où les couleurs faisaient entièrement défaut, il est clair que nous n'entendons ces mots que dans un sens subjectif. Au point de vue objectif, les couleurs ont existé à toutes les périodes historiques et préhistoriques ; le bleu du ciel, la couleur verte des plantes, l'éclat varié des fleurs existaient aussi bien aux âges les plus reculés que de notre temps. Alors, comme aujourd'hui, les atomes de l'éther étaient emportés dans les ondes rapides du rayon violet, tandis qu'ils étaient plus doucement bercés dans celles de la lumière rouge. Seulement la rétine humaine n'a pas toujours été également apte à réagir d'une manière appropriée selon ces différences dans la durée des vibrations et à les traduire en sensations spécifiques. On ne peut parler d'un temps où les couleurs faisaient défaut que si, par là, on entend une époque où la rétine, sensible à la grandeur et à l'amplitude des ondes éthérées qui venaient l'ébranler, n'était pourtant pas encore capable de saisir et de fixer dans sa trame la durée de ces oscillations de la lumière pour les transformer en sensations distinctes. »

Ce qui rendrait très vraisemblable l'hypothèse que le sens des couleurs est sorti d'un état d'insensibilité relative de la rétine aux couleurs, en tant que perceptions distinctes et spécifiques, c'est le principe, général en morphologie, que tous les organes se sont élevés, selon une évolution progressive, d'un point de départ originel relativement très bas à un perfectionnement de plus en plus haut. Seulement, cette évolution des organes des sens, loin de commencer avec l'humanité, s'achève chez l'homme, et il paraît impossible qu'un organe aussi différencié que la rétine des anthropoïdes n'ait pas été sensible à des impressions qui sont perçues par presque tous les êtres de la série animale.

Des réactions sous l'influence de la lumière se manifestent déjà dans le protoplasma[1]. « Comme il existe certains organismes inférieurs sensibles à la lumière, dit Darwin, bien que l'on ne puisse découvrir chez eux aucune trace de nerf, il ne paraît pas impossible que certains éléments du

---

1. Carl Gegenbaur, *Manuel d'anatomie comparée*, p. 28.

sarcode dont ils sont en grande partie formés, puissent s'agréger et se développer en nerfs doués de cette sensibilité spéciale[1]. » Ainsi, bien avant l'apparition d'un nerf optique rudimentaire, la matière organique sent inconsciemment l'action du jour et de l'obscurité ; c'est à cette simple distinction que se borne le sens de la vue chez certains êtres dont l'organe visuel est constitué par des amas de cellules pigmentaires dépourvues de tout nerf et reposant sur les tissus sarcodiques. « L'organe le plus simple auquel on puisse donner le nom d'œil, dit encore Darwin, consiste en un nerf optique entouré de cellules de pigment et recouvert d'une membrane transparente, mais sans lentille ni aucun autre corps réfringent. »

Déjà, chez les Méduses, les *corpuscules marginaux* (organes sensitifs) semblent être parfois des amas de pigment « renfermant un corps transparent réfringent, semblables à ces organes qui, chez les animaux supérieurs, constituent l'appareil terminal du nerf de la vision[2]. » Chez beaucoup de vers inférieurs, à la place où d'autres, comme les larves d'Ascidies, possèdent des yeux distinctement développés, on n'observe que des taches de pigment situées symétriquement sur le cerveau, ou dans son voisinage, d'où ils reçoivent des ramifications nerveuses. L'éminent anatomiste

1. Darwin, *l'Origine des espèces*, trad. sur la 6ᵉ édit. anglaise, p. 196.
2. Carl Gegenbaur, *Manuel d'anatomie comparée*, p. 123-124.

Gegenbaur fait, à propos des yeux des Hirudinées, cette remarque profonde : « Leurs yeux, dit-il, concordent si fort par leur structure avec les conformations cupulifères que nous avons rencontrées comme des organes du tact, qu'on ne saurait immédiatement les rapprocher des yeux d'autres Annelés. Il semble qu'il y a là un état où un organe sensitif spécifique se développe d'organes de sensation indifférents, prenant naissance dans les téguments. »

Ces petites dépressions, que l'on vient d'appeler conformations cupulifères, peuvent servir à concentrer les rayons lumineux et à en rendre la perception plus facile. « Cette simple concentration de la lumière constitue le premier pas, mais de beaucoup le plus important, vers la constitution d'un œil véritable, susceptible de former des images ; il suffit alors, en effet, d'ajouter l'extrémité nue du nerf optique qui, chez quelques animaux inférieurs, est profondément enfouie dans le corps, et, chez quelques autres, plus près de la surface, à une distance déterminée de l'appareil de concentration, pour que l'image se forme sur cette extrémité[1]. » Parmi les Échinodermes, on ne connaît d'organes de vision que chez les Astérides : les yeux des Astéries sont placés au sommet des bras, que ces animaux portent ordinairement relevés, tournés vers la lumière.

---

1. Darwin, *l'Origine des espèces*, p. 197.

Chez les Arthropodes et chez les Mollusques, les fibres du nerf optique sont, comme chez les Vertébrés, en connexion avec un appareil percepteur constitué par des baguettes, par des bâtonnets cristallins en forme de massues, de cônes renversés, dont la réunion forme des yeux à facettes. L'œil des Céphalopodes atteint un développement qui, au premier abord, ferait songer à l'œil des Vertébrés. Et, en effet, lors même qu'on insiste plus sur les différences que sur les ressemblances, cet organe « paraît être essentiellement construit sur le même type que les yeux les plus développés des animaux inférieurs, tels que ceux des Mollusques. » Gegenbaur, dont c'est le sentiment, admet pourtant que, par sa position, par l'ensemble de son développement et par les conditions de sa structure histologique, l'œil des Vertébrés se rattache à un tout autre type. Il n'en est pas moins vrai que chez notre plus lointain ancêtre direct, chez l'Amphioxus, l'œil rappelle celui des Vers : il ne consiste qu'en une tache de pigment reposant immédiatement sur le système nerveux central [1].

Voilà, en ses traits principaux, les origines d'un organe qui, pour être un instrument d'optique fort imparfait, n'en est pas moins le chef-d'œuvre de la nature. Cette merveille, la plus curieuse peut-être

1. « La propriété absorbante qu'exerce sur la lumière le pigment peut provoquer des *perceptions confuses de clair et d'obscur*, ou certaines excitations infiniment éloignées de ce que nous appelons « voir », et qui peuvent n'être produites que par les rayons calorifiques de la lumière. » Gegenbaur, *l. l.*, p. 55.

qu'on rencontre sur la terre, a longtemps été pour les causes-finaliers ce que sont les miracles pour les villes de Lourdes et de la Salette : à montrer la prodigieuse industrie de la Providence dans la fabrique des yeux, les professeurs de philosophie ont recueilli honneur et profit : ç'a été le plus clair de leurs revenus. Mais Darwin, qui a bien senti l'importance capitale de l'œil dans l'histoire de l'évolution organique des êtres, n'a pas en vain concentré toutes les forces de son génie sur ce difficile problème.

« Si l'on réfléchit, dit-il, à tous les faits relatifs à l'immense variété de conformation qu'on remarque dans les yeux des animaux inférieurs ; si l'on se rappelle combien les formes actuellement vivantes sont peu nombreuses en comparaison de celles qui se sont éteintes, il n'est plus aussi difficile d'admettre que la sélection naturelle a pu transformer un appareil simple, consistant en un nerf optique recouvert d'un pigment et surmonté d'une membrane transparente, en un instrument d'optique aussi parfait que celui que possède n'importe quel membre de la classe des Articulés. Quiconque admet ce point ne peut hésiter à faire un pas de plus : il doit admettre que la sélection naturelle a pu produire une conformation aussi parfaite que l'œil de l'aigle, bien que, dans ce cas, nous ne connaissions pas les divers états de transition. »

La lumière, c'est-à-dire l'excitation produite sur

la matière organisée par la force mécanique des vibrations de l'éther, voilà le grand Artiste qui a produit, avec l'organe de la vision, le sens de la lumière et celui des couleurs. La lumière, voilà le créateur qui entretient et augmente indéfiniment la vie et la puissance de l'œil. L'obscurité ou le défaut d'usage atrophie au contraire cet organe, comme on le voit chez certains parasites, chez les mollusques à l'état fixe et chez les animaux qui vivent loin des rayons du soleil.

L'œil a certainement été sensible à la quantité avant de l'être à la qualité de la lumière, c'est-à-dire à ses différentes couleurs. La physiologie comparée démontre que toute matière animée, végétale ou animale, est sensible aux diverses intensités lumineuses des différentes régions du spectre. Ainsi, chez des sensitives placées dans des lanternes en verres de couleur, on voit « les pétioles s'abaisser et les folioles s'étaler dans les lanternes violettes, bleues, et même vertes ; il y a, au contraire, redressement exagéré et demi-fermeture dans les lanternes jaunes et rouges. Dans les rayons d'un spectre électrique, on voit se dresser rapidement les pétioles de celles qui sont dans le jaune et dans le rouge[1]. »

Dans le règne animal, Ehrenberg dit du *Volvox globator*, sorte de polypier formé d'individus situés

---

[1] *Comptes rendus des séances* et *Mémoires de la Société de biologie*, tome Ier de la Ve série, p. 219.

dans l'épaisseur et à la surface d'une membrane sphéroïde, creuse, remplie d'eau à l'intérieur, que « si l'on plonge dans l'eau un corps bleu ou rouge, on observe au microscope une grande agitation autour des masses arrondies... Cette agitation résulte de l'action commune de tous ces animaux qui, comme les bêtes d'un troupeau ou des bandes d'oiseaux, ou encore comme des foules d'hommes qui chantent et dansent, suivent un rythme commun et adoptent une même direction sans obéir à un commandement et sans avoir une claire conscience de ce qu'ils font. On voit ainsi nager tous ces polypiers (vers l'objet coloré). L'observateur le plus enthousiaste comme le plus froid reconnaît ici un instinct de sociabilité qui pousse ces animaux à employer leurs forces et à se dévouer à une œuvre commune. Mais cela demande une activité intelligente ; rien n'autorise à la juger insignifiante : on est seulement tenté de le faire. On ne doit d'ailleurs jamais oublier que tous ces infusoires ont des organes sensitifs que l'on peut comparer aux yeux : ils ne s'agitent pas dans l'eau à l'aveugle. Citoyens d'un monde très étendu où nos sens ne peuvent guère pénétrer, ils partagent avec nous, quoi qu'en pense notre orgueil, la jouissance d'une existence riche en sensations [1]. »

Des animaux aussi éloignés de nous que pos-

---

[1]. *Die Infusionsthierchen als vollkommene Organismen* (Leipzig, L. Voss, 1838, in-fol.), p. 69-70.

sible, et par leur constitution générale et par la structure de leur œil, des Daphnies, petits crustacés presque microscopiques, ont été placés par M. Paul Bert dans un vase obscur où la lumière ne pénétrait que par une fente étroite. Il fait tomber sur cette fente une région quelconque du spectre : les Daphnies, qui nageaient indifféremment dans toutes les parties du liquide, se rassemblent aussitôt en foule dans la direction du rayon lumineux, que ce rayon soit rouge, jaune, vert, bleu ou violet. Quant aux rayons que nous ne voyons pas, l'ultra-violet ou l'ultra-rouge, ces animaux y sont également insensibles. Il y a plus ; l'intensité relative des sensations lumineuses dans les diverses régions du spectre se trouve être la même chez les Daphnies et chez l'Homme.

L'ingénieux physiologiste français a varié les expériences et les observations pour bien établir ce fait. Si, sur la fente du vase obscur, on fait tomber successivement les rayons du spectre, depuis le rouge jusqu'au violet, les Daphnies accourent bien plus vite quand ce sont des rayons jaunes ou rouges que lorsque les rayons sont bleus et surtout violets. D'autre part, si, dans une cuve à glaces parallèles, où nage tout un peuple de Daphnies, on projette à la fois tous les rayons du spectre, la plupart de ces petits crustacés se groupent dans les régions du spectre qui vont de l'orangé au vert ; on en voit encore un certain nombre dans le rouge, il y en a beaucoup moins dans le bleu ; à mesure qu'on avance vers l'extrémité la plus réfrangible, vers le violet, ils deviennent de plus en plus rares : au delà du rouge et du violet, c'est la solitude. On doit donc conclure que, entre la matière nerveuse de certaines terminaisons périphériques et celle de certains centres ganglionnaires d'un côté, et la force vive des vibrations éthérées de l'autre, « il existe des relations telles que, chez tous les animaux, cette force vive puisse se transformer en une impression et donner naissance à une sensation et même à une perception identique pour chaque rayon pris en particulier [1]. »

Ce que nous voulons retenir de ces expériences, c'est que tous les animaux, et ceux-là même qui diffèrent le plus de nous par la structure de leur organe visuel, présentent la même sensibilité aux diverses intensités lumineuses des différentes régions du spectre. Le jaune et le rouge, le vert, le bleu, le violet, telle est, en tout le règne animal, l'échelle physiologique de la sensibilité aux diverses intensités lumineuses que nous appelons couleurs. Quel plus fort argument contre la théorie de MM. Geiger, Magnus et Gladstone ? C'est l'objection capitale qu'ont faite à la théorie MM. Grant Allen[2], Marthy[3], et tous ceux qui se sont évertués à la ré-

---

1. *Die Infusionsthierchen als vollkommene Organismen*, p. 247-8. Cf. t. III de la Ve série, p. 70.
2. *The colour sense, its origin and developpement.*
3. *Die Frage nach der geschichtlichen Entwickelung des Farbensinnes.* (*Wien*, 1879.)

futer. Oui, le sens des couleurs semble bien être le même dans la série animale tout entière. Les invertébrés visiteurs de fleurs et les vertébrés mangeurs de fruits qui doivent, dit-on, leur coloration à la *mimicry*, à leur nourriture et à la sélection sexuelle, ont dû voir le monde sous les mêmes couleurs, et l'homme, qui descend d'un quadrumane, et qui a sûrement hérité de l'organisation, des habitudes et des goûts de ces arboricoles, a dû posséder de tout temps un sens de la couleur très développé. Il ne l'a donc pas acquis depuis quelques milliers d'années.

Nous n'avons pas à défendre M. Magnus contre M. Grant Allen, qui ne nie pas d'ailleurs que le sens de la couleur n'ait subi, comme tous les autres sens, une évolution dans notre espèce ; nous ferons seulement observer qu'autre chose est d'être sensible aux différents degrés d'intensité lumineuse, c'est-à-dire à la quantité de la lumière, autre chose de percevoir, de posséder une conscience claire de la qualité subjective des rayons lumineux, de leur coloration propre. Rien ne prouve que les Daphnies, qui sentent si bien les couleurs, les *perçoivent* comme telles. Il en faut dire autant des poissons et des crustacés qui prennent souvent les couleurs, on le sait, des objets qui les environnent.

Cette distinction faite, il reste à examiner par quel processus physiologique la rétine humaine est arrivée à sentir, par une sensation propre et spécifique, outre la quantité, la qualité de la lumière, c'est-à-dire ses couleurs différentes, et le jaune ou le rouge plutôt que le vert, le bleu et le violet. « Les particules de l'éther qui, éternellement en mouvement, rebondissent contre la rétine et l'ébranlent avec plus ou moins de force, dit M. Magnus, en provoquant une excitation constante sur les éléments sensibles de cette membrane, ont élevé peu à peu la nature de son activité et perfectionné son aptitude fonctionnelle. Nous ignorons encore comment ce processus a eu lieu, par quelles modifications organiques la rétine s'est élevée d'un état rudimentaire de ses fonctions à un degré d'élaboration supérieure. Tout ce qu'on sait actuellement, c'est que l'effet de la lumière suffit pour produire réellement des modifications organiques de la rétine[1]. »

La force plus ou moins grande avec laquelle les ondes éthérées ébranlent les éléments sensibles de la rétine, voilà donc quelle serait la cause, toute mécanique, de l'origine et des progrès du sens des couleurs. D'abord presque insensibles aux excitations des couleurs, ces éléments, sous l'influence du choc incessant des particules matérielles de l'éther, se sont peu à peu différenciés et ont atteint le degré de délicatesse suffisant pour réagir à la suite des diverses impressions produites par les rayons colorés. Les couleurs de l'extrémité lu-

1. Cf. Kühne, *Zur Photochemie der Netzhaut*, Heidelberg, 1877.

mineuse du spectre possédant plus d'intensité ou de force vive que celles de l'extrémité sombre, c'est du rouge au violet que les sensations colorées sont arrivées à la conscience.

Il en est du sens des couleurs comme de tous les autres : la conscience plus ou moins claire qu'ils nous procurent des changements du monde extérieur, est en raison directe de l'intensité des excitations mécaniques des choses sur nos organes. La sensation et la perception ne sont que le côté subjectif d'une impression, la traduction intellectuelle d'un processus physique ; celle-là varie nécessairement avec celui-ci, ou plutôt elle n'en est que la transformation. Nul doute que les ondes de l'éther, qui heurtent à chaque instant les milieux de l'œil, n'aient laissé une trace d'autant plus profonde qu'elles possédaient plus d'énergie et de force vive. Voilà pourquoi le jaune et le rouge ont été distinctement perçus avant le bleu et le violet.

III

A la vérité, l'intensité de la sensation lumineuse ne dépend pas seulement de la force vive des oscillations de l'éther, elle dépend aussi de la durée de ces oscillations. Autrement, et en vertu même de la loi générale de la conservation des forces, c'est dans la couleur la plus intense du spectre, dans le jaune, que la chaleur qui se développe par l'absorption de la lumière devrait être la plus élevée. Or le maximum de chaleur est au delà du rouge extrême, en un point où l'œil ne perçoit plus la lumière. Le maximum de la lumière ne se trouve donc pas là où existe le maximum de la chaleur[1]. On pourrait comparer, avec Helmholtz et Tyndall, les rayons violets et les rayons chimiques obscurs aux rides produites par un léger vent sur la surface d'un étang, les vibrations éthérées du rouge et de la chaleur rayonnante obscure aux longues et puissantes vagues de l'Océan.

Le choc de ces grandes vagues de l'éther est infiniment plus fort que celui des petites ondes, ainsi que l'indique le développement de la chaleur. Nul doute que leur ébranlement séculaire n'ait modifié, molécule à molécule, la structure et la constitution des éléments sensibles de la rétine. Fresnel, en parlant de l'action chimique de la lumière — et tous les phénomènes chimiques sont réductibles à des phénomènes mécaniques — a fort bien indiqué la nature de cette action mécanique de l'éther sur les molécules des corps qu'il environne de toutes parts, et qu'il oblige « à de nouveaux arrangements d'équilibre, à de nouvelles combinaisons plus stables, quand les vibrations augmentent d'énergie[2]. » Les ondes éthérées les plus efficaces

---

1. Helmholtz, *Optique physiologique*, p. 420.
2. *Œuvres complètes* d'A. Fresnel, II, 142.

pour briser les liens de la combinaison chimique, les rayons violets et ultra-violets, sont précisément celles dont la puissance mécanique est la moindre. Comparée aux rayons rouges et ultra-rouges, Tyndall en a fait la remarque, la force de ces rayons chimiques est infiniment petite : « il faudrait probablement, en certains cas, la multiplier par des millions pour la rendre égale à celle des rayons ultra-rouges. »

La force chimique des rayons ultra-violets tient à la *fréquence* des vibrations de leurs ondes. Tandis que le violet fait à peu près 790 billions de vibrations par seconde, le rouge n'en fait que 450 billions environ[1]. Le nombre des vibrations, et partant la durée des oscillations de l'éther, voilà l'unique cause qui fait que nous distinguons dans le spectre des rayons de différentes couleurs. Pourquoi la

---

1. Voici le tableau des longueurs d'ondes des couleurs exprimées en cent millièmes de millimètre, avec les principaux nombres correspondants de vibrations comptées par billions en une seconde :

Rouge externe	7617	»
Rouge	6878	450
Limite du rouge et de l'orangé	6564	472
Jaune d'or	5888	526
Vert	5260	589
Bleu cyanique	4843	640
Limite de l'indigo et du violet	4291	722
Limite du violet	3920	790
Ultra-violet	3824	»
	3711	»
	....	»
	3108	»

couleur la plus intense est-elle le jaune, couleur composée d'un mélange des sensations du rouge et du vert, en d'autres termes, pourquoi la sensation qu'éveillent en nous des ondes éthérées qui vibrent environ 526 billions de fois par seconde est-elle la plus lumineuse ?

On ne peut répondre qu'en alléguant la nature physiologique des éléments de la rétine qu'impressionne la lumière. Ceux-ci ne sont pas les fibres du nerf optique, mais les cônes et les bâtonnets qui, à travers les couches rétiniennes, communiquent avec les fibres nerveuses optiques. On ignore d'ailleurs en quoi consiste l'action des ondes lumineuses sur ces éléments, qui rappellent les baguettes cristallines des yeux d'Arthropodes et les bâtonnets des yeux des Mollusques. Cette action pourrait être de nature chimique. « Cette supposition, écrit Bernstein, est la première à laquelle on puisse songer, car nous savons que la lumière peut produire une image sur la plaque photographique en décomposant l'iodure ou le chlorure d'argent qui s'y trouvent. On pourrait donc admettre qu'il se trouve dans les bâtonnets et dans les cônes une substance se modifiant à la lumière et produisant ainsi une image réelle et matérielle sur la rétine. Cette image n'est sans doute point permanente comme l'image photographique, et l'on est obligé d'admettre qu'elle est effacée par les effets de la nutrition et par la circulation du sang. Une telle image serait capable d'exciter les extrémités nerveuses, car nous savons que les nerfs peuvent être excités par des agents chimiques[1]. »

Quant à la part qui revient aux cônes et aux bâtonnets dans les sensations lumineuses, on ne la connaît guère encore. Les bâtonnets se rencontrant le plus communément dans tout le règne animal, il est vraisemblable que les cônes en proviennent par voie de développement, grâce au perfectionnement de l'organe visuel. De ce que, comme l'enseigne l'anatomie comparée, la rétine des mammifères qui voient la nuit contient exclusivement des bâtonnets, tandis que celle des oiseaux et des reptiles dont la vue est perçante contient surtout des cônes, à l'exception, toutefois, des oiseaux de nuit, chez lesquels le nombre des bâtonnets s'accroît de nouveau, — on en pourrait conclure que les cônes sont les éléments les plus sensibles à la lumière. Chez l'homme et les singes, les bâtonnets diminuent là où se produit la vision la plus nette, sur la *tache jaune*, et le milieu de cette place ne porte que des cônes[2].

Une autre question bien délicate, et qui domine toutes les spéculations sur le sens des couleurs, est celle de savoir si les éléments de la rétine qui perçoivent la lumière l'analysent, comme c'est le cas, dans un autre ordre de phénomènes, pour les organes de Corti qu'ébranlent les ondes sonores. On

1. Bernstein, *les Sens*, p. 84.
2. W. Wundt, *Grundzüge der physiologischen Psychologie*, p. 336.

parle, en effet, tous les jours de l'harmonie des couleurs, et, depuis Aristote, on a souvent comparé la gamme musicale à la série des couleurs[1]. Mais, ainsi que le font observer entre autres Bernstein et Wundt, rien de moins comparable que l'impression d'un mélange de couleurs et celle d'un accord musical. Une oreille exercée distingue les sons d'un accord, une couleur composée fait une impression d'ensemble, et l'œil ne saurait démêler dans la lumière blanche les couleurs fondamentales qu'elle contient. Ainsi, il n'y aurait point de raison de supposer dans la rétine l'existence d'organes terminaux distincts, qu'il s'agisse de fibres nerveuses douées de sensation spécifique, comme l'a cru Thomas Young, ou, ainsi que l'ont admis Helmholtz et Max Schultze, de régions déterminées des couches de cônes et de bâtonnets.

Dans l'hypothèse de Thomas Young, à laquelle Helmholtz a donné le poids de son immense autorité en l'adoptant, on admet que chaque point de la rétine reçoit trois filaments nerveux, l'un impressionnable au rouge, l'autre au vert, le troisième au violet, ou, selon Maxwell, au bleu, c'est-à-dire aux trois couleurs fondamentales. Quand la lumière, ou toute autre excitation, vient ébranler les milieux de l'œil, ces trois espèces de fibres sont excitées à la fois, mais chacune à un degré différent, selon la longueur d'onde et le nombre des vibrations lumi-

---

1. Cf. Helmholtz, *Optique physiologique*, p. 318-319, 355-56.

neuses de l'éther. Si les plus longues prédominent, on éprouve la sensation du rouge; les ondes de longueur moyenne éveillent l'idée du vert, celles de moindre longueur la perception du bleu et du violet. Du mélange des sensations du rouge et du vert naît le jaune; le bleu résulterait du mélange des sensations du vert et du violet. Enfin, l'excitation égale de ces diverses fibres donne la sensation du blanc.

Ainsi, la différence entre les sensations colorées dériverait uniquement du degré relatif d'excitation des trois espèces de fibres dont Thomas Young avait admis l'existence. Son hypothèse est un cas spécial de ce qu'on nomme la loi des énergies spécifiques des sens. On connaît bien les phénomènes qui ont servi à l'édifier; on ignore profondément ce qui se passe dans les terminaisons centrale et périphérique du nerf optique. Ni chez l'homme ni chez les mammifères, on ne connaît un fait anatomique qui ait trait à cette théorie de couleurs; chez les oiseaux et les reptiles, Max Schultze a pourtant découvert une structure qui paraît en rapport avec elle.

Au point de vue physiologique, on a la preuve qu'il existe dans la rétine des fibres nerveuses particulièrement sensibles au rouge; là ou elles manquent ou sont inexcitables, par exemple, dans un œil normal, au bord de la rétine, la sensation du rouge fait défaut. Souvent cette cécité du rouge s'étend à tout l'organe; cette infirmité (le daltonisme), à des degrés divers, est fort commune : sur vingt personnes, il y en a une environ qui ne distingue pas exactement la couleur rouge. Pour nous tous, la faculté de distinguer certaines nuances du bleu et du violet est encore assez indécise et vague. Déjà nous avons noté, avec M. Magnus, que pour le violet en particulier, la sensibilité de notre rétine est actuellement dans un état d'élaboration. Pour l'ultra-violet, la faiblesse de l'intensité lumineuse est extrême. Or, ce n'est pas à l'absorption de la lumière dans les milieux de l'œil qu'il convient d'attribuer la faible intensité de l'ultra-violet. Helmholtz dit expressément que la cause en est dans l'*insensibilité* de la rétine[1]. Nul doute qu'avec le temps, et grâce aux influences croisées de l'adaption et de l'hérédité, les parties de la rétine, encore insensibles à l'ultra-violet, ne finissent par nous donner une claire conscience de cette couleur.

Malgré tout, notre sens des couleurs sera toujours assez borné. Une comparaison empruntée à Clausius le fait bien comprendre : les sons employés dans la musique occupent à peu près neuf octaves, et l'ensemble de ceux que l'homme est capable de percevoir s'élève au delà de douze octaves; or, toutes les couleurs visibles ne comprennent pas une seule octave ! Laissons, si l'on veut, cette comparaison. Helmholtz, Clausius, Tyndall, tous les

---

1. *Optique physiologique*, p. 314.

physiciens et, je crois, tous les physiologistes, conviennent que, en outre des ondes d'éther d'une longueur moyenne qui affectent seules notre rétine, et qui nous donnent nos sensations de lumière et de couleur — au delà des ondes d'éther trop courtes ou trop longues constituant pour nous l'ultra-violet et l'ultra-rouge — il existe un nombre immense d'ondes émises par le soleil et par les autres corps lumineux, qui frappent notre rétine sans y éveiller de sensation lumineuse. En deçà et au delà d'une certaine limite, les vibrations de l'éther cosmique, comme celles des ondes sonores aériennes, n'excitent plus notre sensibilité visuelle ou acoustique. Notre rétine ne réagit que sur un nombre relativement petit de vibrations éthérées.

Imaginons des yeux qui, au lieu d'être uniquement sensibles comme les nôtres aux vibrations moyennes, le seraient aux vibrations extrêmes : le monde apparaîtrait, avec d'autres couleurs, sous un tout autre aspect. Cette hypothèse, qu'a faite Bernstein, est strictement scientifique[1]. Le même savant admet la possibilité, chez nos descendants, d'une sensation du blanc différente de la nôtre : « Il est très probable que la qualité de la lumière que nous appelons blanche ne resterait pas la même si le rapport des couleurs se modifiait dans la lumière solaire, et comme nous supposons que le

---

1. *Les Sens*, p. 88.

soleil et sa lumière ne sont pas invariables pour des temps infinis, il serait possible que nos descendants éloignés possédassent une toute autre sensation du blanc que nous[1]. »

C'est en méditant de tels faits qu'on se persuade que *ce monde, tel qu'il nous apparaît, n'est qu'un phénomène cérébral.*

Quel rapport y a-t-il entre ces vibrations de l'air et de l'éther, qui à chaque instant assaillent nos organes, et les sensations de lumière, de couleur, de chaleur, de son, etc., qu'elles provoquent ou réveillent en notre conscience? Un mouvement n'est ni bleu ni rouge, il n'est ni froid ni chaud, il n'est pas plus sonore que sapide. C'est au sein des ganglions de la substance nerveuse que, par une évolution inconnue, ces innombrables ébranlements de l'étendue se transforment pour nous en un univers où la lumière ruisselle des profondeurs azurées et baigne éternellement les mondes de ses vagues infinies; où sur la terre comme aux cieux, tout se colore, tout s'anime de bruits charmants ou terribles. Ce que nous appelons les propriétés de la matière, les qualités des choses, est une création de notre esprit. Car, bien que toute sensation ou perception ait pour condition nécessaire une modification moléculaire, un mouvement de la substance nerveuse centrale ou périphérique, il n'y a, je le

---

1. *Les sens*, p. 139.

répète, aucun rapport de ressemblance ni de dissemblance entre un mouvement et un état de conscience.

Les qualités des sensations visuelles et colorées sont des traductions subjectives de certaines différences qualitatives, soit de la lumière, soit des objets éclairés. Encore ne convient-il pas de parler de traduction, car nous ignorons la langue que nos sensations sont censées traduire. Il convient encore moins de comparer à des « images » les idées ou notions que nous avons des choses; nos idées sont de simples signes, de purs symboles d'une réalité inconnue et à jamais inconnaissable. La doctrine de la subjectivité absolue de toutes les qualités sensibles des corps n'est pas une spéculation d'école. Bien qu'encore étrangère au grand nombre, et même à certains matérialistes naïfs, cette doctrine se rencontre à toutes les époques de l'histoire des sciences et de la philosophie, de Démocrite à Helmholtz, de Protagoras à Locke, à Berkeley et à Kant.

Et ce ne sont pas seulement les *qualités secondes* de Locke, les couleurs, les sons, les odeurs, les saveurs, etc., que l'on doit considérer comme de pures créations de nos sens, comme des illusions de notre sensibilité : les *qualités primaires* elles-mêmes, l'étendue, la figure, le nombre, le mouvement de ce qu'on nomme la matière, sont des choses qui, pour nous, n'existent qu'en tant qu'elles sont perçues. C'est dire que nous ignorons, d'une ignorance invincible, en quoi elles consistent. Le moyen, en effet, pour l'homme, de connaître jamais autre chose que ses états de conscience ?

Certes la nature existe ; elle est notre mère ; nous sortons de son sein, nous y rentrons. Le grain de blé qu'on jette dans le sillon germe et sort de terre, l'épi devient du pain, il se transforme chez l'homme en chair et en sang, en ovule fécondé d'où se développe l'embryon, l'enfant, l'homme ; puis le cadavre engraisse la terre qui portera d'autres moissons, et ainsi dans les siècles des siècles, sans qu'on puisse dire ni comprendre pourquoi.

Car s'il est quelque chose de vain et d'inutile au monde, c'est la naissance, l'existence et la mort des innombrables parasites, faunes et flores, qui végètent comme une moisissure et s'agitent à la surface de cette infime planète, entraînée à la suite du soleil vers quelque constellation inconnue. Indifférente en soi, nécessaire en tout cas, puisqu'elle est, cette existence qui a pour condition la lutte acharnée de tous contre tous, la violence ou la ruse, l'amour, plus amer que la mort, paraîtra, au moins à tous les êtres vraiment conscients, un rêve sinistre, une hallucination douloureuse, au prix de laquelle le néant serait un bien.

Mais, si nous sommes les fils de la nature, si elle nous a créés et donné l'être, c'est nous, à notre tour, qui l'avons douée de toutes les qualités idéales, qui la parent à nos yeux ; qui avons tissé le voile lumineux sous lequel elle nous apparaît. L'éternelle illusion qui enchante ou qui tourmente le cœur de l'homme est donc bien son œuvre. Dans cet univers, où tout est ténèbres et silence, lui seul veille et souffre sur cette planète, parce que lui seul peut-être, avec ses frères inférieurs, médite et pense. C'est à peine s'il commence à comprendre la vanité de tout ce qu'il a cru, de tout ce qu'il a aimé, le néant de la beauté, le mensonge de la bonté, l'ironie de toute science humaine. Après s'être naïvement adoré dans ses dieux et dans ses héros, quand il n'a plus ni foi ni espoir, voici qu'il sent que la nature elle-même se dérobe, qu'elle n'était, comme tout le reste, qu'apparence et duperie. Seul, sur ce monde envahi par la mort, au milieu des débris de ses idoles brisées, se dresse le fantôme de l'Illusion.

Voilà bien la philosophie qui se dégage de la théorie de l'énergie spécifique des sens, telle que l'ont établie la physique et la physiologie de notre siècle. L'histoire de l'évolution du sens des couleurs repose sur les principes de ces sciences. Les processus physiques et physiologiques y dérivent également, à l'origine, de causes purement mécaniques. Si le problème de la sensation ne cesse point pour nous d'être insoluble, on ne saurait du moins le ramener à des termes plus simples [1].

---

1. Le nouveau livre que vient de publier M. Hugo Magnus sur le sujet de cet essai, *Farben und Schöpfung* (Breslau, Kern, 1881), ne modifie pas au fond la doctrine exposée à cet égard dans les précédents écrits du savant professeur d'ophtalmo-

logie. La conclusion de l'important chapitre intitulé : *Le développement du sens des couleurs*, accorde seulement (p. 200-1) aux adversaires que le sens des couleurs s'est développé d'un état pleinement latent de ce sens, mais l'auteur ajoute immédiatement que la zone périphérique de la rétine témoigne encore de l'existence d'un tel état primitif.

LA MORT APPARENTE

ET

LES YOGHIS DE L'INDE

On sait que parmi les diverses sectes de l'Inde qui, pour échapper aux renaissances et s'éteindre dans le sein de Brahma, descendent dès cette vie dans les froids et silencieux abimes de l'inconscience et atteignent presque aux profondeurs du néant, les Yoghis ont porté à des extrémités jusqu'ici inconnues, non seulement le jeûne, mais la suspension presque complète de la respiration. Ces pieux ascètes, tout entiers aux promesses d'*union* avec la divinité que leur promet le système de dévotion appelé *yôga*, présentent aux psychologues et aux physiologistes un problème encore assez obscur, mais dont on reconnaît tout de suite la parenté avec celui de la dessiccation et de la réviviscence des rotifères et des tardigrades, voire avec les phénomènes d'hibernation ou du sommeil d'hiver de certains mammifères.

En dehors de quelques pages publiées à Bénarès

par N.-C. Paul, on sait peu de choses de ces Yoghis. Des médecins, des fonctionnaires, des officiers anglais témoignent pourtant que de temps en temps des fakirs se font enterrer vivants durant des semaines, et ressuscitent ensuite. Laissons de côté ce qui a trait au régime, lequel est presque exclusivement végétal. Voici comment les Yoghis s'habituent progressivement à l'abstinence d'air. Nombre d'entre eux habitent des cellules souterraines dans lesquelles l'air et le jour ne pénètrent que par une étroite fente, quelquefois remplie de terre glaise. Là, plongés dans un repos et un silence profonds, absorbés mentalement dans la méditation d'Om, dont le religieux doit répéter le nom mystique douze mille fois par jour en comptant les grains de son chapelet, les Yoghis s'exercent à ralentir tous leurs mouvements pour abaisser la fréquence de la respiration. Ils demeurent de longues heures assis sur le talon gauche, ou le pied gauche posé sur la cuisse droite, le pied droit sur la cuisse gauche, l'orteil droit dans la main droite, l'orteil gauche dans la main gauche. Parfois c'est le menton sur la poitrine, le front sur les genoux, qu'ils tiennent leurs orteils. Le talon droit est souvent porté à l'épigastre.

L'air qu'ils expirent, les ascètes doivent le respirer de nouveau et tâcher de le garder le plus longtemps possible. Il y a d'ailleurs à cet égard cinq degrés de perfection à parcourir avant d'atteindre à l'état de parfait Yoghi : ils sont relatifs au temps qui doit s'écouler *entre* une inspiration et une expiration, chaque inspiration durant douze secondes et chaque expiration vingt-quatre secondes. Voici ces cinq intervalles de temps : 324, 648, 1296, 2592, 5184 secondes. Trois mois durant, quatre fois par jour, pendant quarante-huit minutes, il est prescrit d'inspirer et d'expirer de l'air uniquement par une des deux narines. Grâce à de nombreuses incisions du filet de la langue, cet organe s'allonge assez pour pouvoir se replier en arrière et fermer la glotte. Les autres ouvertures du corps sont bouchées avec de la cire ou du coton. En cet état, devenus par degré insensibles au froid et à la chaleur, les saints Yoghis n'éprouvent plus ni douleur ni plaisir. A des degrés inférieurs de perfection, le saint se bouche les oreilles avec les doigts, s'introduit par les narines des cordons qui ressortent par la bouche, fixe le bout de son nez ou quelque autre objet, et, la sensibilité et la conscience évanouie, tombe dans certains états cataleptiformes bien connus. Les documents officiels du gouvernement anglais des Indes attestent, je le répète après un physiologiste éminent, W. Preyer, que des Yoghis enterrés vivants ont ressuscité après plusieurs semaines. L'élévation de la température a même été notée au réveil, et ce fait s'accorde parfaitement avec ce qu'on observe chez les mammifères dont ont interrompt le sommeil hibernal. On ne saurait douter que, grâce à toutes ces pratiques et particulièrement en bouchant les voies aérifères avec la langue, les Yoghis ne parviennent sans périr asphyxiés à suspendre quelque temps les mouvements de la respiration. La circulation du sang se ralentit naturellement beaucoup, mais sans plus s'arrêter que chez les animaux hibernants ou en léthargie. Dans une léthargie profonde, le cœur ne bat plus que neuf à dix fois par minute. Un hamster hibernant, observé après quinze jours de sommeil par Preyer[1], ne respira que vingt fois, très faiblement et très irrégulièrement, en dix minutes ; il demeura même cinq minutes sans respirer d'une manière appréciable.

Les faits étranges, mais authentiques, qu'on vient de rapporter touchant la mort apparente des Yoghis, éveillent dans l'esprit une foule de questions. Les faits ne valent, d'ailleurs, que par les idées qu'ils suggèrent. Qu'est-ce donc que la vie, ou du moins quelles sont les conditions grâce auxquelles elle apparaît, persiste, s'éteint et se rallume ?

L'explication mécanique de la nature appliquée aux phénomènes manifestés par les êtres vivants reconnaît l'extrême complexité de ces phénomènes et les distingue bien, à cet égard, de ceux de l'astronomie et de la minéralogie : elle ne saurait pourtant admettre qu'ils obéissent à d'autres

---

1. *Ueber die Erforschung des Lebens* (Iéna, Mauke), p. 61. V. cet important travail, remanié par l'auteur, dans les *Naturwissenschaftliche Thatsachen und Probleme* (Berlin, 1881), que vient de publier l'éminent directeur de l'Institut physiologique d'Iéna.

lois du mouvement. Tous les problèmes de la vie sont réductibles, en dernière analyse, à un problème de mécanique moléculaire. C'est par la mécanique que tous les phénomènes explicables seront un jour expliqués. Certes la mécanique n'explique pas tout, mais sans elle on n'explique rien. Beaucoup de bons esprits, et même parmi les partisans de la conception mécanique de l'univers, estiment pourtant aujourd'hui que nombre de phénomènes de la vie psychique, tels que la sensation et la volonté, échappent aux prises de l'explication mécanique. Preyer, dont les belles études de physiologie expérimentale ont attiré l'attention des penseurs [1], est précisément de ceux qui se demandent si, au lieu de déclarer inconnaissables, avec Du Bois-Reymond, les problèmes de cet ordre, parce qu'ils semblent répugner à la pure mécanique, il ne vaudrait pas mieux les traiter par d'autres méthodes ?

Quoi qu'il en soit, étudier la vie, c'est étudier les conditions externes, ou de milieu, et les conditions internes (composition chimique et structure anatomique) grâce auxquelles elle se manifeste. Comme dans toute étude expérimentale, il importe de noter les modifications que subit notre conception générale de la vie, selon qu'on l'observe dans les profondeurs de la mer ou dans les hauteurs de

---

1. Voir, outre l'ouvrage que nous venons de citer, le *Recueil de Mémoires de physiologie* (*Sammlung physiologischer Abhandlungen*) que publie Preyer, à Iéna, depuis quelques années.

l'air, aux glaces du pôle ou dans les sables brûlants des déserts africains ; il faut faire subir aux êtres vivants des variations artificielles, les exposer à l'influence de certains rayons lumineux à l'exclusion de tels autres, les soumettre à des pressions et à des températures extrêmes, soustraire du milieu ambiant et des matières nutritives certaines subtances, comme le fer, le manganèse, etc.

Depuis le bathybius, dont les masses gélatineuses rampent sur le fonds des mers, jusqu'au condor qui plane sur les cimes des Cordillères des Andes, tous les êtres, pour vivre, doivent se trouver dans les quatre conditions suivantes :

Premièrement, ils doivent respirer, au sens le plus étendu du mot, c'est-à-dire qu'ils doivent absorber quelque quantité au moins du gaz principal de l'air. Des différents gaz, en effet, qui entrent dans la composition de notre atmosphère, l'acide carbonique, nécessaire aux plantes, ne l'est pas aux animaux, non plus que l'azote, qui peut manquer tout à fait ou être remplacé par un autre gaz, tel que l'hydrogène. Seule une certaine quantité d'oxygène est indispensable pour que la flamme de la vie ne s'éteigne pas. Les belles recherches de M. Pasteur, judicieusement interprétées, ne prouvent pas qu'il existe des êtres organisés qui vivent sans absorber d'oxygène, et, partant, sans respirer : elles établissent que l'oxygène de l'air, soit sous forme de gaz, soit dissous dans l'eau, n'est pas absolument nécessaire à la vie et que certains vibrioniens, les vibrions butyriques par exemple, enlèvent précisément ce gaz aux matières aux dépens desquelles vivent ces ferments, à l'eau, au sucre, aux tartrates, aux phosphates. De même, si un muscle continue à se contracter dans le vide, si un nerf y conserve quelque temps sa sensibilité, c'est qu'ils consument l'oxygène préalablement emmagasiné dans leurs tissus.

La seconde condition de toute vie, c'est l'eau[1]. *Corpora non vivunt, nisi humida.* Sans eau point de vie, et cela est encore plus vrai des animaux que des plantes. L'océan, qui a été le berceau des êtres vivants, renferme en ses vastes archives tous les documents de l'histoire de la vie sur cette planète. Sortis des flots, les végétaux et les animaux puisent encore par tous les pores l'eau de l'atmosphère et celle que contiennent leurs aliments. La nutrition, voilà la troisième condition. Les vingt-cinq éléments environ qui, du carbone au zinc et à l'arsenic, entrent dans la composition des tissus des plantes et des animaux, doivent, pour être assimilés, se présenter à l'état de combinaison, soit sous forme de sels (sulfate, phosphate, etc.), soit sous forme de gaz (acide carbonique) ou en dissolution.

Toutes les formes merveilleuses de la vie qui respirent et croissent autour de nous, qui se nourrissent et se reproduisent, qui sentent et se meu-

---

1. V. Preyer, *Naturwiss. Thatsachen u. Probleme*, p. 13.

vent, ne sont rien de plus qu'un état fort instable, une combinaison fugitive et presque éphémère dans la durée d'un petit nombre des éléments constituant l'écorce de cette planète.

Enfin la quatrième condition de la vie est la chaleur. La lumière a une bien moindre importance : les êtres qui vivent dans les plus grandes profondeurs de la mer, les vers intestinaux, les parasites enfoncés dans nos tissus, les larves déposées dans les végétaux et dans le sein de la terre, ne connaissent que la nuit. La principale source de chaleur pour nous, c'est la nutrition : cette chaleur résulte surtout de la formation de l'eau et de l'acide carbonique sous l'influence de l'oxygène de l'air qui agit par divers intermédiaires sur nos aliments.

Ces quatre conditions fondamentales de toute vie sur la planète, — l'air, l'eau, les éléments de l'écorce terrestre et la chaleur, — correspondent assez bien, on en a souvent fait la remarque (Claude Bernard, entre autres physiologistes) aux quatre éléments d'Empédocle, l'air, l'eau, la terre et le feu. Pour tout le reste, est-on beaucoup plus avancé qu'il y a deux mille ans? On a découvert « la base physique de la vie, » comme Huxley a nommé le protoplasma. Mais cette substance, le plasson, d'où tous les organismes sont sortis en se différenciant, respire, se nourrit, se reproduit, sent et meurt. C'est déjà la vie et sans doute à un degré fort élevé d'élaboration.

Loin d'expliquer l'origine de la vie, le protoplasma

est le premier et le plus difficile des problèmes biologiques.

Tout ce qu'on sait, c'est que, grâce à certains mouvements intestins d'une graine ou d'un œuf, la terre, l'air et l'eau se transforment, sous l'influence de la chaleur, en végétaux et animaux. Nous ne demanderons pas, avec Preyer : Qui a communiqué l'impulsion première à ces substances vivantes éternellement en mouvement? Il n'y a jamais eu d'impulsion première : il n'y a que des transformations de mouvement. Quant à l'ordre déterminé dans lequel se dispose la matière du germe et de l'embryon, disposition qui manifeste une véritable mémoire organique et qui explique l'hérédité, la théorie purement mécanique des plastidules d'Ernest Haeckel[1] en présente, selon nous, une interprétation soutenable.

Preyer réussit mieux à dissiper les illusions qu'a fait naître et qu'entretient l'idée de la cellule considérée comme élément ultime ou corps simple des organismes. Les particules dilacérées d'un organisme unicellulaire, d'un protamibe, par exemple, manifestent les propriétés vitales de la cellule entière. De même si l'on opère sur des organismes qui ne sont pas même des cellules, sur les cytodes d'Haeckel. Où s'arrêter dans cette division? Le moyen de ne pas descendre jusqu'à la molécule,

---

1. Voir les *Essais de psychologie cellulaire*, p. 47 et suiv. de notre traduction.

jusqu'à l'atome, univers inconnus qu'on ne peut que rêver?

Mais tenons-nous à l'explication mécanique de la vie. Nous avons défini la vie par les conditions qui la réalisent; il faut soumettre cette idée à une vérification expérimentale. Si, en modifiant ces conditions, en les supprimant ou en les faisant reparaître à volonté, on peut suspendre, éteindre et rallumer la vie, même pendant un temps relativement considérable; si, par exemple, on peut conserver de longs mois un végétal ou un animal absolument congelé ou desséché, sans air, sans eau et sans nourriture, et le rappeler ensuite à la vie en le replaçant dans les conditions que nous avons dites, ne sera-t-il pas prouvé que l'organisme n'est qu'une machine, très compliquée à la vérité, mais qui fonctionne, en somme, comme toutes les machines, aussi longtemps que ses rouages essentiels ne sont ni faussés ni brisés?

Or, comme il arrive presque toujours, la nature nous fournit elle-même, et sur la plus grande échelle, des milliers d'expériences de ce genre. Pour n'en citer qu'un seul, que faut-il pour ressusciter, pour rappeler au mouvement et à la sensibilité ces poussières d'organismes qui se déposent partout aux époques de sécheresse et d'aridité? Un peu de pluie, un courant d'air qui les transporte dans quelque endroit humide. Leeuwenhoek surprit le premier la nature sur le fait. Dans une de ses *Lettres sur les mystères dévoilés de la Nature*, il décrit une série d'infusoires, de rotifères surtout, qu'il avait trouvés, le 25 août 1701, dans une gouttière. L'eau évaporée, il avait conservé ce qui restait dans un état de parfaite sécheresse, et cela pendant six mois. Or, à son grand étonnement, il s'assura qu'il suffisait d'humecter d'eau de pluie les cadavres des rotifères pour les ressusciter. Afin d'expliquer ce fait, Leeuwenhoek supposa que ces animalcules, desséchés à l'extérieur, avaient conservé de l'eau dans l'intérieur de leur corps, grâce à l'épaisseur de leur cuticule. Rien n'est moins exact, on le sait; loin de conserver de l'eau dans leurs tissus, ces animalcules sont à un tel point ratatinés par la dessiccation, qu'il n'est pas facile de les distinguer des grains de poussière véritable.

Dans l'été de 1743, Needham ayant découvert dans du blé ergoté de petits corps anguilliformes sans mouvement, les vit s'agiter dès qu'il les eut humectés. Les observations de Needham furent confirmées, la même année, par H. Baker. Buffon constata le même fait un peu plus tard. Fontana étendit, avec succès, à d'autres animaux, notamment à des vers, ces expériences de reviviscence : il devait écrire un petit livre, qui n'a pas paru, sur la vie et la mort apparente des animaux [1].

---

1. V., pour tous ces faits, l'essai de Preyer indiqué, et surtout les quatre premiers *excursus* destinés à éclaircir le texte, sur la résurrection des animaux et des végétaux desséchés ou congelés, etc.

Spallanzani est l'auteur des recherches les plus étendues à ce sujet. Onze fois il suspendit la vie de rotifères soumis à la dessiccation, onze fois il la rappela en humectant d'eau cette poussière organique. Ses expériences portèrent, pour la première fois, non plus seulement sur les rotifères et les anguillules du « blé rachitique », mais sur les tardigrades, sur des animaux d'un ordre plus élevé, munis de nerfs, de muscles et d'organes des sens. Rien de curieux, aujourd'hui encore, comme ses « observations et expériences sur quelques animaux surprenants, que l'observateur peut à son gré faire passer de la mort à la vie. »

Notons toutefois que, dès 1774, Corti avait constaté chez les tardigrades ce même phénomène. En Allemagne, les savantes recherches de Schultze ne furent pas du goût d'Ehrenberg et partant restèrent sans écho. En France, Doyère publia sa belle monographie sur les tardigrades : des tardigrades et des rotifères, desséchés à une température de 125 et de 153 degrés, et tenus quatre semaines dans le vide, revinrent à la vie. Mais ce sont surtout les expériences du même genre d'Auguste Duméril sur les animaux supérieurs, sur les vertébrés, qui sont ici d'une importance capitale. Dans ses *Recherches expérimentales sur la température des reptiles et sur les modifications qu'elle peut subir dans diverses circonstances*[1], Duméril a complètement « interrompu

---

1. *Arch. des sciences naturelles*, XVII, 1852, p. 10.

la vie » par la congélation des solides et des liquides de l'organisme.

Des grenouilles, dont la température *intérieure* avait été abaissée de — 1° à — 0°9, dans une atmosphère de — 12°, sont revenues devant lui à la vie. Sous l'influence d'une eau de moins en moins froide, Auguste Duméril « a vu tous les organes, durcis par la congélation, revenir à leur état de mollesse ordinaire, le foie et le cœur reprendre leur teinte normale et ce dernier arriver par degrés à une régularité et à une amplitude de contractions qui formaient un contraste bien surprenant avec l'*immobilité absolue* qu'il offrait d'abord et qui semblait attester un arrêt définitif de la vie. En même temps que la circulation se rétablissait, l'*apport de l'air avait lieu dans les poumons*, et tout l'ensemble des phénomènes ainsi reproduit, l'animal, malgré la section des parois thoracique et ventrale, se mit à nager facilement et avec rapidité. » Maupertuis avait déjà rapporté que des salamandres, dont le corps avait acquis dans la glace une telle rigidité qu'il semblait solidifié, avaient néanmoins continué de vivre. L'illustre père d'Auguste Duméril avait observé des faits analogues. On a vu, paraît-il, entre autres poissons, des brochets congelés revenir à la vie dans des viviers où l'eau avait été progressivement réchauffée. Ces faits démontrent que chez des animaux d'une organisation supérieure la température interne peut être abaissée jusqu'à ce que cesse toute activité du cœur et des poumons, jusqu'à l'évanouissement complet de toute excitabilité nerveuse et musculaire, sans que la « vie » soit irrévocablement perdue, en d'autres termes, sans que les fonctions vitales de l'organisme soient à jamais anéanties.

Or c'est un peu le cas des Yoghis de l'Inde, de ces fakirs qui se font enterrer vivants et ressuscitent, de ces ascètes qui ont accoutumé de porter si loin l'endurance, qu'ils demeurent un temps relativement long sans air, sans nourriture et sans eau, quoiqu'un tel état physiologique rappelle bien plutôt le sommeil hibernal des mammifères, des marmottes par exemple, que la congélation des poissons et des batraciens et la dessiccation des rotifères et des tardigrades.

Dans ces derniers exemples, la possibilité d'une *vie latente* doit être écartée. On ne saurait soutenir, affirme Preyer, que les divers échanges vitaux puissent continuer chez les batraciens et des poissons dont les humeurs et les tissus sont congelés. Cependant, comme chez Leeuwenhoek, le premier mouvement de l'homme est de chercher quelque explication qui concilie ces faits d'observation avec l'idée qu'il se fait de la vie comme d'un être réel, habitant les corps organisés, et qu'on ne saurait rappeler après l'avoir chassé d'un animal ou d'un végétal. Les hypothèses de matière et de force vitales dominent encore inconsciemment toute notre façon de penser.

Les matériaux de cette flamme qu'on appelle la vie ne sont pourtant que ces éléments de l'écorce terrestre dont nous avons parlé. De ces éléments inorganiques, lequel est l'élément fondamental de la vie? Le carbone? C'est la seule de ces substances élémentaires qui se présente à nous avec des traces évidentes de structure et de provenance organiques. L'origine végétale du charbon, du graphite, du diamant, serait probable. Selon Preyer, il n'existe plus aujourd'hui, sur la planète, de carbone de nature inorganique. En a-t-il existé avant l'apparition de la vie ? Si le carbone est d'origine inorganique, pourquoi a-t-il tout entier passé dans les organismes? Quelle source assez abondante de cet élément aurait suffi à la genèse de tous les êtres vivants de notre terre? Les petites quantités de carbone recueillies dans les météorites peuvent également provenir de la matière organique d'autres planètes. Bref, Preyer ne croit guère à la nature élémentaire du carbone.

Quant à la force vitale, elle s'évanouit d'elle-même devant les expériences de congélation et de dessiccation que nous avons rapportées. Il y a dans la nature des organismes vivants; il y a des organismes sans vie : ceux-ci ne sont pas morts pour cela, et, en tant que susceptibles de revivre, on les peut appeler *anabiotiques*. Seule l'expérience peut apprendre s'ils sont véritablement morts; dans ce cas, la structure des tissus est irréparablement lésée : les rouages de la machine animale ou végétale sont brisés; voilà tout. Mais il n'y a pas plus de mort apparente que de vie latente. La vie n'est pas en puissance, elle est absolument suspendue chez les animalcules, chez les insectes et chez les vertébrés desséchés ou congelés. La résurrection de ces organismes est une anabiose. Que tous les êtres vivants ne soient pas anabiotiques, il y a apparence, et les plus élevés des mammifères, tels que l'homme, sont sans doute dans ce cas : ce sont des machines trop compliquées et trop délicates. Mais l'exemple des Yoghis a du moins le mérite de montrer jusqu'à quel point on peut tendre les ressorts de ces machines sans les briser.

LES MONADES

GLISSON ET LEIBNITZ

Un jour qu'il descendait du mont Cervin, que les siècles et les glaces ont mis en lambeaux, le grand physicien Tyndall ne put se défendre d'un sentiment de tristesse et de mélancolie. Ces ruines évoquaient devant son esprit l'image du Cervin dans la plénitude de sa force et de sa jeunesse, et, remontant le cours lent et sinueux des âges, il se reportait au temps où la terre elle-même, aujourd'hui vieille et décrépite, n'était pas née encore ; où elle faisait partie de notre nébuleuse solaire, de cette masse flottante de matière cosmique qui contenait réellement les germes et les semences de tout ce qui existe, et non seulement de cette montagne et de notre globe, mais aussi des faunes et des flores qui ont passé et qui passeront sur cette terre, des sentiments et des idées qu'on devait appeler humains. Cette tristesse qui l'envahissait à la vue du Cervin, elle existait virtuellement dans le nuage informe d'où est sorti notre monde. « Ma pensée, en remontant jusqu'à lui, se demandait Tyndall, ne faisait-elle que rentrer en sa demeure première? Et s'il en est ainsi, ne ferions-nous pas mieux de refondre toutes nos définitions de la matière et de la force? Car si la vie et la pensée sont comme l'épanouissement de celles-ci, toute définition qui omet la pensée et la vie n'est pas seulement incomplète, elle est fautive. »

Déjà, en effet, la science n'admet plus de différence essentielle entre la matière non vivante et la matière vivante; celle-ci ne diffère de celle-là que par une complexité de composition beaucoup plus grande et par l'excessive instabilité de ses groupements atomiques et moléculaires. Plus cette complexité s'accroît, plus la matière est sensible, c'est-à-dire plus elle réagit avec force et délicatesse sous l'influence des moindres modifications du milieu. Mais toutes les propriétés de la matière vivante se trouvent, au moins virtuellement et à un degré quelconque, dans la matière non vivante, et ces propriétés, comme l'avait annoncé Claude Bernard, semblent être d'ordre physico-chimique.

Ces vues sur la nature de la matière et de la vie, qui sont celles d'un grand nombre de physiciens et de naturalistes contemporains, nous paraissent revenir de plus en plus aux idées de Leibnitz.

Il est certes impossible d'admettre qu'il puisse y avoir dans l'entendement humain quelque idée ou notion qui n'y soit point née d'une sensation transformée. Mais l'esprit humain, quand on le considère tel que les siècles l'ont façonné, demande une explication moins radicale et plus prochaine. Si l'expérience sensible est un élément de la connaissance, l'intellect en est un autre. C'est, on le sait, dans Aristote que se trouve l'*image* de la table rase sur laquelle rien n'est écrit; chez Locke, l'esprit est simplement donné comme « white paper. » Encore un coup, c'est trop simple. Aristote, au moins, appliquant à l'entendement la théorie de l'acte et de la puissance, n'était pas très éloigné de ceux qui, avec Leibnitz et avec Kant, croient que l'esprit apporte avec lui certaines formes qui concourent à la connaissance et déterminent la nature de toutes nos représentations subjectives.

Ce n'est pas que la philosophie de Leibnitz, en dépit de son attitude vis-à-vis du sensualisme et du matérialisme, soit venue apporter au monde la vérité. Par une coïncidence qui peut paraître étrange au premier abord, mais qui s'explique par les études premières de Leibnitz et par l'époque à laquelle il a vécu, non moins que par la simplicité de l'esprit humain, les principes et les conséquences de cette métaphysique sublime peuvent se réduire au petit nombre de concepts fondamentaux de l'atomisme et du matérialisme naturaliste, bref de la conception purement mécanique de l'univers.

Personne ne méconnaîtra la parenté des monades

avec les atomes des physiciens. Les termes *principia* ou *elementa rerum*, que Lucrèce emploie pour désigner les atomes, conviennent fort bien aux monades. Les monades sont les êtres *primordiaux*, les éléments indivisibles, inaltérables et indestructibles (excepté pour le créateur) des choses dans le monde métaphysique de Leibnitz. Il y a longtemps aussi qu'on a reconnu que le dieu qu'il a introduit dans son système comme la raison suffisante des monades, y joue un rôle du moins aussi inutile que les dieux d'Épicure. Les monades sont bien issues des atomes et des formes substantielles d'Aristote. « A la place des atomes matériels, dit Édouard Zeller, ce sont des individus spirituels : les points métaphysiques remplacent les points physiques, » voilà tout. Leibnitz, enfin, a lui-même nommé les monades des atomes formels (*formelle atome*).

« Au commencement, dit-il, lorsque je m'étais affranchi du joug d'Aristote, j'avais donné dans le vide et dans les atomes, car c'est ce qui remplit le mieux l'imagination ; mais en étant revenu, après bien des méditations, je m'aperçus qu'il est impossible de trouver les principes d'une véritable unité dans la matière seule ou dans ce qui n'est que passif, puisque tout n'y est que collection ou amas de parties à l'infini... Pour trouver ces unités réelles, je fus contraint de recourir à un *atome formel*, puisqu'un être matériel ne saurait être en même temps matériel et parfaitement indivisible ou doué d'une véritable unité¹. » Leibnitz témoigne, quelques pages plus loin, que les atomes de matière, d'ailleurs composés de parties, en dépit du mot, sont contraires à la raison. « Il n'y a, dit-il, que les atomes de substance, c'est-à-dire des unités réelles et absolument destituées de parties, qui soient les sources des actions et les premiers principes absolus de la composition des choses et comme les *derniers éléments* de l'analyse des substances. On les pourrait appeler points métaphysiques : ils ont quelque chose de vital et une espèce de perception. » Et dans la *Réplique aux objections de Bayle* : « Je considère les âmes, ou plutôt les monades, comme des atomes de substance, puisqu'à mon avis il n'y a point d'atomes de matière dans la nature, la moindre parcelle de matière ayant encore des parties². »

Leibnitz l'avoue, il a « réhabilité » les formes substantielles. La substance étant un être capable d'action, la nature des monades, ces unités réelles, consiste dans la force. Conçue nécessairement à l'imitation de notre âme, la seule force dont nous ayons conscience, ces forces primitives, vivantes, ont paru douées, d'après la même analogie, de perception et d'appétit. Il y a de la vie, il y a de

---

1. Système nouveau de la Nature, etc. (*Œuvres philos.*, II, 526), Cf. *De la nature en elle-même, etc.*, p. 565.
2. Cf. *La Monadologie*, thèses de philosophie (1714), 3 : « Et ces monades sont les véritables atomes de la nature, et, en un mot, les éléments des choses. »

l'action partout, répète Leibnitz : point de corps sans mouvement; point de substance sans appétit ni sans effort. Rien de plus contraire à l'opinion commune, qui considère les choses comme inertes et purement passives. Telle était « la doctrine de ceux qui enlèvent aux choses créées une action vraie et propre, écrivait Leibnitz; ce que fit aussi autrefois Robert Fludd, l'auteur de la *Philosophie mosaïque*, et ce que font aujourd'hui quelques cartésiens qui pensent que ce ne sont point les choses qui agissent, mais bien Dieu, d'après l'état et selon l'aptitude des choses, et que, par conséquent, les choses sont des occasions et non des causes; qu'elles reçoivent, mais n'effectuent et ne produisent pas. »

Mais, si nous accordons à notre âme la vertu ou la force interne de produire des actions immanentes, d'agir immanément, rien n'empêche, et même il est conforme à la raison, selon Leibnitz, que la même force existe dans les autres êtres animés, dans les autres natures de substance, à moins qu'on ne pense qu'il n'y a en ce monde que nos âmes qui soient actives, et que toute puissance d'agir immanément et en quelque sorte vitalement, est toujours unie à la pensée; mais « de telles assertions ne s'appuient sur aucune raison et ne se défendent que malgré la vérité. » Les actions internes des substances simples ou monades, conçues à l'image de nos âmes, sont la perception et l'appétition. Sorties comme des fulgurations continuelles de la divinité, on ne saurait parler rigoureusement de génération ni de destruction des monades. Leibnitz n'a pas donné, avec les cartésiens, dans le préjugé scolastique des « âmes entièrement séparées » (*Monad.*, 14). « Ce que nous appelons *générations*, dit-il fort bien, sont des développements et des accroissements, comme ce que nous appelons *morts* sont des enveloppements et des diminutions. » (*Monad.*, 73, cf. 76.) Il a rappelé de quel secours lui avaient été, dans cet ordre d'idées, les expériences microscopiques de Swammerdam, de Malpighi et de Leeuwenhoek, montrant que l'animal et toute autre substance organisée ne commencent point lorsque nous le croyons; que, dans les semences des plantes et des animaux (lesquels ne naissent pas de la putréfaction), existe déjà non seulement le corps organique, mais l'âme de ce corps, en un mot la plante ou l'animal même, si bien que sa « génération apparente n'est qu'un développement et une espèce d'augmentation. »

Leibnitz va plus loin, et, aussi explicite qu'on peut le souhaiter sur cet ordre de considérations, il refuse toute valeur aux notions vulgaires de la mort et de la vie. Les cas avérés de léthargie, de réviviscence d'animaux noyés ou desséchés, les exemples « d'hirondelles qui prennent leurs quartiers d'hiver dans les roseaux et qu'on trouve sans apparence de vie, les expériences d'hommes morts de froid, noyés ou étranglés, qu'on a fait revenir... toutes ces choses peuvent confirmer mon sentiment que ces états différents ne diffèrent que du plus et du moins ; et si l'on n'a pas le moyen de pratiquer des ressuscitations en d'autres genres de morts, c'est ou qu'on ne sait pas ce qu'il faudrait faire, ou que quand on le saurait, nos mains nos instruments et nos remèdes n'y peuvent arriver, surtout quand la dissolution va d'abord à des parties trop petites. *Il ne faut donc pas s'arrêter aux notions que le vulgaire peut avoir de la mort ou de la vie, lorsqu'on a et des analogies, et, qui plus est, des arguments solides qui prouvent le contraire*[1]. »

Il est encore un naturaliste, un savant médecin anglais, Francis Glisson, auquel, non sans apparence, Leibnitz devait plus encore qu'à Swammerdam, à Leeuwenhoek et à Malpighi. Qu'on lise le gros traité latin de Glisson sur la nature de la substance, on assistera en quelque sorte à la genèse ou plutôt à un moment de l'évolution des conceptions fondamentales de la *Monadologie*. Nous indiquerons bientôt certains traits qui trahissent une parenté évidente entre les deux doctrines.

Certes il paraît impossible d'expliquer les processus de la nature, et encore plus les affections de l'âme humaine par le seul jeu des atomes. La sensation naît-elle seulement dans l'agrégat organique, dans une combinaison encore inconnue de la matière ? Alors elle résulterait d'un rapport de situation des parties dans l'espace, c'est-à-dire de

---

1. *Correspondance avec Arnauld*, p. 679.

rien, ce qui est absurde. L'identifiera-t-on au mouvement? Mais le mouvement n'est rien non plus que l'état d'un corps qui se meut. Si le choc peut expliquer l'action réciproque des atomes, la propagation des mouvements corpusculaires dans l'espace, il y a pour nous un abîme entre un atome ou un système d'atomes en vibration et une sensation. En quoi une corde qui vibre nous renseigne-t-elle sur l'essence du son ? Quand l'acoustique mathématique a établi les lois du mouvement des vibrations, il se trouve que la question n'a point fait un pas. Le problème est bien plus compliqué dès qu'on cherche à concevoir le principe en vertu duquel une pluralité de chocs corpusculaires peut être convertie en une unité sentante, en une somme de sensations élémentaires déterminant un fait de conscience.

Il reste simplement à imaginer l'hypothèse contraire, celle dans laquelle la sensation, la pensée, sont regardées comme résidant dans l'atome : l'atome dès lors est un petit monde fermé qui tire de lui-même tout ce qu'il sent et tout ce qu'il connaît; c'est une *monade*. La monade n'a point de « fenêtres : » rien n'en sort, rien n'y entre. (*Monadologie*, 7.) Le monde extérieur est sa représentation. D'une manière claire ou confuse, mais « chacune selon son point de vue, » toute monade représente l'univers, la somme de ce qui est, c'est-à-dire la somme de toutes les monades. Pas une ne ressemble à l'autre. L'une est riche en représentations, l'autre pauvre. Les monades de la nature inorganique n'ont que des représentations ou idées qui se neutralisent comme celles de l'homme plongé dans un sommeil sans rêves; celles du monde organique, des animaux placés au bas de l'échelle de la vie, n'ont que de vagues rêveries; plus haut la sensation et la mémoire s'éveillent; chez l'homme, c'est la pensée qui réfléchit le monde. Ce miroir vivant ou animé juge à peu près de l'univers comme le pourrait faire, par hypothèse, un miroir pensant.

Partant de ce principe qu'il n'y a dans le monde que des miroirs vivants ou des monades, et des phénomènes ou représentations, Leibnitz nie l'étendue et déclare que la continuité des surfaces est une illusion de notre sensibilité. « La tangibilité d'un tas de pierres ou d'un bloc de marbre ne prouve pas mieux sa réalité substantielle que la visibilité d'un arc-en-ciel ne prouve la sienne ; et comme rien n'est si solide qu'il n'ait un degré de fluidité, peut-être que ce bloc de marbre n'est qu'un tas d'une infinité de corps vivants... » Enfin, une harmonie préétablie existe avant le commencement des temps, entre toutes les monades, si bien que l'âme et le corps, par exemple, suivant avec une pleine spontanéité la loi de leur développement interne, se trouvent réciproquement dans une exacte « conformité, » dans un « parfait accord. » L'âme éprouve une sensation de douleur au moment où le corps est blessé; l'âme n'a pas plutôt formé un désir, que le bras s'étend pour le satisfaire, etc. Ce roman — car c'en est un — a le même dénouement que celui de Berkeley. Le sensualisme a mené celui-ci au même point où l'atomisme a conduit Leibnitz: tous deux n'admettent le monde que comme représentation. D'où Leibnitz savait-il si les monades tirent d'elles-mêmes toutes leurs représentations ou idées? qu'en dehors de son moi il existait encore d'autres monades?

Les monades et l'harmonie préétablie nous édifient-elles mieux sur l'essence des choses que les atomes et les lois de la mécanique? Le succès du système de Leibnitz doit être surtout attribué, comme on l'a remarqué, à la prudente réserve et à la nature finement nuancée du génie de son auteur. Mais, pour être moins apparentes que celles du naturalisme, les conséquences de ce système sont tout aussi radicales. Le pédant d'école qui se scandalise à la pensée que les ancêtres de l'humanité ont pu ressembler aux anthropoïdes de nos jours, se laisse prendre à une doctrine qui, au fond, déclare l'âme humaine absolument de même espèce que tous les autres êtres de l'univers, voire d'un grain de poussière. On oublie que les monades des singes, par exemple, ne sont pas moins immortelles que celles des hommes, et qu'elles peuvent devenir tout ce que nous sommes dans un développement ultérieur. Les disciples de Leibnitz et de Wolf n'ont pourtant pas manqué de tirer ces conséquences extrêmes de la doctrine : non seulement ils professèrent que les âmes des animaux étaient immatérielles comme celle de l'homme, ils les tinrent aussi pour immortelles.

Toutes les monades, en effet, reflètent l'univers, toutes sont de véritables *dii minores*[1] et ne diffèrent qu'en degré de capacité représentative : « Chaque âme connaît l'infini, dit Leibnitz, connaît tout, mais confusément. Comme en me promenant sur le rivage de la mer, et entendant le grand bruit qu'elle fait, j'entends les bruits particuliers de chaque vague, dont le bruit total est composé, mais sans les discerner, nos perceptions confuses sont le résultat des impressions que tout l'univers fait sur nous. Il en est de même de chaque monade. »

Locke avait fait justice des idées innées au sens où l'entendait l'école. Leibnitz ressuscita cette doctrine, si bien que les matérialistes ne se cachèrent point pour en rire. Qui avait raison ? Leibnitz n'admettant aucune action extérieure sur l'esprit, enseignait naturellement qu'il tire de soi toutes ses pensées. Cela revient à dire que, pour Leibnitz, toutes les idées sont innées. Suivant Locke, l'esprit

---

1. Surtout celles des esprits. « Il y a un monde de créatures, de vivants, d'animaux, d'entéléchies, d'âmes, dans la moindre partie de la matière. — Chaque partie de la matière peut être conçue comme un jardin plein de plantes et comme un étang plein de poissons. Mais chaque rameau de la plante, chaque membre de l'animal, chaque goutte de ses humeurs, est encore un tel jardin ou un tel étang. » (*Monad.*, 66, 67.)

est, à l'origine, entièrement vide ; selon Leibnitz, il contient l'univers. Le premier fait venir du dehors toute connaissance ; le second nie toute influence du monde ou du corps sur l'âme. Il n'est pourtant pas impossible de concilier ces extrêmes, et Du Bois-Reymond l'a bien montré. Accordons à Leibnitz que ce qu'on nomme expérience externe est, en fait, un processus interne ; de son côté, il devrait accorder qu'en dehors de l'expérience il n'y a point de connaissance possible. Ce serait sacrifier, au moins en apparence, les idées innées, mais sauvegarder le principe des formes de l'intuition et de la subjectivité absolue des concepts de l'entendement. Aussi bien, qu'on reporte à l'espèce ou à la race la lente élaboration des idées que l'ancienne métaphysique prétendait voir spontanément apparaître dans l'individu, et le problème des idées innées sera résolu dans le sens de l'hypothèse sensualiste, sans toutefois méconnaître la légitimité du point de vue idéaliste.

On ne comprend bien une doctrine que lorsqu'on en connaît en quelque sorte l'embryogénie. Les vues d'un grand nombre d'éminents naturalistes de notre temps, touchant la nature de la matière et de la vie, nous paraissant revenir, nous l'avons dit, aux idées de Leibnitz, il convenait de rechercher, sinon l'origine, du moins la parenté de ces idées, dans quelques écrits contemporains, entre autres dans le traité de François Glisson, le plus grand disciple d'Harvey.

Voilà comment François Glisson reparut, après un oubli séculaire, dans le chœur des génies qui guident ou inspirent les penseurs de notre époque. Si Leibnitz, comme nous le croyons, doit redevenir le maître de tous ceux qui méditent sur la nature, Leibnitz que Claude Bernard aimait à citer, le Traité philosophique de Glisson, qui est comme le vestibule des œuvres de Leibnitz, doit être remis en lumière.

François Glisson, anatomiste et philosophe, naquit en 1596, la même année que Descartes, dans le comté de Dorset. Il prit ses premiers degrés dans l'Université de Cambridge, où il était venu étudier, et y demeura jusqu'à trente ans ; il termina ses études à Oxford et s'y fit recevoir docteur en médecine (1634). Il revint ensuite à Cambridge, mais c'est à Londres, dans le collège des médecins, qu'il fit ces belles leçons sur l'anatomie, d'où sortit le plus justement célèbre de ses ouvrages, l'Anatomie du foie (*Anatomia hepatis*, 1654), livre rempli de descriptions exactes et qui renferme même des découvertes auxquelles le nom du médecin anglais est resté attaché, telles que la « capsule de Glisson. » Durant la guerre civile, dans Colchester assiégé, Glisson avait déjà rédigé son traité sur le rachitisme (1650). Élu président du collège des médecins, Glisson fut aussi un des premiers membres de la Société royale de Londres. Ce n'est qu'en 1672, à l'âge de soixante-quinze ans, qu'il publia son traité sur la vie de la nature, sorte de testament philosophique dans lequel il consignait le fruit des réflexions et des méditations de toute sa longue et studieuse existence. Le traité était dédié à ce même comte de Shaftesbury qui fut aussi l'ami et le protecteur de Locke. Les deux philosophes ont donc eu le même Mécène ; ils se sont certainement connus et peut-être rendu justice, malgré la différence d'âge, ayant donné en même temps leurs soins à lord Ashley.

Il ne faudrait pas croire qu'en vieillissant Glisson eût abandonné l'anatomie pour devenir métaphysicien. Certes, toutes les pages de son traité laissent paraître une érudition si étendue, une pratique si invétérée de la langue, des formules et des procédés de l'école, un goût si vif pour le raisonnement et la métaphysique, qu'on serait tenté de croire que l'anatomiste et le philosophe sont deux hommes différents. C'est que, depuis trente ans, l'ancienne alliance des sciences et de la philosophie avait presque disparu parmi nous ; elle renaît à peine. Aux trois derniers siècles comme dans l'antiquité, on n'avait pas imaginé de séparer les faits des hypothèses et des théories, sans doute provisoires et toujours insuffisantes, qui seules donnent un sens et une raison d'être aux investigations naturelles. Ce culte de l'idée pure, ce goût pour la spéculation, ce perpétuel souci des grands problèmes de la philosophie première, on les retrouve chez les plus grands génies contemporains de Glisson, chez Descartes comme chez Robert Boyle et Newton. D'ailleurs, je le répète, Glisson était si éloigné de négliger pour une autre étude ses immortels travaux d'anatomie, qu'il publia encore, en 1667, à quatre-vingt-un ans, l'année même de sa mort, un livre que prisait Haller comme le fruit mûr de la vieillesse de Glisson, intitulé : *Tractatus de ventriculo et intestinis*.

Glisson, on le sait, a été aussi le précurseur d'Albert de Haller pour la doctrine de l'irritabilité, doctrine dont le retentissement fut si grand au dix-huitième siècle et au commencement de celui-ci, et qui divisa si fort les médecins et les philosophes des deux camps, que les discussions actuelles sur le darwinisme pourraient seules en donner quelque idée. Le grand Haller louait surtout Glisson, comme nous louons aujourd'hui Claude Bernard, d'avoir édifié sur l'observation de la nature ses inductions philosophiques et d'avoir uni au génie d'un penseur original le génie d'un expérimentateur subtil et profond. Broussais rappelle que Haller « détermina par des expériences précises quels sont les tissus irritables[1] ; » mais Glisson aussi avait institué des expériences précises et il n'avait certes pas fondé sa doctrine de l'irritabilité sur des spéculations ontologiques : le premier de tous, Glisson a bien étudié la nature

---

1. *De l'Irritation et de la Folie*, I, 26.

de la fibre ; il a seulement accordé un peu libéralement, selon Haller, à presque toutes les parties du corps humain, même aux fluides, l'irritabilité.

Pour le physiologiste suisse, en effet, l'irritabilité « était cette propriété de la fibre musculaire, comme s'exprime Bonnet, l'ami et le disciple de Haller, en vertu de laquelle elle se contracte d'elle-même à l'attouchement de tout corps soit solide, soit fluide : c'est par elle que le cœur détaché de la poitrine continue quelque temps à battre ; c'est par elle que les intestins séparés du bas-ventre et partagés en plusieurs portions comme des vers continuent pendant un temps à exercer leur mouvement péristaltique ; c'est par elle enfin que les membres de quantité d'animaux continuent à se mouvoir après avoir été séparés de leur tronc. » Loin d'être propre à tous les tissus, à toute substance organique, depuis le végétal jusqu'à l'homme, comme le voulait Broussais, c'est au tissu musculaire, aux fibres musculaires, qu'Albert de Haller attribuait l'irritabilité : *in glutine residet.*

Depuis on a désigné par le mot contractilité l'irritabilité musculaire ; mais le problème n'a pas été pour cela résolu. Le muscle est directement ou indirectement irritable, c'est-à-dire indépendamment des nerfs, ou, au contraire, par l'intermédiaire des nerfs qui pénètrent, on le sait, jusque dans l'intimité des tissus musculaires. Les expériences célèbres de Claude Bernard avec le curare n'ont pas plus décidé la question que celles de Kühne sur les réactions diverses des muscles et des nerfs soumis à certains excitants. Un physiologiste remarquable, J. Rosenthal, écrivait naguère encore : « Nous n'avons aucune preuve évidente, on peut l'affirmer, de l'excitabilité propre (irritabilité) du muscle ; nous n'avons pas non plus, il est vrai, de preuve du contraire. Pour comprendre comment le nerf peut agir sur le muscle, il faut admettre que le muscle est irrité par le nerf ; mais, vu la ressemblance des deux organes, il ne suit pas que le muscle ne puisse être irrité par d'autres excitants (électrique, chimique, mécanique et thermique). » Quoi qu'il en soit, on s'accorde généralement à reconnaître, avec Bichat, Claude Bernard et Virchow, que l'irritabilité est une propriété générale de tout ce qui vit. « L'irritabilité, enseignait Claude Bernard, est la propriété que possède tout élément anatomique (végétal ou animal) d'être mis en activité et de réagir d'une certaine manière sous l'influence des excitants extérieurs[1]. » La sensibilité n'était au fond, pour l'illustre physiologiste français, qu'une modalité de l'irritabilité, « seule propriété vitale élémentaire (avec la nutrition et le mouvement) dont l'existence est commune aux deux règnes organiques. »

1. *Leçons sur les phénomènes de la vie communs aux animaux et aux végétaux*, I, 242.

Ce sont précisément les vues de Glisson sur ce sujet qui nous aident à saisir sa pensée véritable touchant la nature de la substance. M. Marion[1] a très sagement fait d'ouvrir l'*Anatomie du foie* avant d'étudier le livre métaphysique où Glisson a traité de la *Vie de la nature*. Le physiologiste anglais écrit, par exemple, que si les vésicules biliaires étaient insensibles, elles ne pourraient être irritées, l'irritation impliquant la perception, et partant le mouvement. Déjà en ce traité l'appétit est nommé à côté de la perception ou sensation et du mouvement. Ici c'est l'irritation, et l'irritation des diverses parties du corps, je le répète, que Glisson signale, non encore, comme dans son dernier écrit, « l'irritabilité des fibres. » « Or, l'irritabilité, dit-il, suppose la perception, et, dès que celle-ci existe, l'appétit et le mouvement s'ensuivent par une loi de nature. » Si la fibre est irritable et se contracte, c'est qu'elle perçoit une irritation, ainsi qu'on le peut voir, ajoute Glisson, pour les mouvements des fibres du cœur et des intestins qui persistent chez les animaux décapités.

Pour Glisson, comme pour Leibnitz, tout vit dans la nature. Ce qu'il s'est proposé de montrer, c'est que « toute substance est vivante, et partant *perçoit, désire et se meut.* » La nature de la matière, considérée comme principe capable d'action,

---

1. V. l'excellente thèse latine de M. Marion sur François Glisson (Paris, 1880).

vivant, animé, manifeste ces trois facultés ou puissances primordiales. On ne doit pas confondre cette perception de la nature avec celle des animaux. On ne saurait dire que la pierre souffre sous les coups du marteau comme un chien fouetté sent la douleur. Il faut ou refuser absolument la perception aux corps naturels, affirme Glisson, ou distinguer avec soin cette perception de la nôtre. On en doit dire autant des appétits ou désirs et des mouvements naturels comparés avec les mouvements et les appétitions des animaux. Toutefois la perception naturelle n'est pas inconsciente : la nature vivante se perçoit d'abord elle-même.

La matière possède une vie propre. Glisson le démontre et par le sentiment des plus grands philosophes et par des considérations naturelles. Le principe interne du mouvement, tel qu'il se manifeste dans tous les corps et non pas seulement chez les plantes et chez les animaux, témoigne suffisamment que les corps vivent. Les automates se meuvent aussi, mais ce n'est pas en eux-mêmes qu'est la cause de leurs mouvements. Soutient-on que la nature n'a pas en elle un principe de mouvement et par conséquent de vie, on est forcé d'admettre, contre tous les enseignements de l'expérience, que ni le ciel, ni la terre, ni les étoiles, ni les planètes, ni les éléments, ni les minéraux ne font rien par eux-mêmes et que cet immense univers est privé de toute action propre. Que cela est difficile à croire ! s'écrie Glisson. Nous soutenons au contraire, continue-t-il, que tous les corps se meuvent d'eux-mêmes, et qu'ils vivent, car ce qui se meut a vie. Les corps ne trahissent-ils pas un effort spontané ? Faut-il se hâter, pour en rendre raison, de recourir au miracle ? Non, il faut confesser qu'il y a en eux une certaine vie et que cette vie peut seule être la condition suffisante de ces mouvements. C'est à ce principe interne qu'il convient très vraisemblablement d'attribuer la tendance qu'ont les pierres à tomber plutôt qu'à s'élever. Grâce au principe de vie qui l'anime, notre terre dirige elle-même sa course dans l'espace céleste, perçoit ses mouvements et a une certaine conscience des diverses positions qu'elle occupe successivement du nord au midi. Enfin, il n'est pas jusqu'à ces formes régulières et symétriques, à ces idées esthétiques que réalisent d'elles-mêmes, sans cause extérieure, nombre de productions naturelles, de corps inanimés, qui n'attestent chez eux la présence et l'action de la vie. Si l'on n'hésite pas à reconnaître la vie végétative dans la formation des plantes et des animaux, le moyen de méconnaître l'œuvre de la vie de la nature dans les incomparables merveilles de grâce et d'élégance, défiant tout art humain, que présente, sous le champ du microscope, la moindre parcelle de neige ou de grêle ? On dirait que la nature est parfois bien aise de montrer des échantillons de son industrie.

Les idées de Leibnitz sur les atomes et sur l'atomisme, sur le vide, sur l'optimisme, se rencontrent également chez Glisson. C'est en vain que, vaincus par les difficultés qu'offre l'explication de l'infinie divisibilité des corps, de grands philosophes ont soutenu que les corps sont composés de particules matérielles indivisibles ou d'atomes. Glisson en appelle à l'autorité de Descartes : ce philosophe a écrit qu'il ne saurait exister d'atomes, de particules matérielles indivisibles ; en effet, quelque petits qu'on imagine ces atomes, puisqu'ils possèdent de l'étendue, il est toujours possible de diviser chacun d'eux par la pensée en deux ou plusieurs parties plus petites encore ; ils sont donc toujours divisibles. Si l'atome est indivisible comme le point mathématique, il n'est rien. Les arguments se pressent chez Glisson contre la divisibilité infinie de la matière et contre l'existence du vide.

Mais, avant même d'instituer un parallèle entre les thèses du médecin anglais et celles du philosophe allemand, on est frappé des profondes et secrètes affinités des deux doctrines. On se demande si Leibnitz a vécu quelque temps dans la familiarité de Glisson, ou s'il a lu du moins le traité sur la *Vie de la nature*. L'année où parut ce livre (1672), Leibnitz était à Paris ; mais, dès le commencement de l'année suivante, le philosophe vint à Londres et y demeura deux mois ; le traité sortait des presses. Si l'on songe que Leibnitz dévorait à peu près tout ce qui s'imprimait et que, dans son ardent désir de tout connaître, il ne reculait point devant la lecture des plus lourds et des plus fastidieux livres de scholastique, il semble peu probable qu'un livre tel que celui de Glisson ait échappé à la curiosité toujours en éveil du philosophe, un livre dont le titre seul était comme le sommaire de ses futures idées, comme une évocation vivante de ses pensées secrètes, encore vagues et flottantes peut-être dans les limbes de sa conscience. Car, quoiqu'on ne trouve pas de traces avant 1690 de sa doctrine sur la nature de la substance, Leibnitz la portait depuis longtemps à l'état de germe dans son esprit.

Peut-être connut-il Glisson lui-même ; à Londres comme à Paris, il se lia, en effet, avec tous les savants éminents, surtout avec les membres de la Société royale, avec Collins, Oldenbourg, Robert Boyle, etc. Enfin, trois ans plus tard, il revint en Angleterre, et il eut tout le loisir de s'enquérir à Londres des nouveautés littéraires. Ce qui porte pourtant à réfléchir, c'est que le nom de Glisson ne se rencontre nulle part dans les écrits de Leibnitz publiés ou encore inédits. Je n'oublie pas qu'on reproche au philosophe allemand d'avoir souvent passé sous silence le nom de quelques-uns de ses émules les plus illustres. S'il s'est donné pareille licence avec des savants célèbres, il a pu se gêner moins encore avec Glisson et tirer du fumier scholastique de cet Anglais quelques-unes des perles de son écrit philosophique. On s'est encore demandé si Leibnitz, après plusieurs années, n'a pas reproduit sans le savoir, d'une manière inconsciente, des idées qu'il pouvait croire siennes, comme il arrive parfois aux gens qui ont trop bonne mémoire. Ajoutez que le traité de Glisson ne paraît pas avoir été parmi les livres de la bibliothèque de Leibnitz. L'exemplaire de cet ouvrage qui se trouve aujourd'hui à la bibliothèque de Hanovre y est entré treize ans après la mort du philosophe. La véritable cause du silence ou de l'oubli de Leibnitz est sans doute fort simple : il pouvait penser, ce qui était vrai, que les parties les plus originales de son système, les monades et l'harmonie préétablie, étaient bien à lui [1] et que les idées qu'il avait eues en commun avec Glisson n'étaient particulières ni à l'un ni à l'autre.

De même, à ne considérer que la forme, la façon d'écrire et de composer, rien ne se ressemble moins que Glisson et Leibnitz. L'un, prolixe et souvent obscur, hérissé de formules gothiques, insatiables de divisions et de subdivisions infinies, rompu à tous les exercices de l'école et de cette subtilité d'esprit particulière aux barbares ; l'autre, rapide et clair, d'une abondance et d'une fécondité de génie incomparables, dominant d'un vol trop sublime toutes les questions pour s'em-

---

1. Naturellement il ne faut pas prendre ceci trop à la lettre. On n'invente rien. Les monades, par exemple, jouent déjà un rôle analogue chez Giordano Bruno.

barrasser dans les argumentations scholastiques et se traîner dans les distinctions.

Voici pourtant les traits communs ou semblables qu'on peut noter dans les doctrines de Glisson et de Leibnitz. Ils s'accordent d'abord sur la nature de la substance. Quoique créée à l'origine, toute substance existe par elle-même, elle est essentiellement active, elle vit et agit spontanément. La substance, répète Leibnitz, est un être capable d'action. La matière n'est pas cette chose inerte et purement passive qui recevrait d'ailleurs la vie et le mouvement. Rien ne se meut ni ne meut quelque chose, sinon ce qui appète ou désire la fin d'un mouvement, et ce qui est désiré a été perçu. Toute substance perçoit donc, puisqu'elle désire et se meut, partant toute substance est animée, vivante. Rien de mort ni de stérile dans la nature. Ce qui, à quelque degré que ce soit, manquerait de perception, ne connaîtrait pas cet obscur désir qui porte tous les êtres à faire effort et à se mouvoir : ce serait un pur néant. Enfin, rien ne répugnait davantage à la conception optimiste du monde, commune à Glisson et à Leibnitz, que d'imaginer que Dieu, en créant les substances, leur ait refusé toute énergie propre. « De la manière que je définis *perception* et *appétit*, écrivait Leibnitz, il faut que toutes les monades en soient douées : car perception m'est la présentation de la multitude dans le simple et l'appétit est la tendance d'une perception à une autre ; or ces deux choses sont dans toutes les monades. » Or les atomes de Leibnitz, atomes de substance, sont les monades, on le sait du reste, encore que nous soyons loin du temps « où la dispute des monades était si vive et si générale, rapporte Euler, qu'on en parlait avec beaucoup de chaleur dans toutes les compagnies et même dans les corps de garde. A la cour, il n'y avait presque point de dames qui ne se fussent déclarées ou pour ou contre les monades [1]. »

Ces atomes de substance, dont il y a des mondes dans la moindre parcelle de matière, ont toutes une perception plus ou moins confuse de l'univers, car « il y a une infinité de degrés dans les monades, » quoiqu'on puisse admettre, sans contradiction aucune, que « toute monade contient en puissance une âme pensante. » La perception n'est point, d'ailleurs, la sensation, de même que la sensibilité n'est pas l'intelligence. Chez nos auteurs, et surtout chez Glisson, on distingue trois perceptions qui sont comme autant de degrés de l'échelle de la conscience. La perception naturelle, qui est cette perception obscure et confuse dont nous venons de parler, appartient à tout ce qui existe dans la nature; la perception sensible n'apparaît qu'avec certains organismes, tels que les nerfs, propres à les manifester : c'est pourquoi Glisson l'appelle *perceptio animalis*. La perception intel-

---

1. *Lettres à une princesse d'Allemagne*, lett. LVII.

lectuelle enfin est propre à la raison. A chaque degré de perception correspond un degré d'appétit ou de désir, à chaque degré d'appétit un mode d'action. Ainsi, la substance qui ne perçoit que d'une façon confuse désire de même, et, quoique avec spontanéité, se meut en quelque sorte fatalement. *Glisson insiste sur la perception, surtout à son degré le plus inférieur, Leibnitz sur l'appétit des substances.* Chez les animaux, les végétaux, les minéraux, toutes les particules, même les plus infinitésimales, conspirent à la vie, au mouvement et à la conscience universelle. Ni force plastique ni archées ne sont nécessaires pour animer ce vaste mécanisme. « Car, quoique je demeure d'accord, dit Leibnitz, que le détail de la nature se doit expliquer mécaniquement, il faut qu'outre l'étendue on conçoive dans le corps une force primitive qui explique intelligiblement tout ce qu'il y a de solide dans les formes des écoles. »

Cette insuffisance du pur mécanisme pour expliquer la vie, le mouvement et la conscience dans l'univers, a été ressentie de nos jours par nombre de savants qui, comme Leibnitz, avaient passé par la discipline des mathématiques et des sciences inductives, voire par la foi matérialiste aux atomes et au vide. Que si l'on ne conçoit pas comment des atomes solides de matière, c'est-à-dire des particules indivisibles (notion d'ailleurs contradictoire), dénuées de vie et de sensibilité, manifestent ces propriétés en se combinant de diverses manières sous certaines conditions, il ne reste qu'à étendre aux parties constituantes du composé les propriétés que dégage la combinaison et à considérer ces propriétés comme immanentes aux derniers éléments de la nature. Voilà ce qu'a fait Leibnitz quand il a dérivé le principe du mécanisme d'une source supérieure, d'une source métaphysique, comme il s'exprime. Frappé de la présence de « quelque chose de vital » dans la nature entière, il l'a peuplée d'âmes ou de forces analogues. (*De ipsa natura*, § 3.)

Ce sont bien des propriétés psychiques que Glisson et Leibnitz ont étendues ou transportées aux parties ultimes de ce que nous appelons la matière. La perception naturelle propre à toutes les substances, et non pas seulement aux animaux et aux végétaux, est un état interne grâce auquel ces unités vivantes, ces monades, se représentent le monde et, par l'effet même de ces perceptions, tendent à se mouvoir ou à agir. On connaît l'importance des « petites perceptions, » de ces « perceptions insensibles » ou, comme nous dirions, inconscientes, sur lesquelles Leibnitz a tant et si souvent insisté : ce sont les perceptions élémentaires dont la somme compose nos sensations conscientes. Ainsi le bruit de la mer que l'on perçoit est composé du bruit de chaque vague, qui n'arrive pas jusqu'à la conscience, mais qui ne laisse pas d'être perçu par nos centres nerveux inférieurs. Avec le sentiment de la continuité dans la nature, cette idée des perceptions insensibles est certainement une des plus profondes intuitions du génie de Leibnitz qui, comme ses monades, a connu ou du moins entrevu toutes les vérités plus ou moins confusément.

Les idées de Leibnitz sur le vide, les atomes et la divisibilité étaient les mêmes que celles de Glisson. Tous deux rejetaient les atomes et le vide et, chacun à sa manière, admettaient la divisibilité à l'infini. Tous deux avaient lu Platon, qu'ils louaient fort d'avoir senti que la nature entière est vivante et animée, encore qu'il ait eu tort, selon eux, d'admettre une âme du monde. Ils suivent Aristote, tout en le redressant à l'occasion, et lui empruntent ses définitions. Leibnitz, plus familier avec l'histoire de la philosophie, ne manque guère de saluer au passage « ces anciens qui étaient plus solides qu'on ne croit, » le « grand Démocrite, » Parménide, etc. Ils n'ont garde de manquer de révérence envers l'école et envers l'Eglise. Du docteur angélique, ils savaient la Somme ; mais c'est chez le docteur subtil, chez Duns Scot, s'ils l'ont lu, qu'on trouverait maintes semences des idées de Glisson et de Leibnitz. Parmi les modernes, enfin, ils aiment, Glisson surtout, à invoquer l'autorité de Galilée, de Bacon, de Descartes, de Robert Boyle. Nourris des mêmes lectures, ils ont vécu dans le même temps et au sein de la même race : n'en est-ce pas assez pour expliquer les ressemblances entre les deux doctrines ?

Il y a d'ailleurs de notables différences dans les doctrines de Glisson et de Leibnitz. Ces différences peuvent provenir autant de la diversité de leurs génies que de celles de leurs études et de leurs principes. L'un, Anglais, est venu de la médecine et des sciences inductives à la métaphysique ; l'autre, Allemand, s'est élevé à la philosophie première après avoir passé par la discipline mathématique, les sciences déductives, les sciences morales.

On s'en aperçoit au degré d'importance qu'ils accordent aux diverses questions de la métaphysique. Aussi bien, et quoi qu'en ait dit Victor Cousin, on ne découvre pas chez Glisson la moindre trace des monades de Leibnitz non plus que de l'harmonie préétablie. Tout ce qu'il est permis de penser et de dire, c'est que par ses particules naturelles (*minima naturalia*), sorte de *puncta substantialia*, Glisson nous conduit au seuil de la monadologie. Mais on pourrait en dire autant des atomes de Démocrite et d'Épicure, rejetés par Leibnitz, quoique ses monades ne soient que ces atomes spiritualisés, vivifiés et doués d'états internes de perception et de tendance. Ce qu'avait à ses yeux d'excessif, en sa verdeur native, le naturalisme d'un Bruno, d'un Campanella, d'un Van Helmont, Glisson l'a tempéré, lui aussi, avec les principes de Bacon et de Descartes, tout en demeurant l'adversaire du mécanisme de notre grand philosophe national, et, s'il a préparé les voies à quelqu'un, c'est moins à l'auteur de la *Monado-*

logie qu'à Cudworth, à Stahl, à Haller et aux naturalistes contemporains qui se piquent de philosophie.

Pour estimer à sa juste valeur la métaphysique de Glisson, on doit se souvenir qu'elle est la fille de la médecine. Elle n'a pas été stérile, et l'on ne saurait la comparer à cette vierge, *Deo sacrata*, bien connue des philosophes, qui n'enfante pas : elle a produit, par la doctrine de l'irritabilité, une des plus fécondes découvertes de la physiologie moderne, et, par contre-coup, elle a fait une révolution en psychologie. Car, ne l'oublions pas : tandis qu'Albert de Haller fondait sur des expériences célèbres sa doctrine de l'irritabilité, La Mettrie, avant Haller lui-même, et en invoquant la même propriété organique, l'irritabilité, esquissait, dès 1748, dans *l'Homme-Machine*, les premiers principes de la psychologie de l'avenir, de la psychologie sans âme.

ÉTUDE CRITIQUE SUR LA PHILOSOPHIE

DE L'INCONSCIENT

I

Ceux qui ont vu ou entendu Hegel et Schelling, Schopenhauer et Feuerbach, parlent de l'époque de ces philosophes comme d'un âge héroïque de la pensée. Les épigones de ces puissants athlètes leur paraissent des nains, et volontiers ils diraient, avec le poète latin, que cette forte génération d'hommes était née de la jeunesse de la terre, aujourd'hui vieille et stérile, *ut mulier spatio defessa vetusto*.

L'auteur de la *Philosophie de l'inconscient*, M. de Hartmann, paraît pourtant bien être de la taille de ces géants d'un autre âge : c'est, si l'on veut, un demi-dieu attardé, égaré parmi nous. Comme il y a apparence qu'on ne reverra pas en ce siècle un si grand métaphysicien, il conviendrait peut-être de le considérer à loisir et de prendre sa mesure. M. de Hartmann s'est révélé tout entier au monde dans sa *Philosophie de l'inconscient;* il n'a plus rien à nous apprendre ; il se répète même, en ses derniers écrits, comme un poète que la muse ne visite plus. Il pourrait disparaître, car il est déjà immortel, et rien n'empêche de dire de lui, comme d'un héros d'un autre genre :

*Expende Annibalem : quot libras in duce summo
Invenies ?*

C'est surtout en Allemagne que la *Philosophie de l'inconscient* a trouvé des critiques. En France, elle n'a guère rencontré que des apologistes ou des détracteurs. Elle nous a surtout laissés indifférents. Que sait-on, en général, de la philosophie de l'inconscient ? On répète que c'est une conception pessimiste de l'univers, une prédication de l'Évangile du nihilisme, une religion nouvelle qui mène au salut par l'extinction dans le Nirwana. Bref, M. de Hartmann apparaît comme le Bouddha de l'Occident. Il y a du vrai dans cette opinion populaire. L'auteur de la *Philosophie de l'inconscient* dirait même ici que l'instinct des foules, infaillible comme on sait, ne s'est pas trompé à son endroit.

Tout l'échafaudage du système métaphysique de l'inconscient, laborieusement édifié sur les constructions assez mal assises et branlantes de Hegel, de Schelling et de Schopenhauer, sera depuis longtemps à terre, que la philosophie amère et triste qui se dégage de l'œuvre de M. Hartmann, comme du livre de l'*Imitation* ou des vieux soutras bouddhiques, servira encore d'aliment aux âmes d'une profonde sensibilité, d'une délicatesse douloureuse et maladive, qui se replient, solitaires, loin du commerce du monde, et qu'emplit l'ennui incurable de vivre. Un temps viendra peut-être où les *trois stades de l'illusion* seront les trois premiers articles de foi d'une religion nouvelle. Ne faut-il pas toujours à l'homme une religion? Les trois symboles de la société moderne, qu'il croit avoir découverts dans l'Évangile de Jésus, la liberté, l'égalité, la fraternité, il s'en dégoûtera quelque jour, comme du *Credo* des apôtres et des saints mystères d'Eleusis.

Le peuple a donc bien saisi d'instinct la signification véritable de l'œuvre de M. de Hartmann. Mais il y a autre chose encore dans la *Philosophie de l'inconscient* qu'une conception pessimiste de l'existence : il y a toute une métaphysique qui a la prétention d'expliquer théoriquement l'origine de l'évolution de l'univers, de la vie et de l'intelligence. Comme toute philosophie digne de ce nom, la philosophie de l'inconscient est un essai de synthèse générale des premiers principes de toutes les sciences, reliés entre eux par une hypothèse universelle. Or, cette hypothèse étant foncièrement spiritualiste, on pense bien qu'il n'a pas manqué en France de hardis métaphysiciens, trop hardis peut-être, qui se sont jetés sur la philosophie de M. de Hartmann comme sur un élixir de longue vie, bien fait pour ranimer un peu la pauvre vieille philosophie dualiste de l'Université.

C'est sans doute un assez mauvais cartésien que M. de Hartmann ; son déisme n'est point exempt d'hérésies ; sa morale, enfin, n'est point celle qu'on professe en Sorbonne. Mais qu'importe ! M. de Hartmann, au moins, n'est pas matérialiste, comme on dit dans l'école. Il ne lui suffit pas de peupler le monde d'esprits, comme un Papou ; dans l'univers entier, il ne voit, comme M. Janet, que finalité et causes finales. Quel triomphe pour le spiritualisme français ! et que l'on comprend bien, après cela, tout le parti que les habiles ont su tirer de ces précieux aveux de la « science allemande ! »

Malheureusement, la science allemande, qui n'a que faire de la philosophie de l'inconscient, loin d'accepter l'étrange alliance que celle-ci lui offrait, l'a repoussée et hautement désavouée. Le plus retentissant, le plus humiliant pour Hartmann de ces désaveux est un livre de M. Oscar Schmidt, professeur de zoologie et d'anatomie comparée à l'université de Strasbourg, *les Sciences naturelles et la Philosophie de l'inconscient*. L'éminent naturaliste, déjà connu en France par le livre que la *Bibliothèque scientifique internationale* a publié sous le titre de : *Descendance et Darwinisme*, a fait enfin justice du préjugé vulgaire, partagé jusqu'ici par quelques philosophes français, qui admire chez

M. de Hartmann la solidité des connaissances scientifiques. M. Schmidt a montré combien Hartmann avait été infidèle à cette méthode inductive des sciences de la nature par laquelle il annonçait, dans l'épigraphe de son livre, être arrivé aux résultats spéculatifs de sa philosophie. Bien loin d'avoir été, comme il s'en vante, à la hauteur de la science de son temps, Hartmann a laissé paraitre, dans le choix de ses guides, un goût très prononcé pour certaines doctrines vieillies, déjà fossiles, et, qui pis est, décriées comme de honteuses superstitions spirites.

L'absence de critique, de bonne et solide judiciaire, est surtout frappante dans cette élection « inconsciente » de maintes autorités qu'il adopte, sans s'apercevoir qu'elles sont inconciliables avec d'autres. Par exemple, la physiologie et la psychologie d'un Carus, pour ne rien dire de celles d'un Reichenbach, le révélateur de l'od, ne sauraient se concilier avec celles d'un Jean Mueller, d'un Du Bois-Raymond, d'un Virchow, d'un Goltz ou d'un Wundt. « Qui considère ceux-ci comme des autorités, remarque très justement M. Schmidt, ne peut en croire ceux-là. » La critique est pleinement dans son droit ; elle ne fait qu'appliquer un principe reconnu dans toutes les sciences, quand, de l'examen des sources, elle juge du degré de crédibilité et de confiance que mérite un auteur. A cet égard, Hartmann apparaît comme un dilettante, comme un poète et un artiste, qui promet, sans doute, « de tenir compte de tous les résultats des sciences naturelles, » mais qui s'éloigne involontairement des physiciens et des naturalistes, attiré qu'il est par une secrète sympathie vers le mesmérisme, les somnambules et les magnétiseurs.

En fait, la science constate, par l'organe d'un des premiers naturalistes de ce temps, que le philosophe de l'inconscient n'a pas été capable, au milieu des faits de toute nature que la science lui offrait, d'en faire un usage vraiment critique, de discerner le douteux du probable, d'apercevoir les interprétations erronées dans lesquelles il tombait. « Les inductions de M. de Hartmann manquent de la première condition : l'exactitude des hypothèses qui doivent servir de fondement aux lois et aux principes généraux. Il n'existe donc pas plus de raison de reconnaître ces principes que d'adopter les déductions qui en ont été tirées[1]. »

Ce jugement n'a pas été du goût de M. de Hartmann. Il a cru devoir répondre à la critique de M. O. Schmidt dans un petit écrit assez outrageux qu'on lit aujourd'hui à la fin de son livre célèbre, si longtemps anonyme : l'*Inconscient au point de vue de la physiologie et de la théorie de la descendance*[2]. L'impartialité nous fait un devoir de reproduire les principales objections que la philosophie fait ici à la science.

1. *Les Sciences naturelles et la Philosophie de l'inconscient*, p. 168.
2. Deuxième édit. Berlin, Duncker, 1877, in-8°.

Et d'abord, M. de Hartmann ne saurait admettre qu'à côté de la science proprement dite il n'y ait plus de place pour la spéculation métaphysique. A l'entendre, la causalité n'exclut pas la téléologie : ce sont plutôt les deux faces d'une unité supérieure, d'un principe transcendant qui, pour réaliser les fins qu'il poursuit, recourt à l'intermédiaire du mécanisme. Pour combler les lacunes de toute explication mécanique, il faut faire intervenir une sorte de *nisus formativus*, qui réalise, dans la nature, des idées dont la sphère s'élève bien au-dessus des forces cosmiques. La science peut bannir la métaphysique ; mais ce n'est certes pas au nom des conquêtes qu'elle aurait faites dans l'explication naturelle des choses. L'honneur de la philosophie de l'inconscient est d'avoir hautement protesté contre le courant d'opinions matérialistes qui domine aujourd'hui.

Quand le savant enseigne que la causalité mécanique, que le jeu des forces naturelles, suffit à rendre raison de tous les phénomènes, il professe simplement une croyance, il fait un acte de foi, il promulgue un dogme. Cette croyance, cette foi, ce dogme n'appartiennent pas à la science. Pourquoi le philosophe n'aurait-il pas le droit d'opposer son *credo* à celui du savant ? Il estime, lui, que la causalité mécanique est un facteur indispensable dans la genèse des choses ; il ne croit pas qu'elle soit une cause suffisante. L'objet du philosophe n'est pas celui du physicien. L'un s'efforce d'atteindre le principe qui se réalise dans l'univers au moyen des phénomènes ; l'autre ne s'attache qu'à décrire et à comprendre l'enchaînement de ces phénomènes. Il ne saurait donc exister de contradictions fondamentales entre la science et la philosophie : elles marchent dans des voies différentes. En tout cas, la science est impuissante à remplir les lacunes que la métaphysique essaye de combler. M. Schmidt a confondu ses préjugés de matérialiste avec les données de la science moderne.

Ces objections, que nous n'avons pas affaiblies, sont en somme de l'ordre philosophique. Les naturalistes de profession ont mieux à faire que d'y répondre. Et, de fait, les philosophes allemands se sont chargés de ce soin. Pour ne citer que les plus connus en France, il suffit de parcourir à cet effet l'*Histoire du matérialisme*, de Lange, l'*Histoire critique de la philosophie*[1], de Dühring, le piquant et savant opuscule de Vaihinger sur *Hartmann, Dühring et Lange*[2] — car c'est le sort de tous ceux qui jugent d'être jugés à leur tour, — un article fort substantiel de Klein, dans l'*Ausland*, et les trois essais considérables que Haym a publiés, en 1873, dans les *Preussische Jahrbücher*[3].

Le jugement porté par tous ces penseurs sur la

---

1. *Kritische Geschichte der Philosophie von ihren Anfaengen bis zur Gegenwart*, 3ᵉ édit. Leipzig, Fues, 1878, in-8°.
2. *Hartmann, Dühring und Lange. Zur Geschichte der deutschen Philosophie im XIX. Jahrhundert*. Iserlohn, Baedeker, 1878, in-8°.
3. XXXIᵉ vol., p. 41, 109 et 257.

Philosophie de l'inconscient est définitif et sans appel : c'est un verdict de mort. Pour Dühring, dont la verve sarcastique a des éclats terribles, la philosophie de l'inconscient est le digne pendant du spiritisme américain. Les sciences naturelles ne sont pour rien dans cette philosophie : on n'en voit grimacer que le masque burlesque, la ridicule caricature[1]. Singulière science que celle qui repose sur l'hypothèse métaphysique d'un inconscient doué de seconde vue, et chez lequel on ne sait ce qu'il faut le plus admirer, — le magicien dont la baguette arrête le cours de la nature, l'interprète des songes, ou le saltimbanque qui guérit tous les maux avec sa panacée ! Aux yeux de l'auteur de l'*Histoire critique des principes généraux de la mécanique*, Hartmann n'est qu'un mystique illuminé, plus lucide qu'on ne croit, un charlatan.

De telles invectives surprennent toujours en France. Et je ne répète pas tout; il me faudrait parler latin. Le respect qu'inspirent à tout galant homme la grande infirmité, le stoïcisme et les persécutions de Dühring nous ferme la bouche. C'est une âme ulcérée qui s'épanche ainsi en fangeuses injures. Il faut connaître Dühring, il faut avoir lu ses écrits pour se faire une idée un peu nette de l'homme. C'est à coup sûr un très puissant esprit, mais bien plus chimérique en son genre, que le philosophe de l'inconscient lui-même. L'optimisme

---

1. *Kritische Geschichte der Philosophie*, p. 523.

qu'il professe est à la fois si naïf et si vulgaire qu'en le quittant ses auditeurs se convertissent souvent au pessimisme. Les doctrines socialistes n'ont pour elles que l'attrait du fruit défendu. En France, on dédaigne aujourd'hui ces utopies humanitaires, peut-être grosses d'une société nouvelle. Il n'y a pas jusqu'au matérialisme de Dühring qui ne fasse illusion : j'y démêle plutôt une manière de positivisme à courte vue, borné et grossier. Quoi qu'en disent les professeurs de philosophie, une telle épithète conviendrait bien mieux à ce « catholicisme sans christianisme » qu'on appelle le positivisme, qu'à cette noble et antique doctrine, le matérialisme, qui compte au nombre de ses sages les plus hautes intelligences, les plus sereines figures de tous les siècles, un Démocrite, un Épicure, un Lucrèce, un Gassendi.

Les autres critiques de Hartmann que nous avons nommés ne sont pas plus tendres que Dühring à la philosophie de l'inconscient. Tous sont unanimes sur un point : Hartmann est un philosophe romantique ; voilà sa faculté maîtresse. Sa philosophie est un « fruit d'arrière-saison de ce romantisme spéculatif[1] » que Schopenhauer, avec son byronisme, représente assez bien, et auquel Schelling a donné un dernier lustre. Touchant la méthode de M. de Hartmann, il n'est qu'une voix chez les

---

1. *Geschichte des Materialismus*, II, 277 ; voy. Hans Vaihinger, l. l., p. 7.

philosophes comme chez les naturalistes : c'est un étrange amalgame, un chaos indigeste de rêveries mystiques et d'inductions scientifiques. Ajoutez que, à l'instar des sensitifs de Reichenbach[1], M. de Hartmann a pour philosopher un sens, un organe particulier. Cet organe ressemble fort, dit Vaihinger, à « l'intuition intellectuelle immédiate » de Schelling. D'un « saut aérien de nature mystique, » Hartmann s'élance dans la sphère inaccessible de l'inconscient, de l'idée et de la volonté, dont l'univers n'est que la « phénoménalité objective. » Or, l'Inconscient, c'est l'Un-Tout, c'est l'Absolu, c'est l'Ame du monde.

On imagine souvent, dans le public, que le livre de Hartmann a rendu le service d'appeler l'attention sur tout ce domaine obscur de l'organisme où ne semble régner que le pur mécanisme inconscient des actions réflexes. C'est une erreur ; sans doute, plus d'une page y est consacrée à cet important problème de physiologie, qu'on peut même considérer comme l'idée-mère de la philosophie de l'inconscient. Mais, outre que les physiologistes n'ont pas attendu M. de Hartmann pour instituer des expériences et raisonner sur les réflexes, l'inconscient n'est point pour notre auteur une forme inférieure de la conscience, un minimum de conscience, en quelque sorte : c'est un principe métaphysique qui,

---

1. *Les Sciences naturelles et la Philosophie de l'inconscient*, ch. VIII.

partout présent dans l'univers, y suscite la vie et la pensée, qui domine le temps et l'espace, dont la sagesse est absolue comme la clairvoyance infaillible, — et cela quoiqu'il n'ait point de conscience !

L'inconscient, c'est le dieu des déistes, à moins que ce ne soit le fétiche des sauvages. De la première à la dernière page de la *Philosophie de l'inconscient*, on assiste à un miracle perpétuel. A chaque instant, l'inconscient intervient dans les mouvements réflexes et volontaires de l'organisme, dans l'instinct, dans les guérisons spontanées, dans la production des animaux et des plantes : rien n'arrive dans la nature sans cette intervention, nullement mécanique, d'une finalité secrète, d'une volonté et d'une idée inconscientes. C'est la négation même de la causalité naturelle ! M. de Hartmann, comme l'a noté Lange, crée du travail et de la force avec rien, car l'inconscient n'est qu'un mot, et le plus vide des mots.

Voilà bien l'interprétation naïve, ajoute Lange [1], de ces indigènes de l'Australie qui rapportent tout ce qu'ils ne peuvent expliquer au *devil-devil*. Le devil-devil des nègres australiens est vraisemblablement omniscient et tout-puissant comme l'inconscient de M. de Hartmann. Quand la science de ces pauvres sauvages et celle du philosophe allemand demeurent court, les uns invoquent le diable et

---

1. *Geschichte des Materialismus*, II, p. 270.

l'autre l'inconscient. Les limites de cette intervention surnaturelle diffèrent un peu dans les deux cas, mais c'est bien la même méthode scientifique. « L'étincelle de la bouteille de Leyde est vraisemblablement un devil-devil pour l'Australien ; Hartmann peut en donner une raison naturelle... Mais la feuille qui se tourne vers le soleil est pour Hartmann ce qu'est pour le nègre d'Australie la bouteille de Leyde. » Le philosophe de l'inconscient, sans songer à pousser plus avant ses études de botanique, à attendre les explications de la science (on sait que M. Bert a justement découvert la raison naturelle, toute mécanique, des mouvements périodiques des feuilles et des fleurs et de l'héliotropisme), n'a rien de plus pressé que d'invoquer ici son devil-devil, je veux dire son inconscient, cause de nature spirituelle.

Or, la science ne connaît qu'une sorte d'esprit : l'esprit de l'homme. A ceux qui parlent d'une âme du monde, on peut toujours demander qu'ils nous montrent à travers les espaces de l'univers sidéral, se nourrissant de sang artériel, des ganglions nerveux reliés par un appareil de concentration cérébral [1]. Jusque-là, il est impossible d'admettre l'existence d'une âme du monde, d'une conscience claire ou obscure des choses, d'une raison ou d'une idée de l'univers. La science ne connaît pas

---

1. *Ueber die Grenzen des Naturerkennens.* Ein Vortrag gehalten von Emil Du Bois-Reymond. 4te Auflage. Leipzig, Veit, 1876, p. 38.

de « causes spirituelles. » Ce qu'elle ne peut expliquer naturellement, d'après les principes du mécanisme, elle ne l'explique pas, voilà tout.

Le mysticisme, ou, comme dit Haym, « une mythologie qui se dissimule et a honte de paraître, » telle est la source toute religieuse de la philosophie de l'inconscient. « Ce qui distingue la mythologie philosophique de la mythologie religieuse, c'est que l'une obéit surtout aux vœux du cœur de l'homme, l'autre aux besoins de son esprit [1]. » D'originalité véritable, de puissance d'invention métaphysique, il n'y en a guère dans le système de M. de Hartmann. Sur ce point encore, tous les critiques sont du même sentiment. Quand ce ne sont pas les idées de Hegel, et surtout celles de Schelling, du Schelling de la dernière manière qu'on retrouve chez Hartmann, ce sont celles de Schopenhauer. Quelque peine qu'il semble avoir prise pour distinguer son inconscient de l'aveugle volonté du solitaire de Francfort, en l'accouplant à l'idée, l'un et l'autre ont un air de famille qui saute aux yeux. La phénoménalité objective de Hartmann n'est, sous un autre nom, que l'objectivité de la volonté de Schopenhauer. Dans l'un comme dans l'autre système, il s'agit avant tout de terminer le long martyre de l'intelligence en l'arrachant des serres de la volonté. Tous deux s'efforcent de tenir compte des résultats de l'expé-

---

1. *Preussische Jahrbücher*, XXXIe vol., p. 46.

rience et cherchent pour le pessimisme un fondement dans la science.

La grande ambition de M. de Hartmann a été, il l'a bien laissé paraître, de réconcilier la science et la métaphysique. Je ne crois pas impossible une telle entente, qui aussi bien existe en fait chez chacun de nous. Car, si *tous les hommes ont un désir naturel de savoir*, comme s'exprime Aristote au commencement de la *Métaphysique*, ils ne sont pas moins enclins à prolonger bien au delà de leur champ d'expérience le domaine où leur esprit chevauche. L'homme est par excellence un animal métaphysicien. Mais c'est assez de réserver les hypothèses pour les premiers principes des choses, pour ceux de la connaissance en particulier : il ne convient guère de les mêler au détail des sciences. Or, après avoir déclaré qu'il tenait pour fausse toute spéculation inconciliable avec les claires données de l'investigation expérimentale, Hartmann a prétendu qu'il ne saurait admettre la vérité des doctrines et des théories qui, « dans l'interprétation des faits établis par l'expérience, sont en désaccord avec les conclusions rigoureuses de la spéculation purement logique! ».

C'est que la doctrine de l'inconscient absolu implique, comme celle de Hegel, l'action d'une logique immanente dans la nature et l'esprit de l'homme. Les « spéculations purement logiques » auxquelles s'est élevé Hartmann en partant de ses intuitions mystiques, ont été constamment trouvées en désaccord avec les données de la science, si bien que, par une singulière ironie des choses, ce grand conciliateur de la science et de la métaphysique n'a pas moins été excommunié par les prêtres et par les philosophes que désavoué par les savants, convaincu d'ignorance par tous ceux qui ont qualité pour parler du transformisme et de la causalité mécanique de l'univers. Les philosophes ne lui pardonnent pas d'avoir voulu réconcilier, sous le nom de réalisme transcendental, l'idéalisme transcendental avec le réalisme naïf. Hartmann n'a pas seulement voulu montrer que la pensée humaine est en état d'atteindre l'être; il croit avoir prouvé que le monde, tel que nous nous le représentons, existe réellement dans l'espace et dans le temps. Il a voulu, lui, réfuter la *Critique de la raison pure!* Or, ce monde objectif, notre monde, ne serait lui-même qu'une objectivation, une apparence phénoménale d'un principe métaphysique et transcendant qu'il a cru découvrir derrière, et qui, pour lui, Hartmann, est le seul monde réel, — l'inconscient, dont la connaissance est l'objet de la métaphysique.

Le vrai nom du système de Hartmann n'est point celui de réalisme, même transcendental. Ce nom, remarque Vaihinger, devrait être celui-là même que porte le système de Schelling, idéalisme objectif transcendental; car, pour Hartmann aussi, la réalité et la phénoménalité objective sont des concepts équivalents. Ainsi que les néo-platoniciens et les gnostiques, Hartmann distingue trois mondes : 1° le monde des idées ou représentations ; 2° le monde extérieur ; 3° le monde de l'inconscient, de l'être absolu, de la substance éternelle, dont le monde est la manifestation phénoménale. Ainsi que Schelling et Hegel, il admet que la pensée et l'être sont au fond identiques, partant que nous pouvons connaître l'être. Cet être, la substance éternelle et absolue, en un mot l'inconscient, a deux attributs distincts qui le déterminent : la volonté et l'idée. L'inconscient, la volonté et l'idée ne sont qu'un dieu en trois personnes : c'est une trinité substantielle. Ce grand fétiche se comporte comme les enfants des hommes : il engendre même. De l'*inconscient*, qui est neutre, naissent un mâle et une femelle, la *volonté*[1] et l'*idée*, le premier couple métaphysique, qui rappelle le premier couple humain de l'Éden, Adam et Ève. Cette dualité rend seule possible la création du monde : la volonté, le père, appelle à la réalité le monde qui sommeillait en germe dans le sein de sa mère, l'idée. La volonté est père du monde : elle veut, et le monde est. Tel est ce petit roman cosmogonique, — « un conte de nourrice, » dit Vaihinger. En tout cas, voilà le fondement théorique du pessimisme de M. de Harmann.

Qu'il s'agisse de la doctrine des anciens Perses ou de la philosophie de l'inconscient, il faut bien

---

1. Mot masculin en allemand.

expliquer comment l'Être absolu est sorti de son éternel repos et de sa mystérieuse unité pour produire le monde et tomber dans la pluralité des phénomènes. Pour cela, une lutte intestine devait naître au sein même de l'absolu, une guerre de deux principes contraires, et le monde devait résulter de l'antagonisme manichéen de ces deux principes, la volonté et l'idée. Hartmann ne décide pas, à la vérité, si les atomes ont une conscience, ce qui est ici une preuve de discrétion bien rare. Mais il ramène au son des trompettes et des cymbales la force vitale trop longtemps exilée. Une monère, selon lui, ne saurait apparaître en vertu du seul jeu des forces de la matière inorganique. Une intervention spéciale et providentielle de l'inconscient a présidé à l'origine des êtres organisés : l'inconscient a dû animer la matière d'un souffle, comme le vieux Iahweh des Hébreux.

II

Voilà les grandes lignes du dernier système métaphysique enfanté par l'Allemagne. Au point de vue de la descendance intellectuelle, c'est un revenant de l'époque du romantisme et de la philosophie de la nature. On peut y voir un curieux cas d'atavisme spirituel. M. de Hartmann n'est pas plus que Hegel le dernier métaphysicien : la métaphysique ne finira sur cette planète qu'avec le dernier homme. On pourrait seulement souhaiter plus de variété dans ces grands poèmes philosophiques, dont le dernier aède semble toujours répéter l'écho du chant de ses ancêtres. Mais c'est là aussi un fait d'hérédité, et d'hérédité conservatrice, ou très peu progressive.

Considéré comme poète et artiste, je veux dire comme métaphysicien, Hartmann est digne de s'asseoir aux pieds de ses maîtres et docteurs, Hegel, Schelling, Schopenhauer. Mais, si des naturalistes éminents tels que Oscar Schmidt, si des critiques et des historiens de la philosophie tels que Lange et Dühring, ont pris la peine de réfuter l'œuvre du philosophe de l'inconscient, c'est qu'apparemment il y a autre chose dans cette œuvre qu'une cosmogonie enfantine. Si, comme le croient certains esprits superficiels, le ridicule suffisait pour tuer la métaphysique, il y a des siècles qu'elle serait défunte. Depuis Voltaire, au moins, on n'en parlerait plus. Mais Voltaire a passé ; la métaphysique demeure. C'est un peu comme le duel de la raison et de la foi : l'humanité n'en verra pas la fin. La science et la critique ont le devoir de maintenir dans de certaines limites, dans celles de l'observation et de l'expérience, les intempérances spéculatives de la métaphysique. La somme de raison qu'il y a sur cette planète est même si faible, que des livres comme ceux de M. de Hartmann feraient courir les plus grands dangers à la judiciaire de notre espèce, si l'on ne criait au public qu'il est dupe d'une manière de mystagogue. Quand on songe au succès inouï qu'a obtenu, non seulement en Allemagne, mais dans d'autres contrées de l'Europe encore, la *Philosophie de l'inconscient*, on éprouve un peu le besoin d'ouvrir les yeux des gens sur cette immense mystification.

Comme toutes les religions, la philosophie de l'inconscient est tirée des entrailles de la nature humaine. Le dieu des chrétiens et l'inconscient de M. de Hartmann possèdent presque, on l'a vu, les mêmes attributs, et ces attributs sont ceux de l'homme, idéalisés, amplifiés, grossis, comme s'ils apparaissaient sur l'écran de quelque puissant microscope photo-électrique. C'est à cette ombre gigantesque, projetée dans l'infini, que le philosophe allemand attribue tout ce qu'il ne peut expliquer avec sa raison, voire ce qui a depuis longtemps déjà reçu une explication naturelle. Comme il y a deux mondes, le vrai, celui de l'inconscient, et le nôtre, il existe deux sortes de causalité. Celle du monde transcendant interrompant à chaque instant le cours de l'autre, il suit que la croyance des savants en un enchaînement naturel des causes repose sur une illusion, et que le gouvernement du monde par des esprits, le spiritisme, est la vérité.

Quelques exemples, montrant l'inconscient à l'œuvre, témoigneront que nous n'exagérons pas. Schopenhauer estimait que la matière se résout en force, et que la force n'est que la manifestation de la volonté. Or, on sait qu'il suffit presque toujours d'écrire « inconscient » là où Schopenhauer a mis « volonté, » pour connaître l'opinion de Hartmann sur n'importe quel sujet. Il a donc, lui aussi, réduit le concept de matière au concept de force, et, après avoir ainsi dynamisé les atomes, il les a spiritualisés en les douant de volonté et d'idée. Les atomes ne *tendent-ils* pas vers un but? Ce sont des monades spirituelles qui veulent et se représentent les choses, et voilà comme la matière se résout en volonté et en idée.

M. Haym soutient, contre Hartmann, qu'un atomisme dynamique ou un dynamisme atomique est un mot vide de sens. Une force sans matière, un centre de force immatériel, un atome de force inétendu, est une pure *contradictio in adjecto*. Pour nous qui, d'accord avec Dühring, considérons la force et toute force comme un *état de la matière*[1], il nous paraît inutile de discuter de pareils sophismes. Il est très vrai que nous ne connaisssons que des forces, mais le concept de force se résolvant en celui de mouvement, c'est-à-dire en un *état* de la matière, non en une chose ni en un être, il ne reste en somme d'autre problème fondamental que celui de la matière, ou de la réalité, quelle qu'elle soit. Malheureusement, le subtratum, forcément idéal pour l'homme, de tout ce qui affecte

---

1. *Ein Zustand der Materie*, dit en propres termes l'auteur de l'*Histoire critique des principes généraux de la mécanique*.

notre sensibilité, et que nous nous représentons comme coexistant dans l'espace et se succédant dans la durée, est un de ces mystères devant lesquels la science et la philosophie se résignent en silence à ignorer. *Ignorabimus.*

Hartmann plane si fort au-dessus de ces vulgaires principes de mécanique, qu'il conçoit très bien les actions psychiques de l'inconscient comme tout à fait indépendantes et distinctes des mouvements matériels. L'inconscient, l'Un-Tout, n'arrive à la conscience que dans les organismes individuels du monde phénoménal; il se révèle surtout dans l'instinct et dans les réflexes. Mais ces actions ont lieu sans la dépense d'un travail mécanique équivalent. L'esprit se passe très bien du concours de la matière dans cette philosophie qui, en dépit de ses aspirations au monisme, tombe à chaque pas dans le plus grossier dualisme. C'est la doctrine toute crue du spiritisme. « C'est même pis, dit Vaihinger, car les spirites admettent du moins, comme un intermédiaire nécessaire, quelque fluide matériel ou un médium ! »

Ainsi, suivant Hartmann, la volonté qui fait contracter un muscle est en elle-même impuissante à atteindre le point du cerveau qui préside à ce mouvement de contraction. L'idée consciente de lever le petit doigt ne suffit pas pour que cette action voulue se réalise : une idée inconsciente doit intervenir pour agir sur les terminaisons des nerfs moteurs! Cet exemple, avec celui du calcul des probabilités appliqué aux causes finales, a frappé tous les critiques de Hartmann. Weis a spirituellement nommé cette théorie de la contraction musculaire : *Hartmann'sche Fingerhebungs-theorie.* « L'objection de Hartmann contre la possibilité de la propagation mécanique des excitations provoquées par les idées conscientes me semble, dit M. Schmidt, intempestive et inutile, parce que la transformation de la volonté et de l'idée en mouvement nerveux moléculaire et la transformation de cette excitation en mouvement musculaire visible sont pour nous des faits inexpliqués. A coup sûr, ils ne deviennent pas plus clairs lorsqu'on fait intervenir la clairvoyance de l'inconscient. »

Ces paroles, il n'est guère de pages de la *Philosophie de l'inconscient* auxquelles elles ne conviennent. Hartmann n'explique rien qui ne l'ait été avant lui, et, là où les explications de la science font défaut, il évoque l'inconscient. On a donc le droit de lui reprocher de recourir au miracle, et à un miracle perpétuel, si bien que sa philosophie n'est aux yeux mêmes des prêtres de l'Occident qu'une basse superstition. Ajoutez qu'il ne déplaît pas au philosophe de l'inconscient d'indiquer les lacunes de notre savoir. Plus d'une fois il s'est même détourné des solutions trop simples. En général, Hartmann excelle à compliquer les problèmes et à élever autour des questions d'immenses murailles de la Chine. Contre le mécanisme des savants, cet ennemi héréditaire des cause-finaliers, il n'est remparts ni bastions que le philosophe n'ait construits pour abriter derrière son inconscient. C'est dans cette préoccupation perpétuelle qu'il faut chercher la cause de son opposition radicale au darwinisme.

Hartmann admet la théorie de la descendance, parce que le temps a consacré les vues de génie de notre immortel Lamarck ; mais il repousse la théorie de la sélection, parce qu'elle explique la transformation des espèces par des causes purement matérielles et mécaniques. A l'entendre, la lutte pour l'existence et l'hérédité des caractères utiles acquis et fixés au cours des siècles ne sont que des *moyens* qu'emploie l'inconscient pour atteindre son *but*. S'il l'avait voulu, l'inconscient, nous dit-on, aurait pu aussi bien créer de toutes pièces, et sans formes intermédiaires, des organismes supérieurs. En vain la science démontre que l'adaptation physiologique et la transformation morphologique ont toujours été de compagnie dans l'évolution des plantes et des animaux, si bien que, par la force des choses, un progrès vers un degré d'organisation toujours plus élevé en est résulté. Hartmann invoque la génération hétérogène dans la production d'espèces nouvelles. Partout où de nouveaux types doivent être créés, il fait intervenir la génération *per saltum*, laquelle est une sorte de métamorphose des germes.

La téléologie, les causes finales, répandent sur toute cette rhapsodie mystique le lourd ennui qu'exhalent les vieilles machines poétiques, — invocation aux Muses, description des Enfers et des Champs-Élysées, etc., qui, des épopées classiques, ont passé dans le *Télémaque*, la *Henriade* et les *Martyrs*. La *Philosophie de l'inconscient* est l'épée de chevet des cause-finaliers, tous gens que n'effrayent pas les gros livres. Il faut s'y résigner. « La téléologie et le vitalisme, a dit Du Bois-Reymond, aussi vieux que l'humanité sous une forme ou sous une autre, vivront aussi longtemps qu'elle. Que chacun suive sa voie, mais que les partisans des causes finales ne s'imaginent pas, comme ils ont coutume de le faire, qu'ils apportent une solution meilleure, ou même une solution quelconque du problème, en recourant à des interventions surnaturelles, de quelque nature que ce soit[1]. »

Là où les physiciens et les naturalistes ne découvrent plus qu'un problème de mécanique, très compliqué sans doute, peut-être insoluble, en raison même de cette complexité, — mais rien que le jeu des forces aveugles de la nature, Hartmann adore le mystère des causes finales. Il semble qu'on voie d'ici sourire de pitié ce docteur Faust, qui eût dû vivre au seizième siècle, avant la théorie des vertèbres crâniennes, de Gœthe, avant la théorie de la sélection ou celle de l'équivalence des forces; il semble, dis-je, qu'on le voie détourner la tête

---

1. *Darwin versus Galiani*. Rede (Berlin, Hirschwald, 1876), p. 21.

de dédain, dans sa chaise gothique, lorsqu'un savant comme Du Bois-Reymond écrit ceci : « Point d'autre science pour nous que la mécanique, quelque expression imparfaite qu'elle soit de la véritable science. La pensée n'a qu'une forme vraiment scientifique, celle de la physique mathématique. Point de pire illusion que de croire expliquer la finalité de la nature organique en recourant à une intelligence immatérielle, conçue à l'image de la nôtre et agissant comme nous suivant des fins[1]. » Hartmann ne sentira jamais la grandeur et la simplicité d'une telle doctrine. C'est qu'il est poète, et poète romantique, et que le savant s'élève naturellement à une hauteur d'abstraction où l'imagination de l'artiste ne peut vivre. Hartmann est tout plutôt que naturaliste. Aussi, en dépit de l'épigraphe de la *Philosophie de l'inconscient,* on ne citerait pas en ce siècle un second livre dans lequel la méthode fût plus opposée à celle des sciences naturelles.

Sur un seul point, peut-être, Hartmann a vu juste; il a pressenti une vérité qui, déjà signalée, que dis-je? démontrée par bien d'autres, paraît avoir, quoique toujours contestée, l'avenir pour elle. Il a compris que les réflexes dominent la vie entière de l'organisme, depuis les réactions du protoplasma sous l'action de la lumière ou de toute autre excitation, jusqu'aux fonctions supé-

---

1. L. l., p. 26.

rieures de l'intelligence. A *priori*, il y a bien dans tout réflexe, comme il le croit, une réaction motrice, qu'on peut appeler volontaire, qui réflète une sensation. Or une sensation, aussi simple et élémentaire qu'on la suppose, implique une conscience ; c'est un acte de l'intelligence. Quand une réaction motrice, consécutive à l'arrivée et à la propagation d'une excitation sensible, a lieu dans une partie de notre corps sans que nous en ayons conscience, on dit que c'est un mouvement réflexe. Hartmann parle d'une idée et d'une volonté inconscientes qui évoluent dans les ganglions du grand sympathique et dans les diverses régions de l'axe spinal, comme évoluent dans le cerveau les idées et les volitions conscientes.

Je trouve le mot inconscient malheureux, et cela au point de vue même de Hartmann. Que le cerveau en ait ou non conscience, tous les réflexes de l'organisme, dans l'hypothèse que nous exposons, ont lieu avec une conscience aussi obscure qu'on voudra, mais avec une conscience positive et qui ne diffère qu'en degré de celle des centres nerveux de l'encéphale. Si la sensation est la condition nécessaire du réflexe, et si toute sensation est l'origine d'une conscience rudimentaire, il existe chez les êtres organisés de la conscience à tous les degrés : il n'y a point d'inconscient. Il y en a encore moins dans les forces cosmiques qui dominent l'évolution de l'univers.

Des physiologistes et des naturalistes, tels que

Wundt, Ferrier, Oscar Schmidt, distinguent encore en conscients et inconscients les mouvements appropriés qu'exécutent les animaux, suivant que les centres inférieurs sont ou non séparés des centres supérieurs. Le mécanisme, c'est-à-dire l'existence de certaines conditions organiques, et les propriétés physiologiques du système nerveux expliquent suffisamment, selon eux, les réactions motrices appropriées des tronçons d'animaux mutilés ou décapités. L' « âme inconsciente » du cordon ventral des invertébrés ou celle de la moelle épinière des vertébrés leur paraît, à bon droit, une « addition superflue et inutile [1]. » Ni la finalité de ces mouvements, ni leur adaptation aux conditions extérieures, ne dépassent l'idée qu'on peut se faire d'une machine. Sans doute, on ne connaît pas de mécanisme automoteur d'une si délicate perfection; mais, le principe admis, qui fixera les limites où finit le mécanisme, où commence la volonté? Ou bien il existe, même dans les plus simples réflexes, un minimum de conscience, partant d'idée et de volonté, où tous les mouvements accomplis par les centres nerveux inférieurs, séparés des centres supérieurs, sont déterminés d'avance dans l'organisme et résultent des propriétés mécaniques du système nerveux.

Les actions réflexes d'un animal décapité ou d'un homme endormi, dit encore Wundt, ne présentent

1. Wundt, *Physiologische Psychologie*, p. 824-36; Cf., p. 707.

pas le signe caractéristique de finalité et d'adaptation qu'on observe d'ordinaire dans les mouvements conscients. L'excitation ne provoque qu'une contraction plus ou moins limitée de la partie excitée. En outre, rien n'atteste l'existence de sensations antérieures associées, capables de provoquer des mouvements spontanés. Ainsi, le mouvement de défense accompli, par lequel un homme ou une grenouille décapités a répondu à certaines stimulations, l'animal retombe dans un profond repos, d'où il ne sort qu'après une nouvelle excitation. Il semble que la trace des sensations ne persiste pas au delà d'un temps très court. Or, des sensations successives et isolées ne sauraient constituer une conscience, laquelle, par définition, est un ensemble de sensations transformées, ou d'idées, solidairement associées et coexistantes dans un même moment.

Dans les centres nerveux immédiatement supérieurs, les fonctions psychiques sont déjà bien plus nettes que dans les réflexes de la moelle, ainsi qu'on le constate chez les animaux auxquels on a enlevé les lobes du cerveau, tout en respectant les tubercules quadrijumeaux, les couches optiques et les corps striés. Les excitations transmises à ces parties de l'encéphale ne s'évanouissent plus sans laisser de traces. Toutefois on n'observe plus, comme lorsque l'écorce cérébrale était présente, de manifestations spontanées de l'organisme : l'animal ne réagit qu'à la suite d'excitations extérieures. La reproduction d'impressions antérieures n'a donc plus lieu ; il n'y a donc plus de conscience. Ainsi l'écorce cérébrale demeure l'unique centre où ait lieu le réveil spontané d'idées antérieures et d'où partent les ordres de la volonté consciente.

Ferrier s'est rangé à ce sentiment dans son livre sur les *Fonctions du cerveau.* Mais il est bien remarquable que, tout en professant que des réflexes parfaitement adaptés « peuvent être produits sans conscience par la moelle épinière, » un physiologiste de ce savoir avoue qu' « il n'y a pas, dans la physiologie des centres nerveux, un phénomène plus difficile que celui qui consiste à distinguer les phénomènes purement réflexes des phénomènes de *conscience*, d'*intelligence*, de *sensation*[1]. » Et Wundt lui-même, Hartmann l'a bien aperçu, ne laisse pas de fournir des armes pour le combattre. Oui, chez l'homme, et vraisemblablement chez tous les vertébrés, l'organe de la conscience est bien l'écorce cérébrale, où sont représentés non seulement toutes les sensations transformées d'origine périphérique ou viscérale, mais encore tous les états psychiques des ganglions du cerveau. Mais cet organe est-il unique ? Les fonctions de cet organe ne supposent-elles pas celles de divers centres encéphaliques qui lui sont subordonnés, tels que les tubercules quadriju-

---

[1]. *Les fonctions du cerveau*, par D. Ferrier, trad. de l'anglais par M. de Varigny, p. 29.

moaux et les couches optiques, par exemple, qui jouent un rôle capital dans la synthèse des sensations?

Tant qu'elle est reliée au cerveau, la moelle fonctionne sans doute comme un organe auxiliaire, comme un esclave docile aux ordres de la conscience cérébrale. Mais, séparée, il s'y pourrait former une conscience inférieure. Et, en fait, non seulement cela est possible, avoue G. Wundt, mais différents phénomènes semblent attester qu'il en est ainsi. A cet égard, les expériences de Goltz n'ont pas enlevé toute valeur à celles de Pflüger. Elles prouvent, ces expériences bien connues, que l'animal privé de son cerveau peut adapter ses mouvements aux conditions extérieures avec la même perfection, ou même avec une perfection plus grande, que lorsque les centres inférieurs subissaient l'action régulatrice et retardatrice des centres supérieurs ; elles établissent surtout que, sous l'action répétée d'une même excitation, les divers segments de la moelle réagissant, je le répète, avec plus de sûreté et de précision, ces centres nerveux inférieurs se montrent réellement capables d'associer des sensations, de les conserver présentes, de les transformer en mouvements *habituels*, bref, capables de se souvenir. Ainsi, l'expérience l'atteste, il existe une conscience ganglionnaire et médullaire, conscience qui ne diffère qu'en degré, non en nature, de celle de l'écorce cérébrale.

Or, quand M. de Hartmann reproche à l'un

de ses critiques, M. Schmidt, d'avoir dirigé ses plus vives attaques contre le caractère psychique des fonctions des centres inférieurs, quand il lui fait toucher du doigt la contradiction qu'il y a, lorsqu'on adopte la théorie de la descendance, à voir dans le cerveau lui-même autre chose qu'un ganglion modifié, héritier des propriétés du protoplasma, — le philosophe de l'inconscient paraît bien, cette fois, n'être pas trop éloigné de la vérité. L'anatomie comparée démontre que, de même que le crâne n'est que la partie antérieure transformée de la colonne vertébrale, le cerveau n'est que la partie antérieure de la moelle épinière : tous deux sont de simples produits de différenciation. Les éléments histologiques de la substance grise, médullaire et cérébrale, sont également semblables : comment leurs propriétés différeraient-elles?

L'anatomie du cerveau et de la moelle épinière démontre encore que, de même que les segments de la moelle, les circonvolutions cérébrales sont constituées par des zones de petites et de grosses cellules nerveuses, les premières situées à la périphérie corticale, sous les méninges, les secondes dans les régions profondes. On sait aussi que les petites cellules médullaires sont le siège de phénomènes de sensibilité, tandis que les grosses cellules antérieures de la moelle président aux réactions motrices. Le cerveau s'étant développé de la moelle épinière, toutes les lois de l'analogie ne permettent-elles pas de supposer que les équivalences morphologiques des éléments du cerveau et de la moelle impliquent des équivalences physiologiques ? Cette hypothèse légitime, M. Jules Luys l'a maintes fois présentée dans ses ouvrages. Voici comment ce maître la formule dans son beau livre sur les *Actions réflexes du cerveau :* « J'ai été amené à considérer, d'une façon générale, le fonctionnement dynamique du cerveau comme n'étant qu'une amplification plus ou moins considérable du mode de fonctionnement des différentes régions de l'axe spinal, et les divers processus qui évoluent à travers sa trame comme étant conçus d'après les mêmes types généraux que les différents processus similaires, dont les éléments de l'axe spinal sont le siège. »

Le cerveau nous apparaît donc de plus en plus comme un simple organe de concentration ; voilà tout. Mais le mécanisme des actions réflexes n'est pas d'une nature différente dans la moelle et dans l'encéphale. Et la sensibilité, avec ses réactions motrices ou volontaires, l'intelligence, la conscience plus ou moins claire ou obscure, sont si peu le propre du tissu nerveux cérébral, qu'elles se manifestent dans tout le monde organique, là même où il n'y a point trace, je ne dis pas d'éléments nerveux, mais de tissus différenciés ni d'organes. Les monères de Haeckel, tout ce règne des protistes dont les êtres sont si fort inférieurs aux plantes et aux animaux les plus rudimentaires, les monères, simples grumeaux de substance albuminoïde, sans forme ni structure définies, ne laissent pas de manifester toutes les propriétés des corps vivants : elles se nourrissent, croissent et se reproduisent, elles se meuvent, elles sont sensibles et réagissent aux excitations. Au point de vue morphologique, le corps d'une monère est aussi simple qu'un cristal. « Les monères sont la preuve incontestable, écrivait naguère M. Haeckel, dans le *Kosmos*, que la vie n'est pas liée à tel agencement anatomique du corps, à un concours d'organes différents, mais à une certaine combinaison physico-chimique de la matière, à une substance albuminoïde, que nous appelons sarcode ou protoplasma. La vie ne résulte donc pas de l'organisation, au contraire. »

Ainsi, ce serait une grave erreur de croire que la sensibilité et la contractilité ne sont apparues qu'avec les nerfs et les muscles : ces organes ne sont que des appareils de perfectionnement de plus en plus hétérogènes, issus par différenciations successives de la petite masse de plasma homogène qui constitue la monère. Lewes avait déjà dit que la sensibilité est une propriété histologique, nullement morphologique. Or la sensibilité est une propriété générale de la matière vivante, et sans doute aussi de la matière inorganique. Un savant comme Zöllner n'hésite pas à écrire : « Si des organes et des sens plus développés et plus subtils nous permettaient d'observer le groupement et la régularité des mouvements qu'exécutent les molécules d'un cristal, lorsque ce dernier est profondément blessé en quelque endroit nous trouverions sans doute que nous décidons bien à la légère et que nous faisons une pure hypothèse, lorsque nous affirmons que les mouvements produits dans ce cristal ne sont absolument accompagnés d'aucune sensibilité. » Quoi qu'il en soit, il suffit d'avoir rappelé que, partout où la sensibilité se manifeste, il doit exister un rudiment de conscience. Quoi qu'en dise Wundt, il n'est pas nécessaire que la notion du passé et celle du futur coexistent pour qu'il y ait conscience : à l'origine, la conscience se compose de sensations présentes [1].

Je n'oublie pas la mémoire organique qui, certes, n'est pas non plus le propre du tissu nerveux, de celui de l'encéphale ou de la moelle épinière, mais de toutes les cellules de l'organisme. « Les effets permanents produits sur la constitution par un virus particulier, tel que celui de la variole ou de la syphilis, dit Maudsley, prouvent que les éléments organiques se rappellent certaines modifications qu'ils ont souffertes. » Qu'on lise surtout le discours de Hering sur *la Mémoire comme fonction de la matière organisée*. Laycock, enfin, a rassemblé un grand nombre de faits qui ne s'expliquent que par cette propriété de la matière vivante. Ainsi, la paille qui a servi de litière aux lions et aux tigres

---

1. Herbert Spencer, *La conscience sous l'action du chloroforme* in *Revue philosophique*, 3ᵉ ann., n° 10, p. 392.

ne saurait servir aux chevaux : l'odeur de cette paille les épouvante. Que de générations de chevaux domestiques ont dû pourtant se succéder, depuis que leurs lointains ancêtres étaient exposés aux attaques de ces terribles félins!

De même que, pour le physicien, il n'y a point de froid, mais seulement une chaleur moindre à mesure que le thermomètre descend, il paraît bien que, au-dessous de ce qu'on pourrait appeler le zéro de la conscience, celle-ci ne laisse pas de se manifester, quoiqu'à des degrés de plus en plus bas. La simplicité relative des appareils sensitifs des ganglions de la moelle ou du grand sympathique, comparée au jeu compliqué des appareils de l'innervation cérébrale, explique fort bien la différence d'intensité dans les manifestations psychiques. Mais, pour différer de degré, ces manifestations n'en sont pas moins de même nature. En somme, tous les centres nerveux se comportent de même au fond : ils sentent, ils perçoivent et réagissent automatiquement d'une façon appropriée.

C'est le mérite de la philosophie de l'inconscient d'avoir assez bien compris ce problème capital de biologie ; son très grand tort est d'avoir hypostasié un simple état de l'organisme qu'elle appelle inconscient. Nous avons indiqué les défauts de cette méthode que M. de Hartmann a en commun avec les nègres de l'Australie, — et avec beaucoup de philosophes qui ne sont ni nègres ni Australiens. Les erreurs scientifiques dans lesquelles ce mysticisme d'un autre âge et d'une autre civilisation a fait tomber M. de Hartmann ont frappé tous les naturalistes et tous les historiens critiques de la philosophie contemporaine.

L'HISTOIRE DE LA CIVILISATION

ET LA THÉORIE DE L'ÉVOLUTION

1

L'histoire de l'humanité, l'histoire universelle des espèces humaines, des races et des nations qui ont passé sur la terre n'a toute sa valeur, toute sa dignité, que si l'on entreprend de la traiter par les sévères méthodes des sciences naturelles. Il était réservé à notre siècle d'inaugurer ce genre d'études. Ni dans l'antiquité ni au moyen âge on n'a conçu la suite des temps et les changements des empires comme des cas particuliers de quelque loi générale de l'univers. L'homme et ses dieux occupaient seuls la scène du monde : la nature n'était que le décor du grand drame qu'ils jouaient.

A Zeus et aux autres immortels, dont Hérodote apercevait la main dans toutes les affaires humaines, succédèrent dans l'histoire universelle la

Providence des philosophes grecs; puis, de Paul Orose à Bossuet, le dieu des juifs et des chrétiens. L'auteur même de l'*Essai sur les mœurs et l'esprit des nations* se flatte d'être un de ces sages qui ont découvert dans le monde un éternel architecte. Lui, qui le prend de si haut avec la superstition, considère encore comme le fruit le plus solide de la raison cultivée la connaissance d'un Dieu « réformateur, rémunérateur et vengeur. » Dans toutes ces façons de voir, l'homme et la divinité sont les seuls êtres libres de la création; l'esprit qui les anime les porte comme un souffle puissant au-dessus de la matière inerte ; ils ne connaissent point la fatalité des lois de cette nature qu'une parole a tirée du néant.

Depuis cent ans, les sages dont parle Voltaire ont relégué ces naïves imaginations dans le domaine de la fable. Voilà déjà plusieurs siècles que la Terre a cessé d'être le centre du monde; elle n'est plus qu'une planète entre tant d'autres, un grain de sable perdu dans l'immensité. Par sa théorie de la descendance, dès 1809, notre Lamarck avait ruiné l'opinion d'après laquelle l'homme était le maître de la création. Ce que Newton, avec sa théorie mathématique de la gravitation, ce que Laplace, avec son hypothèse de la nébuleuse solaire, ont fait pour le système de Copernic, Darwin l'a fait, avec sa théorie physiologique de la sélection, pour le système du grand naturaliste français.

M. Frédéric de Hellwald est un homme de notre

temps, il a dédié son livre à Haeckel[1], le célèbre naturaliste d'Iéna, et il a édifié toute sa doctrine historique sur la théorie de l'évolution, de la descendance et de la sélection. C'est la philosophie qui inspire aujourd'hui en Europe la plupart des livres de science. Sans parler d'Herbert Spencer, de Darwin, de Tyndall, de Huxley, de Du Bois-Reymond, de Jæger, etc., Alexandre Bain a déclaré en sa *Logique* que la théorie de l'évolution possède tous les caractères d'une « hypothèse légitime » et qu'il n'existe pas d'hypothèse rivale qui puisse lui être opposée. Même en France, des savants d'une érudition considérable, d'un esprit judicieux et d'une rare solidité de génie, tels que Ch. Martins, l'éminent professeur d'histoire naturelle à la Faculté de médecine de Montpellier, ont reconnu toute la portée de cette théorie scientifique : « Le principe de l'évolution n'est point limité aux êtres organisés, a écrit ce naturaliste, dont nous avons déjà cité les paroles mémorables, c'est un principe général qui s'applique à tout ce qui a un commencement, une durée progressive, une décadence inévitable et une fin prévue. L'application de ce principe est destinée à hâter le progrès de toutes les sciences positives et à éclairer d'un nouveau jour l'histoire de l'humanité : système solaire, globe terrestre, êtres organisés, genre hu-

---

[1] *Culturgeschichte in ihrer natürlichen Entwickelung bis zur Gegenwart*, par Frédéric de Hellwald (Augsbourg, Lampart, 2 vol. in-8°, 1877).

main, civilisation, peuples, langages, religions, ordre social et politique, tout suit les lois de l'évolution ; rien ne se crée, tout se transforme[1]. »

Après quoi, on serait mal venu à reprocher aux historiens l'emploi d'une de ces hypothèses légitimes et nécessaires qui, comme celles de la gravitation universelle, de l'éther cosmique et de l'origine nébulaire de notre monde solaire, sont des vérités relatives aussi longtemps qu'elles n'ont pas été remplacées par de plus vraisemblables.

Les esprits frivoles et les théologiens, qui d'instinct répugnent à la théorie évolutionniste, se consolent de son succès dans le monde en répétant que ce n'est qu'une hypothèse. Il y a là, je le crains, quelque malentendu. Il semble qu'on use des mots sans les bien entendre. Une hypothèse n'est pas une supposition arbitraire, une vision de prophète, une imagination de poète. Pour être scientifique, une hypothèse doit s'accorder avec le plus grand nombre des faits à expliquer et n'être incompatible avec aucun. « La valeur d'une hypothèse, dit Bain en sa *Logique*, est proportionnée au nombre de phénomènes qu'elle explique comparés à ceux qu'elle n'explique pas. » On laisse paraître quelque ignorance quand on demande aux premiers principes des sciences autre chose que des hypothèses. Une hypothèse scientifique, comme l'attraction universelle et l'évolution des êtres organisés sur

---

[1]. *Valeur et concordance des preuves sur lesquelles repose la théorie de l'évolution en histoire naturelle* (Paris, 1876), p. 23.

la terre, n'est point vérifiable, et, partant, ne saurait être vérifiée. On doit même croire que, vraie dans le champ de notre expérience, toute théorie scientifique peut être fausse dans l'infini, — l'univers, le monde sidéral, étant nécessairement beaucoup plus complexes que notre intelligence. On sait jusqu'à quel point Stuart Mill a poussé le scepticisme en cette matière. « Toute personne habituée à l'abstraction et à l'analyse arriverait, j'en suis convaincu, a écrit l'illustre philosophe anglais, si elle dirigeait à cette fin l'effort de ses facultés, — dès que cette idée serait devenue familière à son imagination, — à admettre comme possible dans l'un, par exemple, des nombreux firmaments dont l'astronomie sidérale compose l'univers, une succession des événements toute fortuite et n'obéissant à aucune loi déterminée ; et de fait, il n'y a ni dans l'expérience, ni dans la nature de notre esprit, aucune raison suffisante, ni même une raison quelconque de croire qu'il n'en soit pas ainsi quelque part [1]. » Sans aller aussi loin, il convient toujours de se rappeler que le monde est plus grand que notre cerveau. Une hypothèse telle que celle de l'évolution, que les savants et les logiciens déclarent « légitime et nécessaire, » n'en a pas moins la plus haute valeur : on n'a le droit de l'ignorer ou de la combattre que si l'on en propose une autre plus compréhensive.

1. *Système de Logique* (trad. franç. de Peisse), t. II, 90.

Le linguiste, le mythologue, l'historien ne procèdent plus autrement que le naturaliste. Autrefois l'on n'imaginait même pas que des peuples d'apparence aussi différente que les Grecs, les Germains, les Celtes, les Slaves, les Perses et les Hindous, pussent avoir quelque lien de parenté historique. Jamais il n'est venu dans l'esprit d'un Hellène, cet Hellène fût-il Aristote, de supposer qu'un Perse et un Grec pussent avoir eu un commun ancêtre. Dans l'histoire des peuples, comme dans celle des plantes et des animaux, le dogme naïf de l'immutabilité des espèces s'imposait à tous les esprits. Il y avait une histoire de l'Hellade et une histoire de Rome ainsi que des langues grecque et latine. Les étymologies par lesquelles on cherchait parfois à remonter aux origines des deux langues, ne reposaient que sur des analogies de sons. Qui voulait connaître les origines du peuple grec lisait Homère, de même que le philosophe qui spéculait sur la nature humaine étudiait l'homme blanc adulte, l'Européen civilisé. Il n'en va plus ainsi aujourd'hui : la linguistique, la mythologie, l'histoire comparée des idées et des institutions ont réparti l'humanité en un certain nombre de familles, de genres et d'espèces qui, par nombre de caractères communs, forment des groupes naturels.

Ainsi, il importe peu que l'Iliade soit le plus ancien monument de la littérature grecque : la langue et les idées religieuses des Hellènes, pour ne rien dire de leurs coutumes et de leurs mœurs, sont encore autant de débris fossiles qui, rapprochés de pareils débris conservés chez d'autres nations, permettent de rattacher entre elles, par des liens de descendance et de consanguinité, les races humaines que nous appelons indo-européennes et qui font une seule et même famille des anciens Aryens de l'Inde et de l'Iran, des Latins, des Grecs, des Germains, des Slaves et des Celtes. Mais c'est peu de montrer la parenté de ces races : ces sœurs doivent être descendues d'une même mère. Trop de siècles nous séparent de ce commun ancêtre pour qu'on puisse espérer de le retrouver jamais. Il est du moins permis d'affirmer qu'il a existé aussi sûrement que l'ancêtre commun des tuniciers et des vertébrés. Pour être forcément hypothétique, la reconstitution de cette forme ancestrale n'en serait pas moins d'une très haute importance philosophique. Les sciences de la nature, ainsi que celles de l'histoire, ne sont devenues vraiment systématiques, elles ne se développent et ne s'accroissent comme des organismes, — je dirai plus, elles ne sont intelligibles que depuis l'époque où les hypothèses de ce genre ont en quelque sorte servi de fondement à l'astronomie, à la physique, à la biologie, à l'étude comparative des langues, des religions et des institutions humaines.

On avouera qu'il n'existe point d'hypothèse qui explique mieux que celle de l'évolution le développement des nations et de l'humanité. Comme Bossuet, M. de Hellwald a représenté « en raccourci toute l'histoire des siècles. » Ainsi que le grand évêque, et aussi à l'exemple de Voltaire, il a donné pour prologue à son histoire le drame mystérieux de la genèse de l'univers et de la formation du globe. Seulement ce n'est plus « Dieu qui crée le ciel et la terre par sa parole, et qui fait l'homme à son image. » Le spectacle de l'évolution de notre système solaire, tel que la science moderne nous le laisse entrevoir, n'en est pas moins imposant. En pareille matière, il n'est pas besoin de posséder le génie de l'orateur chrétien pour rencontrer le sublime. Mais M. de Hellwald n'a point de ces grands coups d'aile qui portent si haut l'aigle de Meaux. Son style est tout uni, et sa parole coule, limpide et claire, avec une sorte de murmure monotone, comme l'eau d'une source. Aucun mouvement oratoire, aucun artifice de composition, aucune peinture aux couleurs voyantes ne viennent troubler le cours lent et paisible de cette grave et sereine éloquence. C'est à peine si, çà et là, la voix de l'historien se voile et laisse percer une pointe d'attendrissement et de mélancolie : une bonne partie du talent d'écrivain de M. de Hellwald est faite de sensibilité contenue, de tristesse souriante et résignée. Il n'y a pas en son livre beaucoup de pages que l'on puisse citer ; il y en a pourtant quelques-unes. Mais la pensée est toujours supérieure à l'expression.

Je n'ai garde d'oublier que l'auteur n'a point songé à faire œuvre d'art. J'estime cependant que le bien dire est comme une sorte d'accompagnement inconscient du bien penser. Dès que les idées de l'homme s'élèvent, dès que son jugement s'étend et que sa raison grandit, il trouve naturellement la beauté et la majesté du style de l'histoire. Si c'était le lieu d'insister, on pourrait citer, depuis Descartes, nombre de savants dont le style, assez lâche et diffus d'ordinaire, ou encore rude et obscur, a pris, à certaines heures de haute méditation, un éclat et une noblesse incomparables. Toutes les œuvres marquées au coin de l'immortalité, tous les livres d'histoire ou de science qui ont formé et qui façonnent encore l'intelligence des hommes, tous ces monuments impérissables qui demeurent le plus beau titre de l'esprit humain, — les œuvres de Thucydide, d'Aristote, de Kant, de Montesquieu, de Buffon, — renferment aussi les plus belles pages qui aient jamais été écrites.

Nous vivons en des temps où il est bon de rappeler ces vérités. Aux yeux d'une certaine école d'érudits, c'est presque un crime irrémissible que d'avoir écrit en sa vie une bonne page, ne l'eût-on pas fait exprès. La division excessive du travail, dans tous les ordres de la connaissance, a produit toute une génération d'esprits obtus et lourds qui se pétrifient dans ce qu'ils appellent leur « spécialité. » Ils n'ont gardé de l'homme qu'une vanité enfantine. Ils s'admirent fort entre eux et se décernent les plus beaux titres. Ils consument la moitié de leur vie à préparer une œuvre qu'ils n'ont plus ensuite la force de créer; ils n'en vivent pas moins avec le contentement intime, la sérénité béate, l'orgueil exubérant de gens qui auraient accompli les douze travaux d'Hercule. Ils sont hommes à traiter en écoliers Lamarck et Buffon, parce qu'ils auront découvert quelque erreur en leur œuvre. Eux seuls sont infaillibles, par cette raison bien simple qu'ils n'ouvrent de leurs dix doigts. A peine ont-ils écrit cinq lignes qu'ils en effacent trois en se relisant. Accouchent-ils heureusement d'une brochure, toute la ruche est en fête et l'on se pâme d'aise. Un mois durant, on regarde en souriant le dos des gros et vieux livres de Bopp, de Burnouf, de Lassen, de Spiegel. Car c'est une des bizarreries de ces têtes peu philosophiques que de croire qu'elles seules travaillent pour l'éternité.

L'éternité n'est pas à l'homme, et le temps n'est qu'à ceux qui pensent et qui écrivent. Les rares qualités que l'on observe chez les historiens de race, la largeur d'esprit, les vues élevées, l'intelligence curieuse et sympathique, tout cela ne va pas sans un grain de fantaisie et d'imagination. On ne saurait demander tant de choses à des spécialistes entêtés de leurs spécialités. Si les bonnes études y gagnaient, on s'en consolerait. Mais, en histoire, comme en toute autre discipline, les faits ne sont que des matériaux qui doivent servir à construire la science. On en a vu, à ce labeur d'érudit, perdre toute souplesse d'esprit, toute capacité même de comprendre un livre ou un discours, si bien qu'ils ne sauraient plus lire que des catalogues et rédiger que des inventaires. Peut-être sont-ils moins à plaindre qu'on ne le suppose; en tout cas, on les perdrait en essayant de les sauver malgré eux.

> ... Sit jus liceatque perire poetis :
> Invitum qui servat, idem facit occidenti.

Que chacun aille son chemin sans moquerie ni dédain. Le poids du jour pèse sur tous, et la même nuit descend sur notre dernier sommeil. Il ne dépend pas plus de nous d'être Cicéron qu'un de ces moines obscurs qui ont usé leurs yeux à recopier les oraisons du grand orateur romain. Plus on s'élève sur la montagne, plus les hommes qu'on distingue dans la plaine paraissent de même taille. Quelle qu'ait été notre tâche, humble ou relevée, si nous l'avons accomplie avec une entière bonne foi, dans toute la sincérité de notre cœur, avec une vague conscience du bien qui pouvait en sortir pour l'utilité commune, c'est assez : nul n'a le droit d'exiger davantage.

Quand l'érudition, quand l'étude analytique et minutieuse des faits se montre en sa simplicité, en son désintéressement, avec je ne sais quelle auréole de sacrifice et d'abnégation, elle peut et doit compter sur la reconnaissance de la science. Le génie, qui n'est qu'une synthèse supérieure des résultats accumulés par des générations d'érudits exacts et patients, n'a garde d'être ingrat. Il se rencontre des hommes qui, comme Leibnitz, rendent pleine justice à l'un et aux autres, et qui dissipent, en l'expliquant, l'illusion commune : « Ceux qui aiment à pousser le détail des sciences, écrivait Leibnitz au chanoine Foucher, en 1692, méprisent les recherches abstraites et générales, et ceux qui approfondissent les principes entrent rarement dans les particularités. Pour moy, j'estime également l'un et l'autre, car j'ai trouvé que l'analyse des principes sert à pousser les inventions particulières. »

C'est à la lumière de notre connaissance actuelle de l'univers, que M. de Hellwald contemple ici le développement des civilisations humaines. Il a voulu appliquer la méthode et les lois des sciences naturelles, l'hypothèse et les formules du transformisme de Lamarck et de Darwin, à l'histoire de l'évolution organique des sociétés. A coup sûr, ce n'est pas une œuvre d'érudition qu'un tel livre; il n'apprendra pas l'histoire de Rome ou celle de la Grèce à ceux qui l'ignorent. Bien qu'aucun des résultats importants auxquels sont arrivées l'histoire et l'archéologie n'ait été négligé, il n'est pas un historien de l'Égypte, de l'Assyrie, de la Chine, d'Athènes, de Rome, ou de l'Allemagne, qui ne relève ici mainte erreur de faits ou de méthode. Ce serait merveille, avouons-le, qu'en une œuvre si vaste il en fût autrement. Puis cela importe peu dans un essai de synthèse historique, de philosophie de l'histoire.

Dans l'histoire de la civilisation, ce ne sont pas les faits qui attirent l'attention, ce sont les idées générales. Dans cette fresque immense où les peuples qui ont bâti les pyramides sortent de l'ombre à côté des philosophes qui ont fait la Révolution française, il est bien des époques où l'on aimerait à s'arrêter « pour considérer, comme d'un lieu de repos, ainsi que s'exprime Bossuet, tout ce qui est arrivé devant ou après. » Il convient du moins d'insister sur deux points qui dominent toute l'histoire, je veux parler de l'origine et de la valeur intrinsèque de la civilisation hellénique, de l'essence et de la genèse des idées morales de l'humanité.

Ç'a été longtemps la mode, chez les esthéticiens et les écrivains libéraux de l'ancienne école, de considérer la civilisation grecque, avec ses arts et ses sciences, comme une plante rare, unique, née du sol même de l'Hellade. Sans doute elle y fleurit comme l'olivier d'Athènes et s'y épanouit avec une vigueur, un éclat incomparables : mais elle n'y était point autochtone, elle venait de l'Asie où, depuis de longs siècles, on l'avait transplantée de la noire terre d'Égypte.

Les Sémites ont été les éducateurs des Hellènes : voilà la doctrine qui domine de nouveau dans la science. Cette influence du sémitisme sur l'hellénisme est établie aujourd'hui dans le domaine de la religion et des légendes comme dans celui de l'art et de la science helléniques. Il n'est plus permis de dire que la Grèce a frayé la voie de la civilisation : l'Egypte, la Phénicie, la Babylonie, l'Assyrie, la Perse l'avaient précédée sur la route royale du progrès. Dire que, parmi les sciences, il n'y en a pas une qui ne doive son origine et son élaboration première au génie grec, c'est répéter un lieu commun rebattu, au moins pour ce qui a trait à l'origine des sciences. On tombe aussi dans une exagération de rhéteur lorsqu'on affirme qu'à Marathon et aux Thermopyles les Grecs ont sauvé avec la civilisation la liberté du monde. Voilà longtemps, nous en avons fait la remarque ailleurs[1], que les vainqueurs, assez peu civilisés encore, de Marathon et des Thermopyles ne passent plus pour avoir sauvé la civilisation plusieurs siècles avant la bataille d'Arbelles. M. de Hellwald, qui rapporte nos paroles, a très bien compris la signification historique de cette façon de voir encore très peu commune. Mais il va certainement trop loin, lorsque, à la suite d'Edouard Rœth, de Braun et d'autres guides peu sûrs, il croit retrouver dans les sanctuaires de la vallée du Nil ou des cités maritimes de Chanaan, les semences de cette sagesse, de cette austère et grave discipline de l'esprit

---

1. V. nos *Études sur les religions, les arts, la civilisation de l'Asie antérieure et de la Grèce.*

qu'on appelle la philosophie. Le mot et la chose sont bien grecs.

Cette réserve faite, la démonstration de M. de Hellwald nous paraît exacte et strictement scientifique. Il a surtout rappelé fort à propos les fouilles et les travaux archéologiques qui ont établi l'origine phénicienne et assyrienne de l'art hellénique. Il a de fines railleries pour les enthousiastes qui ne sauraient parler du grand art de Phidias sans invoquer les dieux et crier au miracle. Certes, si les Hellènes étaient arrivés du premier coup, sans maîtres ni traditions, à construire le Parthénon, ce serait un miracle devant lequel pâliraient tous ceux des *Acta Sanctorum*.

Il existe encore en France une école historique, fort dégagée d'ailleurs de toute croyance théologique, qui fait de l'art et de la civilisation grecs une sorte de religion. Or, le propre de toute foi est de rendre les gens exclusifs et intolérants. La terre hellénique devient une sorte de terre sainte, l'Hellade une nation élue, qui, après avoir vécu pour l'humanité, est morte victime de son apostolat. Pour le chrétien, la divinité s'est incarnée une fois dans un homme : il n'y en a jamais eu de plus grand. Pour nos philhellènes, l'absolu du beau et du vrai s'est aussi fait chair dans le citoyen d'Athènes, et l'idée divine est remontée dans l'empyrée le jour où la liberté de la Grèce ne fut plus qu'un souvenir. Certes, un sculpteur moderne qui se flatterait de surpasser les Grecs, ferait sourire.

L'art grec restera le modèle le plus accompli de l'art des races aryennes. C'est dans les formes auxquelles la statuaire grecque a donné une sorte de vie supérieure que notre race a senti et reconnu la beauté. Croire qu'en certains arts on fera mieux que les Grecs serait ne les point connaître.

Mais y a-t-il un absolu du beau, réalisé une première fois avec une incomparable puissance, et désormais inaccessible ? Qu'est-ce qu'un absolu qui changerait avec les races humaines, et qui, dans la même famille de peuples, se modifierait avec les divers états de civilisation ? La genèse des formes de la Vénus asiatique qui, de l'idole chypriote du Louvre, est devenue peu à peu la Vénus de Médicis[1], ne prouve-t-elle point que l'absolu, dans l'art comme dans la foi, est une pure imagination ? Ce qui est vrai, c'est qu'en passant d'un état à un autre état — qu'il y ait progrès ou décadence — telle race ou telle nation abandonne derrière soi une forme épuisée de son développement, qu'elle devient, par la suite, incapable de reproduire ou même de comprendre.

Les modernes n'ont guère d'œuvres de sculpture qui puissent être rapprochées du petit nombre de statues et de bas-reliefs antiques venus jusqu'à nous. Qu'aurait éprouvé un grand artiste de la Renaissance italienne, s'il lui avait été donné

---

1. *Memorie dell' Instituto di correspondenza archæolog.*, vol. II, N. M., p. 372.

d'entrer dans un de ces anciens sanctuaires de l'Hellade, révérés du monde entier, où la piété des vieux âges avait accumulé les dons et les offrandes! Le temple d'Artémis à Ephèse, qui brûla si souvent, était rempli d'une telle quantité d'objets précieux qu'il eût fallu, dit un ancien, plusieurs volumes pour les décrire. Il y avait là des statues de l'école de Samos, de Polyclète de Phidias, de Praxitèle, des tableaux de Parrhasius, d'Apelles, de Nicias, bref tout un musée de sculpture et de peinture.

Mais les peuples aryens de l'Occident ont donné à d'autres formes de leur génie dans les arts, à la peinture et à la musique, par exemple, qu'on n'avait fait qu'entrevoir dans l'antiquité, un développement et un éclat qui ne seront sans doute pas surpassé dans l'avenir. Combien de temps fera-t-on encore du grand art parmi nous? Je ne sais. Il suffit que le grand art ait existé chez les Italiens, chez les Français et chez les Allemands pour qu'on n'en fasse point le privilège du peuple grec. J'ajoute qu'il ne paraît pas y avoir de nécessité pour l'art d'exister toujours. Dans le développement de notre espèce, l'art précède la science. Lorsque la science, c'est-à-dire l'analyse et la réflexion abstraite, sera la maîtresse du monde, quelle place restera-t-il à l'art, au vague des passions et des sentiments?

Quand on se rappelle l'importance capitale de l'art dans les sociétés antiques, et certes aussi bien en Egypte et en Assyrie que dans l'Hellade; quand on songe à l'influence séculaire d'un bas-relief ou d'une statue sur l'éducation d'une cité ou d'un État ; quand on essaye d'imaginer le nombre énorme de sensations esthétiques, d'impressions naïves et de fortes émotions qui formait la trame d'une vie d'Hellène, si bien que, pour exister, un Athénien avait, en quelque sorte, un plus grand besoin de voir de beaux corps nus, de belles statues, des temples aux couleurs éclatantes, que de manger ses olives, son ail et son poisson, — on se prend à penser que l'art pourrait bien s'être retiré déjà des nations modernes, chez qui le livre a remplacé le bas-relief, et dont les citoyens ont, hélas! autre chose à faire qu'à se promener tout le jour, en échangeant de fines remarques sur les poètes et les orateurs. Il serait oiseux de se demander si une civilisation où la science doit être tout, est chose bonne ou mauvaise. Nos façons de voir particulières, nos préférences et nos aversions personnelles ne sont pas seulement indifférentes, elles n'auraient ici aucun sens, car le commencement et la fin de tout étant bien au delà des prises de notre conscience, nos jugements ne sont qu'un écho des opinions de notre époque.

J'arrive à l'idée la plus générale de l'histoire de la civilisation, aux vues théoriques sur la nature et l'évolution des idées morales. Tel penseur qui se fût appelé matérialiste aux deux derniers siècles, repousse aujourd'hui le mot tout en professant la doctrine. Je n'y vois certes aucun inconvénient ;

outre que certains disciples modernes du vieux Démocrite ont un peu compromis, dans l'opinion, la philosophie si grave et si vénérable d'Épicure, de Lucrèce et de Gassendi, il est certain qu'une doctrine qui emprunte son nom à la matière ou à l'esprit, c'est-à-dire à des choses inconnues et sans doute inconnaissables, est au moins fort mal nommée. Dans toute cette partie de l'univers qui forme le champ de notre expérience, M. de Hellwald n'aperçoit que de la matière et de la force. En réalité, notre idée de matière étant réductible à une notion de force, et celle-ci au mouvement, à un état des corps, il me semble qu'un seul élément, avec ses divers modes, suffit pour construire le monde.

Les forces naturelles, les « causes existantes » que nous voyons agir, comme l'a dit Lyell, suffisent pour expliquer la formation du monde inorganique, d'où est sortie, par une lente évolution, et non point spontanément, la matière vivante et pensante. Tout au contraire de ce qu'enseignait Cuvier, avec sa doctrine des catastrophes et des créations successives, la nature procède par changements insensibles et continus. Les organismes les mieux doués de n'importe quelle classe apparaissent les derniers, croissent en force et en nombre, alors que les ancêtres, pour nombreux qu'ils aient d'abord été, diminuent et reculent dans la lutte pour l'existence. La vie embryonnaire et le développement ultérieur de l'homme permettent encore de remonter toute la série animale de ses lointains aïeux, l'œuf de l'homme n'étant rien de plus qu'une simple cellule. Vers le commencement de l'époque quaternaire, ou peut-être à la fin de l'époque tertiaire, par le langage articulé et le développement du cerveau qui en fut la suite, l'homme véritable se différencia de l'homme simien. Les plus grands linguistes déclarant que les idiomes des diverses races ne sauraient dériver d'une seule et même langue, on doit admettre que les premiers groupes humains ont évolué sur différents points de la terre, sans doute en Afrique, en Asie et sur le continent qu'ont peu à peu recouvert les vagues de l'océan Indien.

« L'histoire des peuples — ce que l'on appelle l'histoire universelle — a dit Haeckel, doit s'expliquer par la sélection naturelle : ce doit être en définitive un phénomène physico-chimique dépendant de l'action combinée de l'adaptation et de l'hérédité dans la lutte pour l'existence. » M. de Hellwald aurait pu inscrire ces mots sur la première page de son livre, où il a écrit le nom d'Ernest Haeckel. En tout cas, il a fortement médité son texte, et il en a tiré la plus vaste synthèse historique de notre temps. Jamais il ne perd de vue ces lois naturelles, cette succession nécessaire des phénomènes, ce *Naturprocess*, qui domine et détermine toutes les manifestations de la vie et de la pensée sur la terre. Il est surtout frappé du cours lent et fatal des choses, des bornes étroites où notre expérience est confinée, et de la complexité des causes naturelles qui font avorter ici ce qu'elles développent ailleurs. La distance qui sépare un Hottentot actuel d'un Humboldt ou d'un Darwin est incomparablement bien moindre que celle qu'a franchie l'homme simien pour devenir un Boschiman. Peu d'espèces humaines ont d'ailleurs été jusqu'au bout de cette voie; la plupart sont restées en route.

Quoique fondées sur les lois naturelles, les lois morales diffèrent tellement de celles de la nature qu'elles en paraissent être le contraire. La propriété, le droit, la morale, dit M. de Hellwald, d'accord ici avec Hobbes, résultent de l'existence des sociétés, de la lutte et de la sélection sociales. Les lois morales n'ont d'autre fondement que le bien des diverses sociétés humaines. De là leur caractère relatif et variable, leurs oscillations souvent prodigieuse selon les races, les climats, les époques. La morale, entendue au sens platonicien ou chrétien, la morale de Socrate ou celle de Kant, n'a point de sens pour des esprits réfléchis, habitués à ne demander qu'à l'étude de la nature l'explication de tous les faits naturels.

L'opposition commune du vice et de la vertu repose sur une vue incomplète des choses. Le vice est à la vertu ce que l'ombre est au corps. L'un ne va pas sans l'autre. On peut dire encore que le vice n'est que la vertu exagérée, de la vertu à une haute puissance. C'est ainsi que l'avarice n'est que l'excès d'une vertu, l'économie. Or, de même que pour le physicien le froid n'est pas l'opposé du chaud, mais seulement une chaleur moindre, il est presque impossible au moraliste de noter la limite exacte et la nuance précise où la vertu devient vice. L'impératif catégorique de Kant est une des plus étranges illusions de ce grand esprit, qui est tombé dans quelques autres encore. Toute révélation, morale ou religieuse, est nécessairement mise à néant par la science. « Il n'y a pas de moralité au sens abstrait du mot, » il n'existe pas davantage de « principes. » Les lois de la nature, ignorante de nos théories et de nos doctrines métaphysiques, règnent seules dans l'histoire comme dans l'univers.

Ce que nous venons de dire ne doit pas faire considérer cette philosophie de l'histoire comme une doctrine étroite et exclusive. Les gens sensés de ce pays de France, pour hardis qu'ils soient, mettent d'ordinaire un tel tempérament dans l'expression de leur pensée, afin de n'être pas confondus avec les sectaires et les énergumènes, que l'on entre en défiance dès qu'on entend appeler les choses par leur nom. Nul ne prétend faire la part de ce qui doit subsister dans la nature humaine et de ce qui doit en être impitoyablement retranché par le fer et le feu. D'abord le monde est trop vieux ; le pli est pris ; on n'y changera rien. Puis, comment ne pas sourire de l'illusion qui fait croire à quelques créatures éphémères qu'elles déracineront l'idéal du cœur de l'homme et en chasseront les dieux, ces vieilles divinités de la terre et du ciel qu'ont toujours adorées ses ancêtres, — ces grandes ombres qui veillent au plus profond de sa conscience pour apparaître, se dresser tout à coup aux heures douloureuses de l'existence, à la moindre défaillance du corps ou de l'esprit, et dont les voix mystérieuses s'élèvent encore en nous, nous poursuivent jusque dans l'athéisme!

Non, personne ne nie l'idéal, et beaucoup croient la religion nécessaire, mais comme une éternelle illusion qui habite au cœur de l'homme. Avec Darwin et les naturalistes, on constate chez les animaux, outre des commencements d'organisation sociale et de centralisation politique, l'existence de certaines semences des religions primitives. Rien de moins fondé, en effet, que de prétendre trouver dans le sentiment religieux un caractère essentiel qui distinguerait l'homme de l'animal. De même que l'industrie, l'art, le langage et la raison, la religion a ses racines dans l'obscure conscience de nos frères inférieurs. Le fétichisme et la sorcellerie furent précédés par un état religieux encore plus humble, par le culte des morts et celui des animaux. Que l'on songe aux embaumements et aux tombeaux de la vallée du Nil, aux dolmens élevés sur une grande partie de la terre, à l'adoration universelle des animaux nuisibles et malfaisants.

Il importe peu que l'histoire des religions soit l'histoire des erreurs humaines. L'esprit de l'homme pense naturellement le faux comme le vrai. On peut même affirmer que l'erreur est liée indissolublement à notre raison, qu'elle est un élément essentiel de sa constitution. On ne découvre le vrai, ou plutôt le vraisemblable, qu'en réagissant à tout instant contre le torrent de l'erreur qui nous aveugle et nous étourdit. Pour une idée juste, souvent à peine entrevue comme dans un éclair, et qu'on évoque en vain lorsqu'elle a disparu, que de notions fausses, absurdes, erronées, pullulent à la clarté douteuse de notre intelligence!

Il est des erreurs passagères; il en est de nécessaires. L'idéal est une de ces erreurs nécessaires. C'est tout naturellement, par une loi invincible de son être, que l'homme transforme et idéalise dans son esprit les réalités du monde extérieur, comme il s'assimile et digère ses aliments : il suit un penchant inné, aveugle, irrésistible, qui ne se satisfait que dans la vision du plus haut idéal, de l'illusion la plus vide, l'absolu. La nature de ce suprême idéal, c'est-à-dire de la divinité, dépend du degré de culture des diverses races humaines, si bien que, du fétichisme au déisme ou au panthéisme, l'histoire religieuse d'un peuple est proprement l'histoire de sa civilisation. Il suit que la religion est un élément constitutif de l'esprit de l'homme, et que, pas plus dans le présent que dans l'avenir, elle n'en saurait disparaître. Combien de philosophes, qui s'étaient flatté d'avoir foulé aux pieds toute religion, ont remplacé le culte du dieu des chrétiens, par le culte, assurément plus bizarre, de l'humanité, ou par la religion du beau, du vrai et du bien ! Une humanité sans idéal, partant sans religion, est une chimère. On n'en connaît point de telle : on n'en peut donc parler que comme des sirènes et des centaures.

J'ai rencontré chez peu d'historiens une vue aussi claire de ce qu'on pourrait appeler l'épilogue du drame que nous jouons sur la terre. L'écueil fatal où doit échouer l'humanité avec tous les êtres, cet écueil qu'a déjà signalé Lucrèce,

...... Omnia paulatim tabescere et ire
Ad scopulum, spatio ætatis defessa vetusto.

lui est apparu dans la brume des époques lointaines. Entre un passé et un avenir de notre espèce qui, pour défier la vue la plus perçante, n'en ont pas moins une limite naturelle dans le temps et dans l'espace, il s'est pris à contempler le spectacle de l'évolution de la vie sur cette planète, la lutte éternelle, acharnée, implacable, qui met aux prises et dévore les êtres de la mer, de la terre et de l'air, la bataille sans trêve ni merci de tous contre tous, la lente destruction des espèces anciennes sous la dent plus acérée des vainqueurs, l'effort mille fois séculaire de quelques rares survivants, mieux armés ou mieux doués, qui deviennent les premiers hommes, en même temps que, avec la parole, les organes de la pensée ont acquis et acquerront dans l'avenir de plus en plus de force et d'étendue.

Mais, devant cet immense charnier qu'on appelle la terre, l'historien se demande si dans le passé, dans le présent ou dans l'avenir, quelque ère de civilisation supérieure, quelque résultat durable de haute culture a été ou doit être atteint par la nature. Ce n'est pas qu'il ignore que nos idées de but et de fin lui sont étrangères, mais il recherche avec une curiosité inquiète si, enfin victorieuse des races inférieures et des forces cosmiques, l'humanité recueillera dans la joie et dans la paix ce qu'elle a semé dans les larmes et dans la souffrance, si les progrès des arts seront infinis, si le savoir humain s'accroîtra toujours et deviendra en quelque sorte la raison d'être et la récompense de notre espèce. La réponse purement négative à toutes ces questions, qui aussi bien ne finiraient jamais, ne paraît point douteuse.

Si le mot avait un sens, on pourrait croire qu'un tel historien est pessimiste. Mais la destinée n'est en soi ni bonne ni mauvaise. L'homme est le seul artisan de son bonheur ou de son malheur; il le forge de toutes pièces, ainsi que son idéal et ses dieux. La nature l'ignore, ne sait ce qui se passe en son étroit cerveau. Ce n'est pas être pessimiste que de reconnaître que toutes les visées idéales qui ont inspiré et guident encore l'humanité, sont également vides de réalité. Les races qui nous ont précédé ont eu leur idéal comme nous avons le nôtre : l'archéologue le retrouve parmi les formes éteintes des sociétés disparues. Le lieu de l'idéal est le cerveau humain; sans cerveau, point d'idéal; l'idéal n'a aucune réalité en dehors de nous. D'ailleurs, si l'idéal était réel, il ne serait pas l'idéal. Quant à notre besoin naturel d'idéaliser, quant à notre faculté de donner à l'erreur une vie supérieure et divine, on n'en verra le terme qu'avec notre espèce.

Déjà la fin de l'humanité apparaît dans un avenir dont la science déchire le voile. Comme les espèces fossiles des diverses époques géologiques, l'homme n'aura fait que passer sur la terre. Éloignée ou prochaine, une époque viendra sûrement où tout ce qui vit sur la terre retournera avec l'homme à la poussière. La lutte pour l'existence sera terminée. L'éternel repos de la mort régnera sur la terre solitaire; privé d'atmosphère et de vie comme la lune, son globe désert continuera de tourner autour d'un pâle soleil. L'homme et sa civilisation, ses efforts, ses créations, ses arts, ses sciences, — tout cela aura été. A quoi bon?

FIN.

TABLE DES MATIÈRES

Préface III
L'évolution organique de la nature et le règne des Protistes 1
    I. Bory de Saint-Vincent et les Protistes............. 5
    II. Origine et nature de la vie...................... 19
    III. Unité de la vie dans les trois règnes organiques.... 39
    IV. Développement et succession des formes vivantes dans le temps............................... 66
    V. Le progrès des organismes et l'évolution cosmique.. 84

Le Transformisme... 91
La Psychologie cellulaire 133
De l'Esprit 155
Le Sens des Couleurs 173
La Mort apparente et les Yoghis de l'Inde 213
Les Monades 229
    Glisson et Leibnitz................................ 229
Philosophie de l'Inconscient 261
L'Histoire de la Civilisation............................ 299

FIN DE LA TABLE.